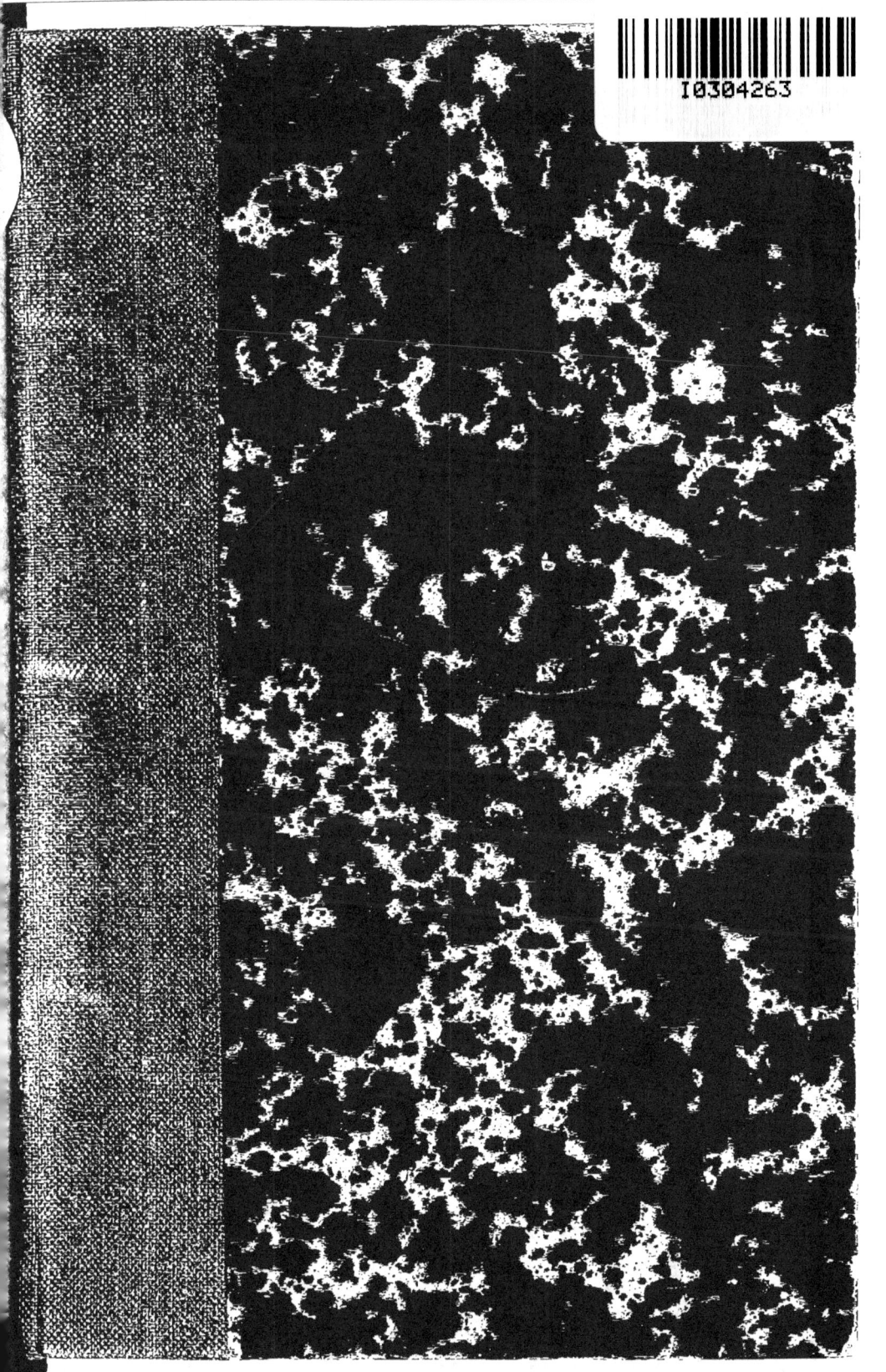

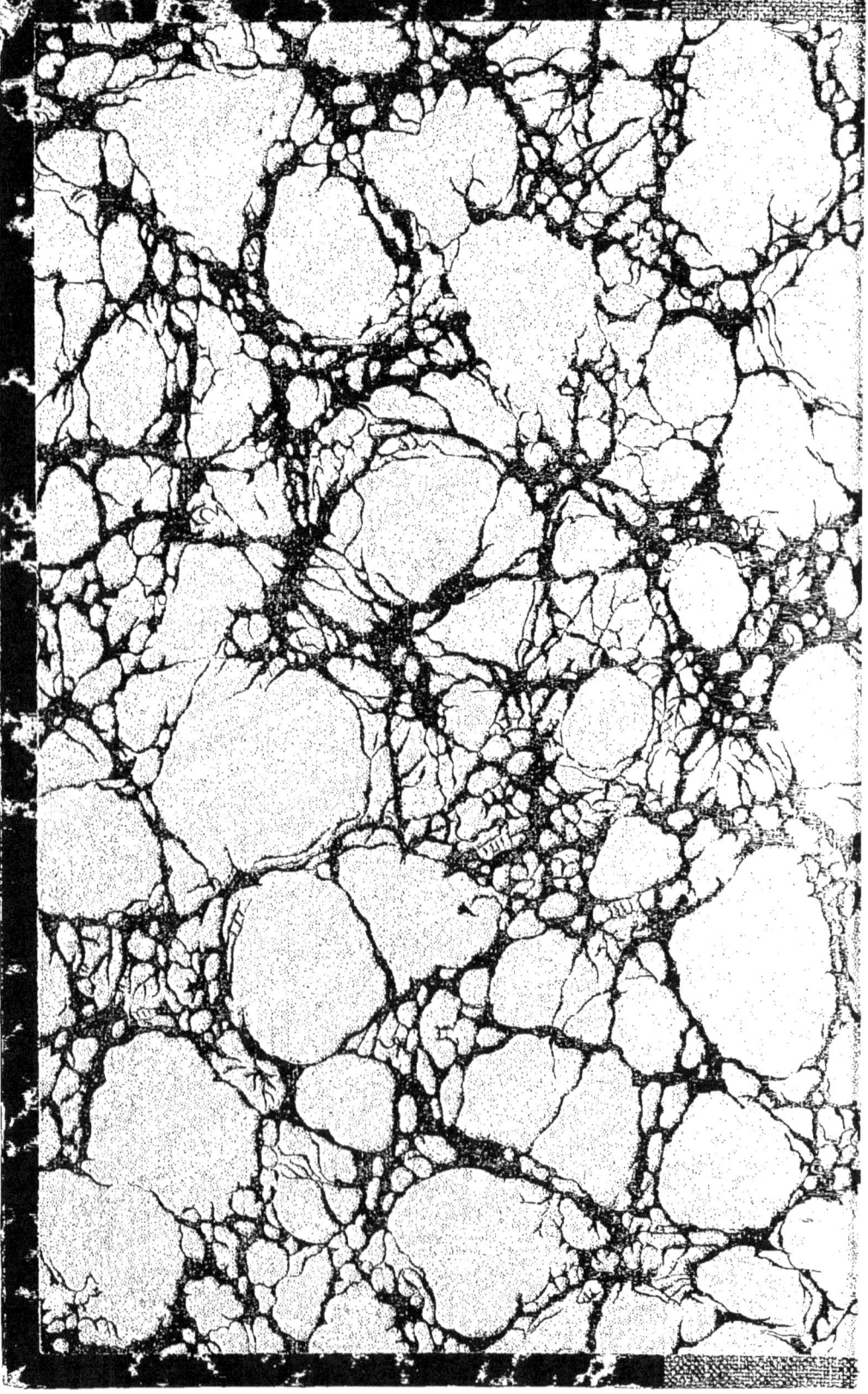

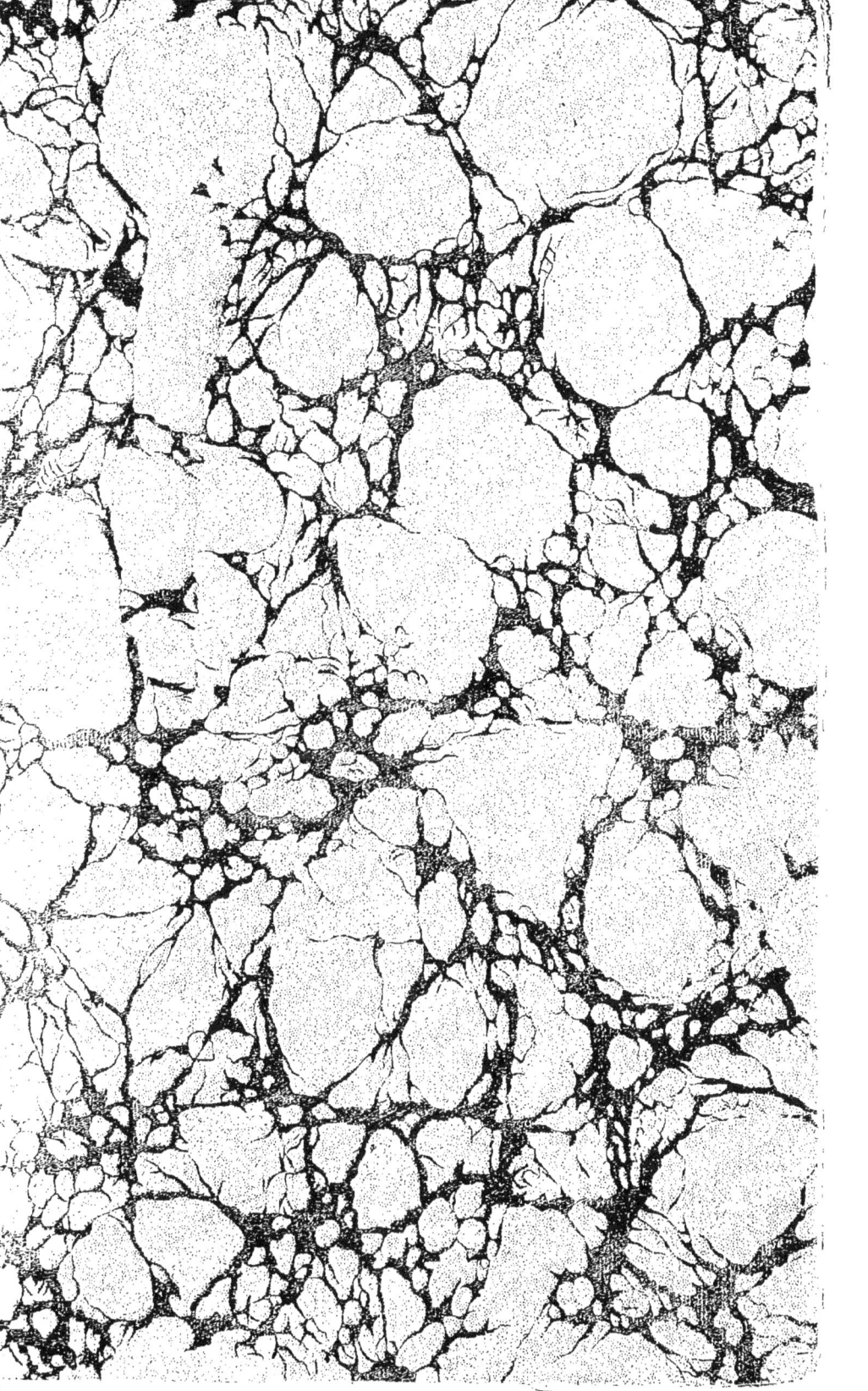

24800

NOTES

D'UN

GLOBE-TROTTER

L'auteur et les éditeurs déclarent réserver leurs droits de traduction et de reproduction à l'étranger.

Cet ouvrage a été déposé au ministère de l'intérieur (section de la librairie) en février 1880.

PARIS. TYPOGRAPHIE DE E. PLON ET Cie, RUE GARANCIÈRE, 8.

NOTES
D'UN
GLOBE-TROTTER

COURSE AUTOUR DU MONDE

DE PARIS A TOKIO — DE TOKIO A PARIS

PAR

ÉMILE D'AUDIFFRET

PARIS

E. PLON ET Cie, IMPRIMEURS-ÉDITEURS

RUE GARANCIÈRE, 10

—

1880

Tous droits réservés

AU LECTEUR

Qu'on ne s'attende point à trouver ici un ouvrage médité, combiné, écrit, perfectionné.

Une course autour du monde jetée rapidement sur le papier; des notes écrites le soir, sur le pont d'un navire, sur les nattes d'une maison de thé ou dans le *riding room* bruyant d'un caravansérail américain, voilà ce que je fais imprimer tel que cela est tombé de ma plume.

Ami lecteur, une prière : Si de ces notes le fond t'amuse et t'intéresse, pardonne-m'en la forme.

NOTES

D'UN

GLOBE-TROTTER

I

Comment et pourquoi je quitte Paris. — Marseille. — Compagnons de voyage. — A bord du *Yang-tsé*. — Départ d'un paquebot des Messageries maritimes pour la Chine.

23 *août* 1878. — J'ai bien hésité à me lancer à travers les mers, à commencer ce tour du monde que tant de personnes déjà ont fait, raconté, écrit, illustré, mais qui, au moment du départ, impressionne toujours un peu celui qui l'entreprend. Si je me décide à écrire au jour le jour mes aventures et émotions, ce n'est pas que, selon moi, cela puisse jamais intéresser aucun lecteur; mais peut-être mon retour quelqu'un voudra-t-il connaître, par l'amitié ou l'intérêt qu'il me porte, les péripéties de mon voyage; peut-être moi-même, voulant quelque jour me rappeler les lointaines contrées que j'aurai parcourues, ne regretterai-je pas d'avoir noté mes souvenirs sur ce livre et de ne pas m'être fié à ma seule mémoire. . . . . .
. . . .

Le 23 au soir, je serre la main de mon cher ami Paul Girard, et je quitte Paris à toute vapeur.

Nous avons, hier soir, joyeusement enterré chez Bignon la dernière nuit qu'il me restait à passer à Paris.

Je dis joyeusement, parce que nous avons fait beaucoup de bruit, cassé beaucoup de verres, etc., etc.

Était-ce bien réellement gai pour moi ? Voyons d'abord dans quelles conditions d'esprit et pourquoi je quitte Paris.

Pourquoi ?... La vie que nous menons, nous autres désœuvrés, ne m'amuse plus. Un homme qui dit cela est toujours ridicule; moi, je me contente de l'écrire, et je dois l'être tout autant. J'ai fait mon temps dans ce tourbillon de baccarat et de folies, et j'ai pu me convaincre à mon aise que le *Petit Faust* a raison :

> Que cela fait mal à la tête,
> Et ça ne fait pas le bonheur.

Je ne veux certes pas me poser en homme blasé qui n'a plus d'illusions. A mon avis, la plus grande illusion qu'un homme puisse avoir est celle de croire qu'il n'en a plus.

C'est sans enthousiasme que je pars pour l'autre bout du monde. J'ai voulu essayer de quelque chose de plus intelligent que ce que j'ai fait jusqu'à ce jour. Je pars.

Y a-t-il, sans que je veuille me l'avouer à moi-même, une autre raison qui me pousse à fuir la vieille Europe ? De cela je ne parlerai jamais, pas même dans ces notes manuscrites qui pourraient quelque jour tomber sous les yeux d'un ami. Je pense qu'il en est d'une grande émotion du cœur comme d'une fleur que l'on aime et que l'on ne doit laisser respirer par personne, de peur qu'elle ne perde son parfum. En gardant les joies et les peines du cœur cachées à tous les yeux, il semble que le bonheur soit plus grand et plus sûr : car personne ne peut en dérober une parcelle; et la douleur plus sacrée : car rien de ce qui lui est étranger ne peut venir l'effleurer.

Ceci dit une fois pour toutes expliquera ce qu'il y aurait d'étrange, de bizarre dans ces pages qui ne sont que la reproduction exacte de mon caractère; tantôt insouciant et gai, tantôt profondément triste, muet, insupportable, je reproduis ici les choses que j'ai vues, suivant que mes pensées étaient au bleu ciel ou au noir sombre, quand une impression venait les frapper.

J'ai eu dans ma vie bien des heures de folie; quelques heures de bonheur, trop courtes, hélas! J'ai eu des moments d'abattement. Il en est résulté l'homme qui écrit ces notes. . . . .
. . . .

Je quitte Paris le soir, à cette heure du crépuscule que Dante dépeint si bien dans ces vers :

> Lo giorno s'en andava, e l'aer bruno
> Toglieva gli animai che sono in terra
> Dalle fatiche loro.

Combien ce départ me semble triste ! Je suis bourré d'idées noires; j'envie tout et tous : le cocher qui m'a conduit à la gare et qui rentre dans Paris; l'aiguilleur qui est sur la voie et qui ne quitte pas sa hutte, et jusqu'à un grand peuplier que je vois sur la route et qui, courbé par le vent du soir, semble me dire un éternel adieu!... Ils restent là, eux! sur cette belle et bonne terre de France que j'ai si ardemment désiré quitter! On m'a dit que le moment le plus difficile est le moment du départ. C'est vrai. Allons, je l'ai voulu. *Forwards! forwards!*

24 août. — Je croyais partir seul, et je trouve à Marseille mon jeune ami Arson de Saint-Joseph, qui veut faire avec moi le voyage et avec moi courir les aventures lointaines. En vingt-quatre heures il s'est décidé à s'embarquer sur le *Yang-tsé*. C'est une bonne chance pour moi de trouver un compagnon de voyage charmant, un de mes meilleurs amis, qui veuille venir s'assurer avec moi que la terre est bien réellement ronde.

Je vais dîner le soir chez M. Fritsh Estrangin à sa belle maison de campagne de Montredon. Il a invité, m'a-t-il dit, des passagers du *Yang-tsé* dont il veut me faire faire la connaissance.

Je trouve en effet chez lui M. et madame Campbell, Anglais établis à Maurice. Campbell est le type parfait de l'Anglais rubicond qui, en dehors de Londres, s'estime toujours à la campagne.

C'est ainsi qu'il arrive à sept heures et demie pour dîner, ayant conservé son joyeux saute-en-barque de voyage et un petit polisson de macaron en guise de chapeau, fait de la même étoffe que son costume, ce dont les Anglais seuls ont le secret. Il veut bien en entrant aboyer quelques excuses sur sa mise un peu négligée, puis il tombe dans un fauteuil en soufflant comme une baleine.

Est-ce donc madame Campbell que j'aperçois ou plutôt que je cherche à apercevoir, se dissimulant autant que possible derrière son mari?

Elle ne marche pas, elle glisse sur le parquet; on la croirait montée sur des roulettes.

Madame Fritsh me présente à elle. Elle est gentille, très-gentille même; mais, mon Dieu, quel costume! Une robe ni assez longue ni assez courte, et en piqué blanc, s'il vous plaît! Une petite cravate rouge roulée de telle façon que j'ai une envie folle de tirer dessus pour voir si ça l'étranglerait; des pieds bien solidement chaussés à l'anglaise, mais d'une longueur, d'une longueur!... On dirait qu'elle a chaussé les deux canots-major de notre *Yang-tsé*; et le tout est surmonté de quoi? Non, devinez... D'un casque indien blanc, autour duquel les deux bouts d'un voile bleu se courent après!

Eh bien, me croiriez-vous quand je vous dirai que c'est cette coiffure qui sauve tout le reste? Ma foi, oui! Cette petite figure effarouchée sous ce grand casque a l'air si drôle, que c'en est même gentil. Deux grands yeux noirs éclairent ce joli visage, et vous êtes tellement surpris par cette tête brune sous ce dôme blanc, que vous ne regardez plus le reste de ce costume fantaisiste.

Ni Campbell ni sa femme ne disent un mot de français. Elle ne parle pas. Il parle trop. Espérons qu'à bord cela s'équilibrera.

Le dîner se passe très gaiement. « Vous m'écrirez? — Tous les jours! — Envoyez-moi un poisson volant! — Je n'y manquerai pas. »

Fritsh, qui est un grand voyageur, me fait les dernières recommandations. Une grande chaise pour le pont, avec votre nom dessus. Un grand sac pour le linge. Un hamac pour la chaleur. Deux immenses verres pour boire les soda glacés. Ne manquez pas, dès la première journée, de vous *mettre bien* avec le maître d'hôtel et le valet de chambre de votre cabine. J'ai vu par la suite que toutes ces précautions, auxquelles je n'attachais que peu d'importance, étaient cependant de la dernière utilité.

Le lendemain matin, à neuf heures, Arson et moi sommes à bord du *Yang-tsé*.

Tous ceux qui sont partis sur un bateau de la Chine ou qui ont assisté à un de ces départs savent que c'est toujours un petit événement. Tous les pavillons sont hissés au haut des mâts. Il y a d'abord une confusion indescriptible. Les personnes qui partent, leurs parents et amis, les gens qui viennent à bord par simple curiosité, l'équipage, les portefaix, tout cela va, vient, court et crie. Le commandant et le commissaire sont littéralement assaillis de demandes, de présentations, de recommandations dont il leur est absolument impossible de se souvenir.

Ayant été présenté trois fois au charmant commandant Rapatel, nous n'avons réellement fait connaissance qu'à Port-Saïd.

Campbell fait un tapage inouï. Après avoir campé sa femme sur un paquet de cordages, il court sur tout le pont pour trouver quelqu'un qui le comprenne.

Je le fuis comme une guêpe. Il n'aurait qu'à me prier de lui servir d'interprète!

Enfin, voici le moment solennel, moment de recueillement pour tous. Ceux qui restent sont beaucoup plus émus que ceux qui partent. C'est si loin, les *Iles!* Pourquoi les Iles? Je n'en sais rien; mais le fait est qu'à Marseille comme dans tout le midi de la France, quand quelqu'un a été en Amérique, en Chine ou ailleurs, on dit : « Il a été aux Iles! »

La cloche sonne; tout le monde descend et se précipite vers la pointe de la jetée, au port de la Joliette, pour voir sortir le *Yang-tsé*. De leur côté, les passagers, qui n'ont fait qu'entasser leurs sacs dans les cabines, sont tous debout sur le pont pour dire un dernier adieu à ceux qui restent et jeter un dernier regard sur ce coin pittoresque des côtes de Provence.

C'est un spectacle si beau, si imposant que celui où, la dernière amarre lâchée, l'hélice donne les premiers coups de ses ailes puissantes, et le colosse s'avance fièrement, majestueusement vers la sortie du port pour gagner la haute mer!

A peine dehors, un petit mistral assez frais vient nous demander si nous avons le cœur marin; néanmoins tout va bien; le temps est splendide. Tout le monde est gai; je suis complétement revenu de mes idées noires.

Sans faire une description détaillée du *Yang-tsé*, je dirai que c'est un des plus beaux paquebots des Messageries maritimes et le dernier qui a été lancé à la Ciotat. Il jauge quatre mille huit cents tonneaux et a cent vingt mètres de long. Excessivement confortable à l'intérieur : six grandes salles de bain, avec baignoires en marbre blanc, douches, etc., etc.; glacière des mieux installées, et enfin, ce qui n'est pas à dédaigner, excellente cuisine sous la direction du plus intelligent et du plus gracieux des commissaires. M. Seytre n'a jamais su refuser à un passager quelque chose qui lui fût agréable; et il trouve le moyen avec cela de faire admirablement les affaires de la Compagnie. C'est un fameux problème qu'il est arrivé à résoudre!

II

Premières émotions. — Naples. — Candie. — Silhouettes de passagers. — Messageries maritimes et *Peninsular C°*. — Damiette. — Le pavillon égyptien.

Première nuit, deux heures du matin. — Je suis réveillé par une vague qui vient subitement me trouver dans ma couchette. Je ne sache rien de plus désagréable que cette manière d'être brusquement tiré de son premier sommeil et de se trouver en même temps complétement inondé. Je bondis dans ma cabine et je sors précipitamment, comme on le pense, sur le palier de la batterie.

Au même instant, des cris partent de tous côtés : l'entre-pont est inondé ; l'émotion est à son comble. Et tout cela, pourquoi? Parce que nous ne sommes que des novices en navigation et que tous ceux qui font de grandes traversées doivent passer par là.

La mer, qui est assez agitée, est entrée par paquets par les grands sabords, que nous avions tous eu l'imprudence de laisser ouverts et que l'officier de quart venait de donner l'ordre de fermer. Arson sort entièrement inondé. Il est au comble de la joie, car il a une peur terrible d'avoir un voyage sans émotions. Pour la première nuit, cela commence bien.

Une dame qui a sa cabine près des nôtres a été légèrement blessée par des éclats de verre. Le vitrage intérieur de son sabord avait été brisé par la mer, et c'est ce bruit qui avait effrayé les passagers, qui, en l'entendant, avaient cru à un abordage.

Quelques minutes après, tout est rentré dans l'ordre. Les Chinois changent nos couchettes, qui sont trempées, et nous nous recouchons après nous être bien assurés que nos sabords sont solidement fermés.

Ce petit incident m'a fourni l'occasion de voir le flegme et le calme britanniques dans toute leur splendeur.

Comme nous nous précipitions tous hors de nos cabines pour chercher à savoir quelle était la cause de l'entrée intempestive de la mer dans le bateau, un Anglais avec lequel j'avais causé la veille à table me dit, en me voyant paraître : « Comment, monsieur, vous avez pris votre cabine de ce côté! mais vous aurez toujours le soleil couchant! Il fallait la prendre à bâbord, vous auriez eu bien plus frais pendant la traversée. » On comprend que j'aie renvoyé à plus tard la discussion du côté à choisir. — La journée se termine sans nouvel incident. Nous passons à côté des îles Monte-Cristo, Elbe.

Nous arrivons à Naples mardi matin, à deux heures. A sept heures seulement nous pouvons débarquer, et je cours chez mon ami B..., que je devais absolument voir. Le duc d'A..., que je rencontre au café de l'Europe, me dit que B... m'attendait dimanche. Il s'est trompé de jour, et je ne le verrai pas, car il est reparti pour Castellamare [1].

---

[1] Je passe ici quelques paragraphes de mon Journal, qui, étant tout à fait intimes, n'intéresseraient personne.

C'est à ce coin du paradis que s'appliquent bien les deux vers du poëte :

> Heureux qui sur ces bords peut longtemps s'arrêter,
> Heureux qui les revoit, s'il a pu les quitter.

Quel est l'homme à qui Naples n'arracherait pas une idée poétique? Quel est l'être qui peut vivre et respirer au milieu de cette atmosphère embaumée et amoureuse, sans sentir son cœur s'élever et un immense élan de passion l'entraîner vers Dieu, si c'est une âme supérieure, et vers la femme adorée, s'il a aimé? . . . . . .
. . . .

Nous prenons un de ces *vetturini* napolitains dont les cochers, toujours gouailleurs, servent au besoin de *ciceroni*, et nous partons au galop sur la jolie Chiaja. Après avoir traversé la grotte de Pouzzoles, nous revenons par la belle route de Pausilippe. Voilà sur notre droite le vieux château de la reine Jeanne, dont il ne reste plus que les fortes murailles; au loin, les gracieux contours de ce golfe magique dans lequel se baigne Capri, l'île historique, retraite favorite du vieux Tibère.

Naples est le fleuron le plus brillant du diadème de cette enchanteresse aux yeux bleus qui attire le monde entier et qui s'appelle Méditerranée.

Son ciel si clair, son doux climat permettent au lazzarone d'y vivre presque nu, étendu au soleil, heureux dans sa paresse et dans son insouciance. L'oranger cache sous son feuillage vert les champs de violettes parfumées; la clématite recouvre de ses étoiles blanches les murs tombés, que personne ne relève. La nature fait trop pour que l'homme ne soit pas porté à ne rien faire.

A une heure, la cloche du *Yang-tsé* nous a rappelés à bord, et nous reprenons notre course sur ces flots bleus chantés par tant de poëtes. Adieu, Naples, et un long adieu!...

Nous passerons demain matin le détroit de Messine.

. . . .

Nous sommes, le 29 août, à six heures, en vue de Candie. Jamais je n'ai vu un plus beau coucher de soleil. L'effet est saisissant. Les montagnes de l'île se profilent en couleurs ravissantes, en reflets diaprés sur un ciel qui semble éclater en rayons de feu. Le soleil, qui va bientôt disparaître dans les flots, embrase tout l'arrière du *Yang-tsé*.

Nous passons à dix milles sud-ouest de l'île, et les montagnes que nous apercevons ont environ quatorze cents mètres au-dessus du niveau de la mer. Le point le plus élevé de l'île est, comme chacun sait, le fameux mont Ida, qui a deux mille cinq cents mètres.

Le mont Ida! J'aurais voulu m'arrêter à Candie et fouler du pied cette montagne dont le seul nom vous emplit la tête de souvenirs mythologiques! Jupiter et les Dactyles; le Labyrinthe; le Minotaure, et jusqu'à ce grand farceur de berger, connu sous le nom de *l'homme à la pomme*, que je n'ai jamais pu m'empêcher d'envier un petit peu, et que je me figure toujours vidant une immense coupe de malvoisie et mettant un temps infini à rendre son fameux jugement.

Aujourd'hui, tout cela est loin; les habitants de Candie seraient fort étonnés si on venait leur parler de Minos, et Crète appartient aux Turcs, qui la prirent aux Vénitiens vers la seconde moitié du dix-septième siècle.

La journée suivante se passe sans aucun incident à

noter. Profitons-en pour voir quels sont les passagers que nous avons à bord.

A tout seigneur tout honneur.

Notons d'abord l'amiral anglais Willoughby. Il va à Port-Saïd pour organiser et surveiller le passage des grands transports anglais qui doivent ramener aux Indes les troupes que l'Angleterre avait fait venir en vue des derniers événements d'Orient et de la guerre russo-turque.

Il fait ce voyage sans le moindre enthousiasme. « Je dois, dit-il, prendre ma retraite dans six mois, et j'espérais bien n'avoir plus rien à faire jusque-là. Or, un jour, je jouais au lawn-tennis, quand l'ordre m'arriva de m'embarquer subitement pour Port-Saïd! D... d...! »

Nous avons aussi l'évêque anglican de Colombo, qui, malgré la chaleur qu'il fait, a toujours son grand chapeau noir, sa grande redingote en drap, culotte courte et molletières-guêtres, également de drap noir, collant au mollet. Des paris commencent à s'ouvrir, à savoir s'il quittera ou ne quittera pas son chapeau et ses molletières dans la mer Rouge.

Il y a encore cinq jeunes missionnaires, quatre français et un hollandais, qui vont en Chine et qui n'en reviendront jamais.

Quelle étonnante vocation doivent avoir ces jeunes gens, qui quittent pour jamais et famille et patrie, pour aller dans un pays inconnu où ils ne savent pas toujours ce qui les attend! A leur arrivée à Shang-haï, on les dirige sur une des nombreuses maisons que les Jésuites possèdent aujourd'hui dans le Céleste Empire. On commence par leur raser la tête, ne laissant les cheveux pousser que là justement où ils ont la tonsure, de telle sorte qu'ils aient au bout de quelques années une queue pareille à celle des Fils du Ciel. On commence aussitôt à leur apprendre la langue chinoise; on les habille du costume du pays, et après quelques années on a des missionnaires qui sont de véritables Chinois, parlant très-bien la langue et prêts à s'enfoncer dans l'intérieur des terres pour prêcher la religion du Christ. Jamais ou presque jamais ces missionnaires ne reviennent en Europe.

Un de nos plus charmants passagers est M. Fajon, un des puissants de la Compagnie des Messageries maritimes, qui va à Pointe-de-Galle faire pour six mois l'intérim de l'agence de cette Compagnie.

M Prato, riche graineur de Milan; il va au Japon gagner d'autres millions; M. Sakurada, jeune secrétaire de la légation japonaise à Rome, qui rentre à Tokio; plus six à huit Anglais, dont deux mariés, qui vont rejoindre leur poste aux Indes ou à Singapour.

Enfin nous avons M. et madame Campbell; lui, portant toujours son petit macaron noisette; elle, son grand casque indien, qui, ici, a tout à fait sa raison d'être, par le soleil torride que nous avons sur nos têtes.

Une petite remarque qu'il est bon de noter en passant, c'est que la preuve la plus évidente de la supériorité comme confortable de la Compagnie des Messageries maritimes sur la Compagnie anglaise *Péninsulaire* est que tous les Anglais, à très-peu d'exceptions près, qui vont aux Indes, en Chine ou au Japon, prennent les paquebots français. Songez maintenant au *self-sufficiency* anglais, et voyez s'il ne faut pas une grande supériorité de nos bateaux pour les décider à agir ainsi.

Le 31 août, à neuf heures du matin, nous apercevons le phare de Damiette, la ville des croisades de saint

Louis. Pour la première fois je me représente un mirage, et pourtant cette fois c'est bien la réalité. Quelques palmiers, des maisons, le phare, tout cela se détache entre le ciel et l'eau et semble être suspendu à une grande hauteur. A midi, nous entrons à Port-Saïd.

Nous passons devant un petit navire de guerre égyptien en station.

« Faut-il le saluer? demande-t-on à l'officier de quart. — Non, qu'il salue le premier si ça lui fait plaisir. — Mais c'est un navire de guerre. — Eh bien, qu'il aille se faire f...! » Et l'on passe sans saluer.

Pauvre vice-roi! ces quelques mots m'ont complétement édifié sur le prestige de ton pavillon!

III

Port-Saïd. — Les Alcazars et Eldorados. — Mademoiselle Arisuéla-Roman de Cartes. — Port-Saïd le soir. — La ville noire. — Fabricant de vermicelles. — Quelques almées! — Le canal de Suez. — Un mirage merveilleux. — Suez. — La mer Rouge. — Les thermomètres de M. Thiolin. — La rade de Steamer-Point-Aden. — Une nouvelle teinture pour les cheveux. — Les voitures d'Aden. — La ville arabe. — Les citernes.

Port-Saïd est tout nouvellement construit à l'entrée du canal de Suez. Pas un arbre, pas une plante, et les quelques pots de fleurs qui sont devant la maison de l'agence des Messageries maritimes, sur le quai, sont les seules traces de végétation qu'on aperçoive.

La petite ville de Port-Saïd est divisée en deux bourgs, l'un que j'appellerai le port, et l'autre dit la Ville noire.

A part les maisons des deux agences des bateaux à vapeur [1] et un ou deux magasins de *shipchandlers*, où l'on nous vend de tout, fruits, vêtements et clous, je pourrais dépeindre ce port en deux mots : deux Alcazars et quelques maisons mal famées. En dehors des cinq ou six marchands blancs qui sont établis à Port-Saïd et des musiciens de tous pays qui forment l'orchestre des deux Eldorados, il y a une petite population d'Égyptiens et d'Arabes qui vivent fort misérablement et qui gagnent

---

[1] Messageries maritimes, Lloyd autrichien.

leur triste existence en faisant le service de l'approvisionnement d'eau et de charbon pour les paquebots et en chargeant ou déchargeant des marchandises.

Vers deux heures, Arson et moi, nous promenant devant l'Eldorado, entendons les premiers accords d'une valse allemande, fort bien exécutée, ma foi! C'était bien nous que l'on visait.

Les passants et les consommateurs sont si rares que l'orchestre, au lieu de jouer à heures ou à intervalles fixes, se tient toujours prêt; et sitôt que deux ou trois étrangers sont signalés dans la rue, il attaque le premier morceau venu pour les décider à entrer. S'ils passent sans se laisser tenter, les musiciens s'arrêtent découragés.

Nous entrâmes. L'Eldorado n'était autre chose qu'une grande baraque en bois, recouverte en toile, et au fond de la salle se trouvait une espèce de théâtre où une vingtaine de Tziganes autrichiens ou hongrois enlevaient fort brillamment le *Beau Danube bleu*.

Tout le monde connaît ces orchestres, composés d'hommes et de femmes, tous doués d'une oreille musicale parfaite et jouant sans aucun chef d'orchestre, sans musique et toujours en mesure, les airs nationaux hongrois ou russes et les valses et polkas de Strauss.

Quelle ne fut pas notre surprise, à peine fûmes-nous assis, de voir venir vers nous une des plus jolies créatures que l'on puisse rêver : une jeune fille de quinze à seize ans, souriante et gracieuse, portant une courte robe de cachemire rouge et blanc, corsage de mousseline blanche et un grand foulard de soie rouge négligemment noué autour du cou; une profusion de cheveux châtain foncé, noués, tordus, roulés autour de son adorable tête brune! Elle nous regardait en souriant, se doutant un peu peut-être de l'effet qu'elle faisait sur nous.

Il m'est impossible de décrire la grâce de cette enfant, ses yeux vifs et mobiles, sa petite bouche délicate, la finesse, le charme qu'il y avait dans toute sa personne.

Je la regardais, étonné et surpris, quand je fus malheureusement tiré de mon admiration par ces mots prononcés en excellent français : « Que désirez-vous, messieurs? — Mon Dieu, mademoiselle, que vous vous asseyiez près de nous d'abord, et tout ce que vous voudrez ensuite. »

La jolie fille s'assit de la meilleure grâce du monde, demanda je ne sais quoi, et nous commençâmes à causer.

La première chose qui me vint naturellement à l'esprit fut de lui demander comment il se faisait qu'une aussi adorable créature se trouvât perdue au milieu de ce désert. « Oh! dit-elle, je ne suis pas seule; je suis ici avec mon père, qui est propriétaire de l'Eldorado. Nous étions cet hiver à Alexandrie, où mon père a eu la chance de gagner quelque argent dans un établissement du même genre, où il avait organisé une petite roulette. Mais il a eu des désagréments avec la police; il a été obligé de quitter Alexandrie, et nous sommes venus nous installer ici.

— Quel est votre nom, mademoiselle?

— Mon petit nom est Arisuéla. Quant au nom de mon père, il m'a absolument défendu de le dire, et ici il se fait appeler Morones.

— Comment! Morones n'est pas son vrai nom? Quel est-il donc?

— Ah! vraiment, messieurs, vous êtes par trop curieux. En quoi notre histoire peut-elle vous intéresser? Vous êtes arrivés aujourd'hui; vous repartez demain, et vous oublierez bien vite la petite Arisuéla qui reste ici! Allons, je vais vous faire jouer une valse de Strauss! »

Et à ces mots elle fait un signe à l'orchestre, qui exécute aussitôt un nouveau *Danube*. Puis, la valse terminée, Arisuéla nous dit d'un petit air souriant et délibéré :

« Les musiciens ont bien soif, messieurs; voyez, ils n'en peuvent plus! »

Et voilà comment deux voyageurs, voyant une jolie fille, bâtissent aussitôt dans leur imagination un roman sur quelques phrases qu'elle leur a dites, et comment cette ébauche poétique meurt pauvrement dans quatre mots... qui poussent à la consommation.

C'est dommage!

Quoi qu'il en pût être, nous vîmes, en jetant un regard sur le théâtre, tous ces pauvres diables de musiciens qui venaient, par trente-six degrés, d'exécuter deux valses enragées et qui avaient l'air absolument rendus; nous en étions un peu la cause, puisque c'était pour nous qu'ils jouaient. Nous dîmes donc à Arisuéla de leur faire donner ce qu'ils voudraient et de les désaltérer autant que la modeste somme d'un louis pourrait le permettre. Nous quittâmes l'Eldorado en promettant à la belle enfant de venir lui dire adieu avant de partir.

Il était cinq heures; nous regagnâmes rapidement le *Yang-tsé* pour dîner. C'est que, sous ce rapport, il n'y a pas moyen de faire à Port-Saïd l'école buissonnière. Il y aurait l'hôtel de Hollande, qu'on dit passable; mais un bon dîner assuré vaut mieux qu'un mauvais, probable.

A huit heures, heure à laquelle on peut se promener à Port-Saïd sans danger d'insolation, nous descendons à terre : M. Fajon, le docteur du bord, Arson et moi, pour aller voir la ville noire.

La ville noire est séparée de Port-Saïd par un grand espace sablonneux et désert que nous mettons à peu près quinze minutes à traverser.

Nous arrivons alors dans une rue assez large. De chaque côté sont des maisons en bois, très-basses, et qui ont l'air d'être rien moins que propres.

En ce moment tout le monde est dehors.

C'est en effet l'heure du marché, et dans ce pays, où il ne pleut jamais, le marché se tient en plein air.

De chaque côté de la rue, à deux ou trois mètres des maisons, sont exposées les marchandises, soit par terre, soit sur des tables. Cela forme deux longues files de boutiques en plein vent, très-éclairées, derrière lesquelles les vendeurs, nonchalamment assis, fument tranquillement leur pipe, sans s'occuper le moins du monde de faire l'article. On peut acheter là tout ce que l'on veut, ustensiles de ménage, couteaux, bijoux et verroterie, vêtements; bref, c'est le marché général.

Toute cette scène est éclairée de mille feux, bougies, chandelles, lampes, lanternes, torches, au milieu desquels s'agitent une quantité de diables noirs et nus, parlant une langue fantastique.

Vous vous croiriez transporté au beau milieu de quelque sabbat infernal, tel qu'en rêvait Hoffmann.

Voici un marchand de pâtes que nous voyons à l'ouvrage et qui a une manière toute primitive de faire ses vermicelles.

Un grand trou est creusé dans le sable et recouvert d'une pierre à four ronde. Dans ce trou, un feu ardent, constamment entretenu par deux petits négrillons, chauffe la pierre à blanc.

Un grand gaillard noir, enveloppé d'un kaïk autrefois

blanc, est assis majestueusement sur ses jambes croisées. Il tient d'une main une sorte de passoire dont les trous sont de la grosseur des vermicelles qu'on lui demande; il la remplit d'une pâte liquide faite de je ne sais trop quoi, et, la passant rapidement sur la pierre chaude, il décrit avec cette pâte les dessins les plus variés. En quelques secondes les vermicelles sont cuits, et il les enlève avec un *chic* tout particulier sur deux longues baguettes qu'il manie admirablement.

On aperçoit de temps à autre un policeman égyptien accompagné de deux soldats tout de blanc vêtus. La police est bien faite; à la moindre dispute, les policemen arrivent, armés de leur casse-tête, long de quarante à cinquante centimètres, et ils tapent sur les Arabes à bras raccourcis. On voit qu'ils ont été dressés par les Anglais.

Nous arrivons au quartier des almées. Jamais je n'aurais pu me faire une idée de ce qui nous attendait là...

Des négresses de toutes sortes, de tout âge et dans tous les costumes, depuis le plus simple jusqu'aux plus inouïs, sont sur le seuil de leurs maisons et poussent, en nous voyant paraître, des cris effrayants, des cris à faire reculer le plus intrépide. « Ne craignez rien, ce sont des cris amis; elles vous appellent », nous dit un jeune moricaud qui nous accompagne à titre de... Ma foi, je ne sais pas trop à titre de quoi il nous accompagnait. Enfin, n'importe... Mettons interprète, et passons.

Tout à coup, elles se précipitent sur nous, nous entourent, nous tirent par les vêtements littéralement à les arracher; Arson, pris et entraîné par ces noires énergumènes, est obligé de crier au secours. Nous arrivons en colonne serrée et le délivrons, non sans peine. Cela n'empêche pas que nous n'avons jamais rien vu de plus drôle, et que nous rions à nous tenir les côtes.

« Mais enfin, que nous veulent-elles? demandons-nous à l'interprète.

— Elles veulent danser à Vos Excellences la danse des almées, et elles espèrent que vous leur donnerez le *bashish*. »

Voulant pousser l'expérience jusqu'au bout, nous nous laissons enlever, c'est le mot, par une bande de ces jeunes filles, qui nous entraînent dans une grande baraque illuminée, où elles nous disent que nous allons assister à une *fantasia*.

Ces négresses, dont les plus jeunes ont de douze à treize ans, et les autres seize ou dix-huit au plus, sont aussitôt dans le costume que comportent trente-quatre degrés de chaleur, non point complétement nues, mais elles ont descendu le grand manteau blanc qu'elles avaient sur les épaules et l'ont roulé très-gracieusement autour de la taille. Elles sont toutes étonnamment bien faites.

Elles exécutent devant nous les pas les plus piquants de la fameuse danse des almées. Elles dansent d'abord seules, puis toutes ensemble, en s'accompagnant sur un petit tambour à grelots qu'elles tiennent de la main droite.

Peu à peu la danse s'anime; elles tournent toutes en rond, les unes modulant une chanson sur un rhythme tout oriental, les autres poussant des cris aigus entrecoupés de mots incompréhensibles, et, après un quart d'heure de tourbillon non interrompu, elles tombent essoufflées sur le parquet.

Nous profitons de ce moment de calme pour quitter ces

jeunes beautés et ce toit trop hospitalier. A la sortie, les cris et l'assaut recommencent; mais cette fois un bon policeman égyptien est venu à notre secours. Il administre à droite et à gauche deux ou trois coups de bâton si énergiques, que toute la bande s'envole effarouchée, et nous pouvons sans encombre regagner Port-Saïd.

Nous rentrons à bord, car le *Yang-tsé* doit lever l'ancre au point du jour. Dans nos cabines, 33° centigrades et pas d'air respirable; nous sommes obligés de coucher sur le pont.

Le but principal de notre voyage étant le Japon, où nous voulons nous arrêter le plus longtemps possible, nous avons décidé d'aller directement à Hong-kong avec le *Yang-tsé*.

Je ne pourrai donc prendre sur les pays où je touche que des notes tout à fait sommaires, mais qui me suffiront, puisque je n'ai pas l'intention d'écrire un voyage autour du monde.

Je me réveillai, dimanche 1ᵉʳ septembre, en plein canal de Suez, *le plus grand travail des temps modernes,* cliché connu, mais vrai.

Au premier moment, il paraît assez bizarre de voir cet immense *Yang-tsé* sur un long ruban d'eau, large d'environ soixante mètres, qui se déroule en avant et en arrière du navire. D'un bond on pourrait presque sauter à terre, et il semble incroyable qu'on ait pu, dans le sable, et avec aussi peu de largeur, maintenir la profondeur nécessaire pour faire passer un bateau tel que le *Yang-tsé,* qui nécessite au moins vingt-quatre pieds d'eau.

Nous naviguions lentement depuis deux heures, quand nous arrivâmes à un endroit où les deux murailles de sable qui encaissent le canal depuis Port-Saïd disparaissaient peu à peu, et notre horizon s'étendit alors très au loin. Nous aperçûmes tout à coup sur notre droite le plus beau mirage qui se puisse voir.

Ce n'est pas un mirage, c'est trois mirages que je devrais dire : au centre apparaissait comme une grande ville suspendue, avec maisons, tours, minarets et jardins, et de chaque côté de cette ville aérienne, à perte de vue, des bouquets d'arbres, tantôt grands, tantôt petits, qui se prolongeaient ainsi jusqu'à l'infini. Tout cela, sur le fond jaune clair du ciel d'Orient, était d'une beauté féerique, et, malgré tout ce que j'avais pu rêver ou m'imaginer du mirage, je n'aurais jamais cru que l'illusion pût à ce point se rapprocher de la réalité.

A part cela, rien de bien intéressant à noter sur le canal, qui est, et cela ne peut être autrement, d'une grande monotonie. De temps en temps nous apercevons de petites caravanes de deux ou trois chameaux, montés ou suivis par des Maures ou des Arabes en haillons. Ces chameaux sont d'une maigreur et d'une saleté repoussantes, et sont plus laids encore, quoique cela paraisse difficile, que ceux que l'on voit dans les jardins zoologiques.

Comme le canal est très-étroit, des gares sont situées chaque dix kilomètres, comme sur une ligne de chemin de fer; au moyen de signaux et du télégraphe, on fait garer les bateaux de manière à laisser le passage libre à ceux qui viennent en sens contraire.

C'est ainsi qu'à une heure et demie, et par 35° de chaleur, nous sommes garés à trente kilomètres de Port-Saïd pour laisser passer l'*Anadyr*, des Messageries maritimes, qui revient de Chine. A trois heures et demie nous voyons Ismaïla et le château du khédive.

Nous passons la nuit dans les grands lacs amers, qui sont à cent kilomètres de Port-Saïd. La nuit, la navigation est arrêtée dans le canal.

Nous repartons le lendemain matin, et, sans incident digne d'être noté, nous arrivons à Suez lundi, à midi.

Maintenant, irai-je m'occuper de savoir si l'idée du percement de l'isthme de Suez est ou n'est pas nouvelle; si Sésostris, Darius et d'autres ont conçu et exécuté le projet qu'un grand homme, un *grand Français*, a entrepris et achevé en quelques années?

Peu m'importe, quant à moi, que le canal ait existé dans des temps reculés. Ce qu'il m'importe, c'est qu'il existe aujourd'hui, et cela, je puis l'affirmer, puisque je viens de le traverser.

Nous apercevons la petite ville de Suez entourée de ses lagunes; mais nous ne descendons point à terre, car on m'assure qu'il n'y a rien d'intéressant à voir. Le coup d'œil est assez laid; partout sable ou roches noires.

A trois heures le *Yang-tsé* reprend son vol sur la nappe humide, et un moment après on me montre sur la côte asiatique un petit bouquet d'arbres qu'on décore du nom de *Fontaine de Moïse*. C'est en cet endroit que les Hébreux passèrent la mer Rouge. Il n'y a, du reste, pas d'autres arbres sur la côte, et ce sont les seuls que j'aie vus depuis Naples.

3 septembre. — La chaleur commence à nous incommoder sérieusement; le matin 34° et 36° dans le jour.

4 septembre. — 35° le matin et 36° dans le jour.

5 septembre. — 36° le matin et 38° dans le jour. L'air n'est plus respirable. Et ce que nous craignions est arrivé : un léger vent arrière qui, combiné avec la vitesse du navire, nous prive de la moindre brise.

Vendredi 6. — Une quantité folle de degrés centigrades. Quant aux Anglais, qui calculent par Fahrenheit, ils ne savent plus où ils en sont.

Je ne puis, à ce propos, m'empêcher de parler d'un très-drôle de bonhomme que nous avons à bord. Il s'appelle M. Thiolin, est pharmacien en chef de la marine à la Réunion, et va rejoindre son poste. Une des manies de M. Thiolin, à part celle de parler politique et d'émettre les idées les plus saugrenues, une de ses principales marottes est de vouloir savoir à tout moment quelle est la température exacte de l'air ambiant à l'ombre, au soleil et dans toutes les parties du navire. Il a à cet effet un véritable matériel de petits thermomètres de toutes les formes et de toutes les grandeurs. Mais le modèle qu'il préfère est le thermomètre gradué sur tige, petit tube en cristal long d'environ dix à quinze centimètres et attaché au bout d'une ficelle.

Il a placé de ces petits instruments à la barre du gouvernail, sur le gaillard d'arrière, à la tente du pont, dans l'entre-pont, enfin partout; et à chaque instant il en tire un de sa poche, le fait tournoyer un moment comme une fronde, le consulte, et nous dit le degré exact, que cela nous intéresse ou non.

J'ai entendu hier soir, sur le pont, un bien joli comble à propos de lui.

« Savez-vous quel est le comble de l'illusion? disait M. S..., très-spirituel passager, qui va chez les Saumalees tâcher de nouer des relations commerciales.

— Non.

— Eh bien, c'est de s'appeler Thiolin et de croire qu'on a inventé le thermomètre! »

L'espoir de sortir bientôt de cette fournaise seul nous

soutient. Le soir, à cinq heures, nous passons l'île de Périm, qui, par sa forme ronde et sa roche volcanique et noire, a l'air d'un gros crapaud dont le dos sortirait de l'eau.

Quelques bouffées d'air nous arrivent du golfe d'Aden et nous permettent enfin de respirer.

Samedi matin, 7. — Nous entrons dans la rade de Steamer-Point, à Aden. Je me rappellerai la mer Rouge, et l'on ne m'y rattrapera plus en été!...

Il est impossible de voir rien de plus aride, de plus dénudé que les roches et les sables d'Aden. Sur la plage qui s'étend entre les rochers taillés à pic et la mer sont construits quelques hôtels et quelques maisons badigeonnés de blanc et sans aucune architecture. Les deux plus belles constructions qu'on aperçoive de l'endroit où nous sommes mouillés sont la maison du gouverneur et l'agence des Messageries maritimes, dont les grands balcons sont entourés de grillages blancs, recouverts de toile destinée à arrêter la réverbération du soleil. La ville d'Aden, la ville arabe, est derrière la montagne, et nous ne pouvons pas l'apercevoir.

Nous prenons pour aller à terre un canot monté par six jeunes gaillards du cru, qui n'ont, en fait de costume, qu'un lambeau d'étoffe là précisément où les statues du Louvre ont une feuille de vigne. Notre embarcation est aussitôt entourée d'une quantité de petits *noirauds* qui nagent comme de vrais poissons et qui crient: *Bashish!* à tue-tête; ce qu'ils veulent, c'est que nous jetions quelques pièces de monnaie à la mer; au moment où la pièce touche l'eau, ils plongent tous à la fois et ne reparaissent que longtemps après, celui qui a eu la chance d'attraper l'argent le tenant triomphalement entre les dents.

Quant au mot *bashish,* qui signifie à peu près *bonne main* ou *cadeau,* nous l'avons déjà entendu à Port-Saïd ; c'est le « Sésame, ouvre-toi » de ces parages ; et vous faites faire à ces Arabes tout ce que vous voulez, rien qu'en prononçant ce mot. Les rameurs vont plus vite; les cochers fouettent leurs chevaux; tout le monde est à vos ordres.

Notre premier soin, en touchant terre, est d'aller à l'hôtel d'Orient commander notre déjeuner; nous voulons absolument avoir déjeuné à Aden : fantaisie de voyageurs! Puis nous partons avec M. Fajon pour aller visiter la ville arabe et les citernes immenses qui s'y trouvent et qui furent, dit-on, construites par la reine de Saba.

La ville arabe est à une demi-heure de Steamer-Point; la route qui y conduit est fort bien entretenue; sur toutes les crêtes de rochers environnantes on aperçoit le long ruban de fortifications colossales que les Anglais ont établies et qui sont appelées à servir aussi bien contre une flotte ennemie que contre leurs bons amis les Arabes.

Quelque chose de tout à fait cocasse, c'est l'équipage qui nous transporte. La voiture, sorte de corricolo à quatre places, est surmontée d'une toile cirée supportée par quatre bâtons; il y a deux banquettes à l'intérieur et pas de siége devant. Le cocher et un guide qui s'est imposé à nous, et dont nous n'avons pas pu nous débarrasser, s'asseyent de chaque côté de l'avant-train, les jambes pendantes; ils sont dans le même costume que les bateliers, ce qui paraît être décidément le costume national. Tout cela est traîné par deux petits chevaux étiques, diaphanes, qui trouvent je ne sais comment la force d'aller toujours au galop.

Nous rencontrons sur la route une quantité de femmes et d'enfants portant sur la tête des outres remplies d'eau.

L'eau manquant totalement à Aden, le gouvernement anglais fait distiller l'eau de mer à Steamer-Point, où les habitants viennent chaque deux ou trois jours faire leur provision. Nous voyons aussi échelonnés sur la route des policemen indigènes en uniforme, mais nu-pieds. Ils ont sur la tête une sorte de petite calotte en calicot jaune, pareille comme forme à celles que portent les soldats anglais en petite tenue, et qui fait ressembler leur grosse tête ronde et noire à une marmite renversée sur laquelle on aurait placé le couvercle d'un *toupin* jaune.

Une chose me frappe, c'est de voir une quantité de moricauds, noirs comme de triples ramoneurs, ayant sur la tête une énorme crinière de cheveux blonds, ou pour mieux dire roux, qu'ils laissent pousser de vingt à trente centimètres, et qui, n'ayant jamais été domptée par aucune coiffure, forme une vraie tête de loup. On m'explique le problème. Il paraît que nos jolies Parisiennes ne sont pas les seules à vouloir se teindre les cheveux par coquetterie. Les jeunes nègres et les petits Arabes se trouvent infiniment plus jolis avec des cheveux jaunes qu'avec leur nuance naturelle. Or, comme *l'eau des Fées* et *l'eau Figaro* sont inconnues dans ces parages, ils ont trouvé quelque chose de beaucoup plus simple et peut-être de tout aussi hygiénique. Ils s'emplâtrent la tête et les cheveux de chaux vive détrempée dans de l'eau et gardent ce crépi pendant deux ou trois jours; après quoi ils lavent le tout. Les cheveux ont perdu leur couleur; ils sont devenus du plus vilain roux, et la coquetterie de ces braves gens est vivement satisfaite.

Après avoir franchi la porte qui défend la passe pratiquée dans une profonde échancrure de rocher qu'on dirait taillée par un coup de sabre gigantesque, la route, encaissée dans le roc, se dégage tout à coup, et nous apercevons en face de nous la petite ville d'Aden assise au pied des masses granitiques qui forment le fond du tableau. La vue est très-jolie de l'endroit où nous sommes; les maisons toutes badigeonnées de blanc donnent à la ville un aspect de propreté qu'elle perd dès que l'on a franchi les premières habitations. Nous passons devant un petit temple protestant bâti par les Anglais, et, cinq minutes après, notre cocher nous dépose au milieu de la place principale.

Après nous être arrêtés un instant chez M. Tian, agent à Aden de la grande maison Rabaud de Marseille, nous poussons à pied et sous un soleil torride jusqu'aux fameuses citernes, qui sont situées dans le haut de la ville.

Ces bassins, où les Anglais viennent de dépenser cinquante mille livres sterling (1,250,000 francs) en réparations, sont réellement immenses. Ce sont plutôt des réservoirs que des citernes, car ils ne sont point couverts; ils reçoivent toute l'eau qui s'écoule entre deux montagnes et peuvent contenir trois millions cinq cent mille gallons d'eau [1].

S'il pleuvait consécutivement pendant trois jours, la ville d'Aden serait approvisionnée d'eau pour deux années. Mais il y a malheureusement un *si;* les citernes sont vides, et voici deux ans qu'un nuage bienfaisant n'a passé sur ce roc aride et ce sable brûlant.

L'eau douce étant très-rare, on se sert autant que

---

[1] Le gallon vaut quatre litres cinquante-quatre centilitres.

possible d'eau de mer. On s'en sert même trop, à en juger par ce que je viens de voir faire à notre cocher. Il débride ses chevaux, avise deux seaux d'eau de mer et les présente à ses malheureuses bêtes, qui, bien que très-altérées, refusent naturellement de boire l'eau salée. Il leur remet alors tranquillement leur bride, persuadé qu'elles n'ont pas soif. Et voilà comment, avec deux seaux d'eau, tous les cochers d'Aden arrivent à abreuver leurs chevaux sans se donner trop de mal.

La population d'Aden, à part la garnison anglaise et les rares négociants européens qui y résident, se compose d'Arabes et de nègres de la tribu des Saumalees, qui viennent de l'autre côté du golfe. Les hommes et les femmes seraient absolument nus, n'était un édit du gouverneur qui les force à se couvrir de quelques haillons. Et il faut avouer qu'ils n'abusent pas de la permission !

Le principal commerce d'Aden est celui du café dit moka (le port de Moka se trouve à deux cent cinquante kilomètres nord-ouest d'Aden), que l'on va chercher par caravanes dans les vallées du Yémen.

En possédant ce rocher qu'elle a rendu imprenable, grâce aux fortifications que l'on aperçoit sur toutes les hauteurs, l'Angleterre tient la clef de la mer Rouge au sud, comme elle la tient déjà virtuellement au nord par la possession des actions du canal de Suez.

Nous revenons à midi déjeuner à l'hôtel d'Orient, où, grâce à la glace dont on emplit nos verres et au panka [1]

---

[1] Le panka consiste en une mince natte de paille de riz, recouverte en toile, d'une hauteur de cinquante à soixante centimètres et de la longueur de l'espace que l'on veut éventer. Cette natte, accrochée au plafond par de longs bâtons, est horizontalement suspendue à cinquante centimètres au-dessus de votre tête. Des Chinois (les Chinois sont particuliè-

qui fonctionne constamment sur nos têtes, nous parvenons à nous rafraîchir un peu.

Nous regagnons le bord dans l'après-midi, et comme il n'y a rien à faire à Aden dans la soirée, nous n'allons plus à terre.

Le lendemain, à quatre heures du matin, l'ancre est levée, et nous descendons rapidement le golfe d'Aden.

---

rement bons pour ce service), qui se tiennent dans une pièce à côté, lui impriment, au moyen de longues cordes, un mouvement de va-et-vient continuel qui a, outre l'avantage de vous donner de l'air, celui d'écarter les mouches et les moustiques.

IV

Le cap Guardafui. — Le naufrage du *Mei-kong*. — De Guardafui à Ceylan. — Arrivée à Pointe-de-Galle. — Coup d'œil féerique. — Les Cingalais en canot. — Le charmeur de serpents et son singe. — Dans les rues de Galle. — Ma perle fausse. — La vallée de Wakvallah. — Noix de coco et désillusion!...

Nous passons, mardi 10 septembre, en vue du trop fameux cap Guardafui, appelé Ras-Azir par les indigènes.

Le cap Guardafui est le point extrême est du continent africain et se trouve à l'entrée du golfe d'Aden. C'est ce cap que viennent généralement reconnaître les paquebots qui arrivent de Ceylan, et c'est une pointe d'autant plus dangereuse qu'il n'y a pas de phare pour la signaler.

C'est là qu'au mois de juin 1877, dans la nuit, se perdit un des plus beaux bateaux des Messageries maritimes, le *Mei-kong*.

Le temps était brumeux; le capitaine, cherchant le cap Guardafui, vit une pointe toute pareille qui s'en trouve située à trois milles au sud.

Il crut être sûr de sa route, avoir vu le cap, et, au lieu de le doubler, ainsi qu'il le pensait, il se jeta sur la terre ferme.

Qu'on se figure la scène désolante qui dut alors se

passer sur le *Mei-kong!* le premier effroi des passagers et de l'équipage au moment du choc! Tout le monde se précipite sur le pont, mais une brume épaisse empêche de voir quoi que ce soit. La mer, toujours agitée en cet endroit, déferle avec rage sur le bateau en détresse. Puis, quand peu à peu le jour paraît, on aperçoit des roches sauvages et noires des deux côtés et comme une immense rue de sable au milieu! Tel est l'aspect du cap du côté où nous le voyons et où le *Mei-kong* s'est perdu.

Triste lieu de sépulture, en vérité, et qui a peu d'analogie avec la tombe calme et chérie où reposent ceux que vous avez aimés!

Quand on a passé par ces moments-là, on doit être cuirassé contre toutes les émotions.

Les officiers ne perdirent pas leur sang-froid. L'équipage et tous les passagers purent être débarqués sains et saufs. Les Indiens Saumalees, qui sont maîtres dans ces parages, promirent de ne leur faire aucun mal, à la condition qu'ils n'emporteraient absolument que les vêtements qu'ils avaient sur eux et que tout resterait comme butin.

Pensez dans quelle perplexité se seraient trouvés les naufragés, sans vivres et sans avoir aucun secours à attendre des Indiens, si un bateau anglais, qui aperçut le *Mei-kong* échoué sur la côte, n'était survenu pour les recueillir. La violence du vent l'empêcha de mouiller en cet endroit sous risque d'avoir le même sort que le bateau français. Il fit des signaux pour dire qu'il allait doubler le cap et attendre les naufragés du côté du golfe d'Aden.

En suivant la ligne sablonneuse qu'ils avaient devant eux, ils pouvaient y arriver. C'était quinze kilomètres à parcourir; quinze kilomètres! Et rien pour se garantir la tête des rayons meurtriers du soleil! Pas d'eau à boire! Il n'y avait pourtant pas à hésiter.

Le commissaire du bord et un passager moururent d'insolation. Tous les autres furent recueillis et sauvés par le bateau anglais, qu'ils retrouvèrent les attendant.

Le commandant Rapatel, qui est bien le plus aimable des commandants, nous fait passer à un mille de l'endroit du sinistre, c'est-à-dire aussi près que possible; puis, changeant de route, nous mettons le cap sur les îles Maldives.

Il est à bord une heure plus triste que les autres : c'est l'heure du crépuscule. L'heure où la nuit commence à vous entourer de ses ombres, et que vous vous sentez seul au milieu de cette immensité! Je pense aux personnes qui me sont chères et qui sont loin; une grande tristesse s'empare de moi, et je ne puis détacher mes yeux du Ras-Azir lugubre et sombre, qui va bientôt disparaître dans les brumes de l'Océan.

De Gardafui à Ceylan, six jours de traversée, et c'est ici le cas de dire que les jours se suivent et se ressemblent. A Aden nous avons laissé M. et madame Campbell; ils ont pris le stationnaire qui doit les conduire à Maurice.

M. Thiolin nous a aussi quittés, emportant avec lui tous ses thermomètres.

Je me réveille dans la nuit du troisième au quatrième jour, m'apercevant que le *Yang-tsé* est arrêté et que l'hélice ne marche pas. Comment! arrêté en plein océan Indien? Sur le pont, on m'apprend qu'une pièce de la machine est échauffée, et qu'on est obligé de stopper quelques heures pour la laisser refroidir.

J'ai pu me convaincre, en faisant cette traversée, de l'existence des poissons volants. On en voit des quantités filant d'une vague à l'autre et souvent parcourant ainsi quatre-vingts à cent mètres hors de l'eau.

La lumière surtout les attire, et il n'est pas rare de les voir tomber sur le pont ou entrer par le sabord des cabines qui sont éclairées. Le poisson volant a une chair très-fine et très-savoureuse. Tous les matins on nous sert ceux qu'on a ramassés pendant la nuit.

Le dimanche matin, 15 septembre, nous étions tous sur le pont pour jouir du coup d'œil enchanteur qui nous attendait à l'entrée de la rade de Pointe-de-Galle.

Sur toute la côte on voit des bouquets d'arbres ravissants, qui viennent jusque dans la mer baiser de leur fraîcheur l'Océan grisâtre. La terre disparaît sous un tapis non interrompu de gazon d'un vert incomparable. Au fond de la rade, le petit port de Pointe-de-Galle est enfoui, perdu dans des flots de verdure, dans des touffes gigantesques de bananiers et de cocotiers.

Et maintenant je regrette de ne pas avoir le talent de Méry ou la plume si savamment descriptive de George Sand, car ce serait ici la place tout indiquée de me livrer à quelque description enthousiaste, telle qu'en ont produit tous les conteurs de voyages en présence des splendeurs de cette végétation merveilleuse.

Les canots qui entourent le *Yang-tsé* pendant qu'on procède au mouillage sont d'une forme toute particulière. Les Cingalais [1] (dont il m'est impossible de distin-

---

[1] Nom que l'on donne aux habitants de Ceylan.

guer le sexe, car ils sont tous sans barbe et portent les cheveux longs tressés et relevés sur la tête) sont accroupis dans un long tronc d'arbre creusé en forme de périssoire. Cette embarcation primitive est maintenue en équilibre par un gros morceau de bois qui, rattaché à un des côtés du canot par deux longues traverses, plonge dans l'eau ou forme contre-poids et empêche ainsi de chavirer.

A peine les indigènes ont-ils accosté le navire, que le pont est envahi par une quantité de marchands, de jongleurs, de charmeurs de serpents.

Un de ces derniers porte un singe sur son dos et un petit panier sous chaque bras. Il pose l'animal devant lui et sort de chaque prison d'osier un énorme cobra-capello, serpent à large tête plate, le plus dangereux qui existe dans l'île. Une morsure du cobra vous enverrait en quelques minutes goûter le repos dans un monde meilleur.

Par un mouvement instinctif, nous nous écartons un peu de l'Hindou. Il présente à ses deux pensionnaires un lambeau d'étoffe, dans lequel ceux-ci, qui n'ont pas l'air de très-bonne humeur, mordent à deux ou trois reprises. Cette opération préparatoire est pour les forcer à vider leurs canines du venin qui s'y trouve. Cela fait, le charmeur commence à jouer d'une manière très-discordante d'une sorte de clarinette qu'il tire de sa manche. Les deux reptiles le regardent alors fixement, posent tout doucement leur tête d'abord menaçante sur le pont du navire et ne bougent plus.

Le bonhomme ordonne alors au singe qui est devant lui, et qui depuis un moment fait ses plus vilaines grimaces, de soulever tour à tour les serpents, de les enrouler autour de son corps; et mille autres agaceries du même genre que le quadrumane exécute avec la répugnance la plus évidente.

Dès que le navire est amarré, nous descendons dans les canots dont j'ai parlé plus haut, et ce n'est pas chose facile que de se caser dans ces *gondoles* nouveau modèle.

A peine mettons-nous le pied sur le *plancher des vaches* que nous apercevons les habits rouges et les casques blancs à pointe de cuivre des soldats de S. M. l'impératrice des Indes.

La ville de Pointe-de-Galle est toute petite et est bâtie dans l'enceinte d'un fort aujourd'hui démantelé. On ne peut faire deux pas dans les rues sans être assailli par une nuée de mendiants qui vous proposent de vous servir de guides, et qui ne vous lâchent plus si vous ne les prenez pas ou si vous ne leur donnez quelque chose.

Une quantité de brocanteurs vous entourent aussi. Les uns vous offrent de changer votre or en roupies [1]; ils ne manquent jamais, si vous acceptez, de vous donner la moitié de la somme en pièces fausses; les autres vous présentent des diamants, des perles, des rubis, etc., etc.

Tout cela est généralement faux, ce qui ne les empêche pas de vous demander avec un grand sérieux cent roupies de ce qui en vaut bien deux ou trois.

Un de ces marchands, qui voulait deux cents roupies d'une énorme perle noire, et à qui j'eus l'imprudence d'en offrir dix pour me débarrasser de lui, me prit au mot et me passa une perle indignement fausse, fausse à ce point qu'après avoir empoché mes dix roupies, il refusait de la reprendre pour cent sous. Je n'avais, du reste, que

[1] La roupie vaut 2 fr. 50.

ce que je méritais, puisqu'il est affiché dans tous les coins de la ville de se méfier des marchands de pierreries, qui ne vendent que d'excellents cailloux.

Le seul hôtel de la ville est l'hôtel Oriental. Comme le *Yang-tsé* ne doit repartir que demain, nous voulons profiter de cette occasion et dormir une nuit à terre.

On ne peut passer à Pointe-de-Galle sans aller voir un des plus jolis endroits de Ceylan, la vallée de Wakwallah. Nous partons à midi pour aller nous y promener en compagnie de M. Fajon, qui, arrivé à destination, veut bien faire avec nous la première promenade dans l'île.

Les voitures sont dans le genre de celles d'Aden ; mais cette fois il y a malheureusement un siége. Je dis malheureusement, car cela rapproche de nos narines notre cocher et le guide. Tous les Cingalais répandent une odeur d'huile de coco parfumée, mais rance, qui est écœurante et insupportable. Ils ont en outre la déplorable habitude de chiquer le bétel, ce qui fait paraître leur bouche ensanglantée et les fait cracher de la façon la moins ragoûtante.

Tels étaient nos conducteurs, grands gaillards de haute taille, à la figure ronde et cuivrée, aux traits réguliers, aux grands yeux noirs et souriants de ce sourire particulier aux figures hindoues. Leurs longs cheveux noirs et huilés étaient maintenus sur le haut de la tête par un peigne en écaille. Il est à peine nécessaire de parler de leur costume : quelques lambeaux d'étoffe ramenés autour de leur corps et de longues bandes de soie multicolores extraordinairement graisseuses roulées autour de leur tête.

Notre course dans la forêt est comme une longue promenade dans un jardin exotique. La route est bordée par des milliers de plantes d'ananas, au milieu desquelles on voit les gros fruits dorés et provocants.

Cocotiers au panache arrogant, bananiers aux larges feuilles, manguiers à cime étalée, arbres à pain, mangoustangs : tout cela est tellement serré et touffu, que le soleil ne glisse jamais ses rayons à travers leurs branches entrelacées.

La distance n'est pas grande entre Pointe-de-Galle et Wakwallah. En une heure notre automédon nous y transporte. Nous suivons à pied un petit sentier qui nous conduit en haut d'un monticule, où nous nous arrêtons, émerveillés de la beauté du tableau qui est devant nos yeux. Tous les trois nous voyons pour la première fois cette puissance, cette force inouïe de la nature, et nous restons longtemps silencieux, aucun de nous n'osant rompre le charme de la première impression.

Je ne puis m'empêcher de penser qu'il est bien triste que les vrais maîtres de ces splendides contrées vivent sous leurs implacables conquérants des jours aussi misérables, alors que cette riche et luxuriante végétation est toujours aussi belle qu'aux plus heureux moments de leur liberté; bien triste qu'alors que les reptiles et les fauves sont restés indomptables et maîtres de leurs forêts et de leurs cavernes, l'homme ait été dompté!

La vue de Wakwallah me fait regretter de ne pas m'arrêter quelques jours à Ceylan. L'intérieur doit être merveilleux, à en juger par cet échantillon. Nous apercevons au loin, devant nous, le sommet du Adams-Peack, un des points les plus élevés de l'île (2,173 mètres), et à nos pieds, au fond de la vallée, coule le joli fleuve Gindura, qui va se jeter dans l'Océan à quelques milles au nord de Galle. Ses eaux argentées, tachées çà et là de quelques îlots d'ocre, ressemblent à un grand serpent blessé couché sur un lit de cardamomes.

Il fallut nous tirer de notre admiration, et ce fut notre guide qui s'en chargea. Il vint nous offrir de nous faire cueillir des noix de coco fraîches. Sans se faire prier, notre cocher grimpa comme un véritable chat le long d'un cocotier haut de vingt mètres au moins, et, coupant cinq ou six noix qu'il noua ensemble et prit dans ses dents, il redescendit comme si c'était la chose la plus facile du monde.

L'eau contenue dans ces noix était chaude, fade et point du tout agréable à boire. Et moi qui croyais y trouver l'eau fraîche et délicieuse dont parlent tous les livres de voyages!...

Nous revenons vers la ville. Le voisinage des habitations nous est signalé par l'odeur d'huile rance qui nous poursuit. Les huttes sont d'une saleté repoussante. Ce sont des baraques en bois, avec la terre humide et détrempée comme parquet ; souvent même de simples gourbis de feuillage recouverts d'un morceau de toile.

Il y a à Pointe-de-Galle une très-belle église catholique, bâtie en 1860. Le curé, un Italien venu à Ceylan il y a dix ans, dirige une petite école, où il inculque les principes de notre religion aux jeunes indigènes qui ont été baptisés et leur apprend à lire et à écrire.

Le soir de cette fatigante journée, j'étais étendu sur une longue chaise de bambou devant la terrasse de l'hôtel Oriental, quand un marchand de pierres fines vint me proposer de lui acheter un énorme saphir cabochon monté sur une plaque d'or. Trompé comme je l'avais été le jour même dans mon achat de la perle noire, je reçus fort mal ce *jeweller,* dont l'odeur m'incommodait encore plus après dîner.

Mais lui, s'approchant de moi, me dit en assez bon anglais : « Je suis sûr, monsieur, que si je vous contais l'histoire de ce saphir, vous voudriez absolument l'avoir. Je l'ai acheté moi-même dans une pagode du continent, à laquelle il avait été légué autrefois par un brahmane saint.

— Sera-t-elle bien longue, votre histoire ? lui demandai-je.

— *No me not very long, me very interesting.* »

Je n'avais rien à faire de ma soirée ; je dis à Arson et à M. Fajon de quoi il s'agissait.

Nous nous assîmes en bataille devant notre Hindou, que nous plaçâmes assez loin de nous, pour que son *atkinson* ne nous incommodât pas trop, et nous écoutâmes l'histoire suivante :

V

Le saphir du paria.

I

C'était la sixième heure du jour, cette heure terrible sous le ciel embrasé de l'Hindoustan. L'éléphant, trop indolent pour braver la chaleur torride du jour, se cache dans les vertes forêts; le reptile, enroulé à quelque branche d'asôka aux fleurs cramoisies, attend la nuit pour aller adorer Wasûki, roi des serpents; le paria, tapi au fond de sa hutte, doit aux rayons meurtriers du soleil d'avoir suspendu pendant quelques instants les travaux de sa vie misérable.

Toutes les rues étaient désertes dans Coimbatoor. On eût dit, à voir ces belles pagodes muettes, ces palais silencieux, une cité brillante et luxueuse dont la vie aurait été arrêtée subitement par un caprice d'Indrâ. Une femme, une adorable jeune fille, venait de franchir l'enceinte extérieure de la ville endormie et s'était engagée dans les méandres d'un étroit sentier qui allait se perdre dans la forêt. Où pouvait courir à cette heure cette belle créature, dont la démarche était aussi souple et aussi assurée que celle d'un jeune éléphant [1] ?

---

[1] La comparaison m'étonna; mais je la conserve.

Arrivée au plateau d'Ayodhâ, elle s'arrêta haletante, et, fouillant d'un œil inquiet les dernières touffes d'ananas qu'elle venait de dépasser, elle s'assura qu'elle était bien seule. S'asseyant alors sur le tronc d'un manguier que le temps avait couché à terre, elle mit sa jolie tête entre ses mains, et elle attendit, immobile, plongée dans une rêverie profonde. Ses grands yeux semblaient fixés sur un point invisible; sur la peau fine et satinée de ses beaux bras que nul voile ne protégeait, le soleil faisait courir des reflets moirés et chatoyants; ses formes aux contours délicats s'accusaient légèrement sous des vêtements artistement drapés.

Un bruit de pas rapides et pressés fit tressaillir la jolie Hindoue, qui, se levant aussitôt et poussant un petit cri de joie, reçut à ses pieds un jeune guerrier qui venait de bondir sur la plate-forme de verdure où elle se trouvait.

« Hyram!
— Sitâ! »

Ces deux mots s'échappaient en même temps de leurs lèvres, tandis qu'il restait à genoux, en extase devant son amante, et que Sitâ, penchée vers lui comme le pâle lotus qui se mire dans les eaux, plongeait ses yeux amoureux dans le regard embrasé de son amant.

« Brahma a exaucé ma prière! dit-elle après un long silence; Hyram, je te revois! De sombres pressentiments remplissent mon âme. Je frissonne! J'ai peur! J'ai été hier au temple de Ramâ pour sacrifier à cette divinité que j'implore Dauprità, la brebis blanche que j'aime tant. Le brahmane, qui toujours me permettait de venir m'agenouiller au seuil du temple, m'a repoussée cette fois d'un regard terrible, et Dauprità s'est serrée si fort contre moi que je n'ai pas eu le courage de l'abandonner. Ramâ ne me pardonnera jamais de ne pas avoir accompli le sacrifice que j'avais projeté, et je tremble maintenant qu'il ne me punisse cruellement. Mais je te vois, ô mon seigneur, mon maître! et les craintes s'évanouissent, les noirs soucis s'envolent! Quand tu parais devant moi, il est aussi impossible à la tristesse de rester dans mon cœur qu'à la rosée du matin de s'arrêter sur les feuilles du cactier quand le soleil monte à l'horizon!

— Rassure-toi, dit Hyram, les dieux sont grands et magnanimes. Ils punissent sévèrement ceux qui n'accomplissent pas les sacrifices, mais pourquoi meurtriraient-ils une âme comme la tienne? Chasse les tristes pensées, ma bien-aimée! Quand au printemps les bengalis chantent l'amour, pensent-ils que le serpent peut les guetter et les étouffer dans ses replis? Viens sur mon cœur, et laisse-moi baiser tes doigts adorés! »

Et Sitâ fascinée, charmée par le doux langage d'Hyram, s'abandonnait avec ivresse à son bonheur, à son amour.

Depuis un instant déjà ils n'étaient plus seuls sur le plateau d'Ayodhâ. Un homme qui s'était approché sans bruit les contemplait d'un regard chargé de colère. Il portait la longue barbe soigneusement parfumée, et la robe blanche des brahmanes, ces terribles maîtres de l'Hindoustan qui maintenaient sous leur domination les rois et les rajahs les plus puissants.

Les deux amants ne pouvaient le voir. Hyram immobile tenait la taille de sa bien-aimée serrée dans ses bras nerveux. Attirée par son regard magnétique, Sitâ laissa tomber vers lui sa tête appesantie par une douce langueur, et dans un souffle plus léger que le frissonnement de la rose qui s'épanouit au matin elle lui dit son amour.

Le brahmane était derrière eux.

« Par Ramà! que vous blasphémez en l'invoquant, soyez maudits! soyez maudits! Toi la fille de Golam, le paria infâme, qui oses venir profaner nos temples! toi! jeune guerrier qui as touché une paria! vous serez punis suivant les Védas sacrés! Sitâ! tu seras brûlée vive; car, pour que tu aies réussi à charmer un kshatriya[1], l'esprit du démon Kayémongasaura doit être entré dans ton corps. Hyram! sais-tu quel châtiment attend le malheureux qui a commis le crime dont tu t'es rendu coupable? Il est dégradé, déshonoré; il est mis lui-même au rang des parias. Sa vie sera une infamie vivante; partout l'eau et le feu lui seront refusés. Par Ramà! soyez maudits! »

Sitâ s'était affaissée, anéantie par la terreur. En entendant la menace prononcée contre celle qu'il aimait, Hyram se redressa menaçant comme un lion altéré.

« Grand prêtre! dit-il, prophète sacré! homme né deux fois à la lumière de Brahma! tu as dit vrai, je suis coupable, j'accepte le châtiment que j'ai mérité. Je fais vœu d'aller moi-même, avant que le soleil ait disparu dans les ondes, demander la peine que je porterai jusque dans la tombe! Mais jure-moi sur la divinité dont tu es le ministre ici-bas, jure-moi que Sitâ vivra!

— Elle sera brûlée vivante! dit le brahmane d'une voix inexorable.

— Meurs donc, homme impitoyable! » s'écria Hyram; et tirant son poignard, il le plongea d'un seul coup dans la gorge du brahmane, qui tomba en râlant une malédiction dernière. Après avoir jeté un regard désespéré sur Sitâ évanouie, Hyram descendit en courant vers le

---

[1] Guerrier, noble.

Gopenaury dont on voyait couler les eaux tranquilles et majestueuses au pied du plateau d'Ayodhâ.

II

En ce temps-là Coimbatoor était la résidence de Madhuyâ, roi de Mysore, qui en avait fait une capitale de luxe et de plaisirs. Partout des parcs, des jardins, des avenues toujours arrosées. Aux abords des palais se pressaient les princes, les ambassadeurs, les guerriers couverts de riches armures, suivis de cortéges nombreux. Des bayadères, des jongleurs dansaient sur les places publiques. Des éléphants de Windhyâ et de Sinhalâ, des chevaux qu'à grands frais on faisait venir du Cambodge, des chariots de toutes sortes encombraient les rues. Coimbatoor ressemblait à une mine d'or et de diamants. Dans cette ville bienheureuse aucun vol n'était jamais commis; les hommes aimaient leur femme, les femmes étaient fidèles à leur époux. Chacun portait de riches pendants d'oreilles, chacun était parfumé avec soin. Les brahmanes étaient respectés de tous, et il n'y avait pas un homme qui ne leur donnât au moins mille roupies par an. La garde de la ville était confiée à une troupe de jeunes guerriers d'élite commandée par Hyram, favori du roi Madhuyâ.

Quelle ne fut pas l'épouvante qui stupéfia tous les habitants, quand le lendemain du drame d'Ayodhâ le bruit se répandit que Nissapur, le grand prêtre du temple de Ramâ, avait été égorgé par Hyram, qui lui-même était evnude vant toute la cour avouer son crime!

Tuer un brahmane était un acte inimaginable. Et Hyram, ce jeune héros que chacun aimait, avait pu commettre un forfait aussi épouvantable !

Toute la population se porta devant le palais du roi en proférant des cris de menace. On voulait l'explication de ce crime incompréhensible. Madhuyâ ne put rien faire, rien tenter pour sauver son favori ; il dut réunir au plus tôt les brahmanes et les kshatriyas de Coimbatoor, et Hyram parut devant eux.

Il ne dit rien pour se défendre. Il avait tué Nissapur, puis il était venu se livrer lui-même ; car si l'on peut tromper la justice des hommes, rien n'échappe à l'œil vengeur de Brahma. On voulut le mettre à la torture ; Madhuyà le sauva de ce tourment.

La loi des Védas est inexorable. Elle n'ordonne pas la peine de mort, mais le châtiment qu'elle inflige au coupable est mille fois plus terrible. Le meurtrier Hyram fut condamné à la privation de toute caste. Il devenait un paria qui allait porter au front le stigmate de la justice.

Un paria !!!

« Ces hommes marqués de signes flétrissants, dit Manou leur lançant l'anathème, doivent être abandonnés par leurs parents paternels et maternels, et ne méritent ni compassion ni égards. On ne doit ni manger avec eux, ni sacrifier avec eux, ni s'allier par le mariage avec eux. Qu'ils errent sur la terre dans un état misérable, exclus de tous les devoirs sociaux ! »

Après le jugement, Hyram fut traîné dans un fossé où il devait être gardé à vue jusqu'au lendemain, et il fut décidé qu'au lever du jour Golam l'infâme, le paria chargé de flétrir les criminels et les indignes, viendrait accomplir son ignoble mission.

Quand Sitâ apprit de la bouche même de Golam la condamnation de celui qu'elle aimait, elle tomba à ses genoux, et d'une voix entrecoupée de sanglots elle lui fit l'aveu de son crime. « Vous ne ferez pas cela, ô mon père, vous ne marquerez pas au front, vous... oh! ce serait trop horrible... celui qui se sacrifie pour sauver votre enfant, pour vous conserver la fille qui vous aime et que vous chérissez! Il est impossible que ce héros qui se perd pour nous, ce soit votre main qui le frappe!... »

Golam laissa tomber sur elle un regard indéfinissable et sortit lentement de la hutte sans proférer une parole.

Sitâ, laissée seule, frappa de son front la terre humide, et d'abondantes larmes coulèrent de ses yeux brûlants.

Combien de temps resta-t-elle ainsi anéantie, mourante?

. . . .

Quand elle sortit de cette torpeur douloureuse, la claire obscurité d'une belle nuit étoilée avait succédé à la lumière du jour. Sitâ pleurait encore.

« O Rama, s'écria-t-elle, tu as été impitoyable! Dois-je tant souffrir pour avoir épargné une créature qui m'aime? Pauvre Dauprità! dit-elle en caressant la tête de la jolie brebis qui venait se poser doucement sur ses genoux, pauvre Dauprità, je te pardonne!... Mon beau rêve, mon bonheur, tout est fini! Dieux puissants, faites que je meure!... Sivâ! enlève-moi dans un baiser de tes flammes ardentes!... Vishnou! fais que je sois engloutie dans les eaux profondes de ton royaume! »

Elle achevait à peine ces mots, qu'Hyram parut sur le seuil de la porte entr'ouverte.

« Malheureuse! s'écria-t-il, quelle prière viens-tu de proférer? »

Longtemps ils se tinrent étroitement embrassés, étouffés par le bonheur de se retrouver. Puis, Hyram entraînant doucement Sitâ à quelques pas de la hutte, tous deux vinrent se reposer sous un bouquet de sandals qui, entrelacés avec le bétel flexible, formaient un berceau couvert et parfumé. Alors, dans le silence de la nuit, dans cette entrevue suprême, Hyram dit à Sitâ comment Golam était venu à lui pour le sauver. Les gardes, ne se méfiant pas du paria, l'avaient laissé s'approcher du condamné. « Partez, seigneur, avait-il dit, fuyez ces barbares qui ne croient pas qu'un paria ait une âme, qui ne comprennent pas que sa fille puisse avoir un cœur! Je reste ici, moi, à votre place. Fuyez et n'attendez pas qu'une main funeste, en marquant votre front, fasse de vous une honte qui comprend, une honte qui souffre! »

« J'ai d'abord refusé l'offre de ton père, continua Hyram, car, tu le sais, je ne suis point assez lâche pour fuir devant la douleur; mais quand je lui dis que je ne pouvais accepter son noble sacrifice, Golam me regarda en souriant tristement et me dit en me montrant son bras découvert, où je pus voir deux marques saignantes : « J'avais prévu votre refus, et pour vous forcer à m'obéir « j'ai fait glisser la mort dans mes veines par un korah[1] « venimeux. La morsure de ce serpent entraîne, vous le « savez, une mort certaine. Si vous refusez maintenant « d'obéir au père de Sitâ, malheur sur vous, malheur « sur elle! Si au contraire vous partez, demain nos en- « nemis ne trouveront plus ici qu'un cadavre! » J'ai obéi. Je dois maintenant, par des exploits agréables à

---

[1] Littéralement « fouet »; ancien nom indigène du cobra.

Ramâ, par des prières incessantes, apaiser les divinités irritées contre nous. Fuir ensemble serait une faiblesse coupable. Attends-moi fidèlement, ma pauvre bien-aimée, dans cette retraite frappée par le malheur, et quand Ramâ permettra que je revienne vers toi, nous fuirons alors, et nous irons, aussi longtemps que nous trouverons de la terre sous nos pas, cacher notre vie dans des régions inconnues ! »

Ainsi parla Hyram, et Sitâ, accablée, frappée au cœur par la mort de son père, brisée par le départ de son amant, ressemblait à une belle fleur d'aparajita tombée sur le sentier d'un jaguar, et dont la corolle bleue et satinée aurait été froissée par une griffe puissante.

III

Le dévouement de Golam avait sauvé Hyram de la marque infamante, et il put, aussitôt après être sorti des États du roi Madhuyâ, marcher la tête haute sans voir fuir à son approche les enfants et les femmes, sans répandre autour de lui cette terreur, ce dégoût qui accompagne partout le paria abhorré. Ce fut un terrible voyage que celui d'Hyram le proscrit à travers les contrées du Sud. Voulant éviter les grandes routes fréquentées par les guerriers et les pèlerins, il s'enfonçait au milieu des jungles inextricables, où il était obligé, pour avancer, d'abattre des arbres, de franchir des précipices, de traverser des fleuves rapides. La nuit, au lieu de se reposer des cruelles fatigues du jour, il devait veiller encore pour se défendre contre les animaux sauvages. Ses aventures furent nombreuses et parfois terribles.

Un soir, harassé de fatigue, il arriva sur les bords de l'Ambrawatty. Il passa ce fleuve à la nage, et quand il fut sur l'autre rive, il se trouva en présence de Sugrîva, roi des singes, qui lui cria d'une voix menaçante : « Quelle fatalité te pousse en ces parages, étranger téméraire? Retourne aux contrées dont tu viens, ou redoute ma colère! »

« J'accomplis un vœu que j'ai fait à Ramâ, répondit Hyram. J'ai juré de parcourir Travancore, de passer le flot amer et d'aller à Lankâ me prosterner dans les temples élevés à Ramâ sur les lieux où il vainquit Ravanâ, qui lui avait ravi son épouse chérie. Retire-toi donc, ou crains la vengeance d'en haut! »

Une lutte terrible s'engagea entre Sugrîva et Hyram. Celui-ci, ayant fini par terrasser son adversaire, lui coupa la queue, qu'il fit brûler en l'honneur de Ramâ.

Arrivé au sommet des monts Wurragherry, il alla visiter un ascète célèbre, du nom d'Urjoo, dont l'ermitage était situé sur un roc escarpé.

La renommée du Srî [1] Urjoo lui venait d'un vœu qu'il avait fait. Il avait juré de tenir constamment, et jusqu'à sa mort, les yeux fixés sur son nombril. Hyram se prosterna devant lui et le supplia de lui dire comment il parviendrait à apaiser la colère divine.

« Continue ton chemin vers le sud, dit le saint après avoir été longtemps silencieux. Une princesse que Ramâ protége est menacée d'un grand danger. Trouve-la, délivre-la. »

Hyram franchit la haute chaîne des montagnes de

---

[1] Saint.

Perryoor. Il traversa, toujours errant et malheureux, le pays du roi de Travancore, du rajah de Madûra. Il suivit jusqu'à son embouchure le fleuve Vyghak; mais là il vit devant lui la mer immense. Que faire? pensa-t-il découragé. Où aller? Pourquoi ne pas se coucher sur ce sable inhospitalier et en compter les grains innombrables jusqu'à ce que la mort vienne l'arrêter dans cette tâche impossible?

L'image de Sîtà abandonnée se présenta alors à son esprit accablé. Hyram chassa les sombres pensées comme un lion secoue, en s'éveillant, les larmes que la nuit a déposées sur sa crinière. D'un seul coup de sa lourde massue, il abattit un cocotier qu'il mit à l'eau, et il se lança dans la direction de Sinhalà[1]. Poussé par des courants favorables, il aborda à l'extrémité nord de l'île. Longtemps il erra à l'aventure dans les jungles mystérieuses de ce jardin gigantesque, peuplé d'éléphants et entouré de l'immense Océan.

Le sage et grand Wasawadatta était alors roi de Sinhalà. Depuis quelque temps, il n'était bruit dans l'île que des fêtes splendides qui se préparaient à Lankà, capitale du royaume, pour les fiançailles de la fille du roi, la jolie et douce Radhàtrî. Des tournois devaient avoir lieu pendant plusieurs jours consécutifs; les souverains et les princes des pays amis du roi Wasawadatta avaient été invités par des ambassadeurs spéciaux, qui leur avaient apporté en présent des parfums, des bois précieux, des perles et de l'ivoire. Radhàtrî devait être l'épouse du vainqueur du tournoi, du chevalier le plus brave et le plus adroit.

Dans tous les ports débarquaient des guerriers renom-

[1] Ceylan.

més. Ils venaient se disputer la main de la jolie princesse, que chacun savait être la protégée de Ramâ; car elle était née dans un temple où Rishis, sa mère, était restée en prière pendant dix jours et dix nuits, sans que le sommeil osât venir fermer ses paupières.

Le maharajah de Bejapore arriva, suivi d'un cortége splendide, dans lequel se trouvaient quatre éléphants blancs de l'Himalaya chargés des étoffes les plus riches de Cachemire et d'Ajmire. L'empereur d'Orissa fit son entrée à Lankà monté sur un char en or massif, traîné par huit tigres du Bengale. Lankà était trop petit pour loger tous les hôtes illustres qui arrivaient de tous côtés; plusieurs furent obligés de camper hors des murs de la ville. Défense expresse fut faite dans le royaume de travailler pendant tout le temps que dureraient les fêtes. Les brahmanes devaient tenir les temples ouverts et offrir des sacrifices incessants. Les kshatriyas prendraient tous part aux fêtes; les wakyshas et les sudras [1] chômeraient; du riz leur serait distribué. Enfin les Parias devaient se tenir cachés à tous les yeux; la nuit seulement ils pouvaient sortir pour chercher leur nourriture; mais quiconque les eût rencontrés dans la journée devait les tuer comme des reptiles malfaisants.

Depuis deux jours la plaine de Yakkaor retentissait du bruit des exploits les plus extravagants, quand arriva un mahout [2] qui venait de Trincomalé, et qui en un seul jour avait franchi les cinquante *coss* qui séparent ce port de la capitale. Il annonça au roi qu'un prince mongol, monté sur des vaisseaux étranges, était arrivé sur les côtes

---

[1] Les paysans, les ouvriers.
[2] Conducteur d'éléphant, cornac.

de Sinhalâ; qu'il se disait fils d'un monarque puissant, et qu'il venait pour conquérir la main de Radhatrî. Il était impossible de ne point admettre au tournoi ce prince barbare : c'eût été avouer qu'on craignait de le combattre. Wasawadatta envoya au-devant de lui Huât, son fidèle conseiller, et le sixième jour des fêtes le Mongol fit son entrée dans l'arène, et s'avança vers l'estrade du roi et de la divine Radhatrî.

« Roi de Sinhalâ! dit-il, celui à qui tu as permis de venir se mesurer ici avec tous ces nobles et puissants guerriers, est le fils du khan Gaïouk, qui règne sur le pays des Khalkas. Mon nom est Kami. Tu as été magnanime en m'accordant ce que je demandais, et comme un Mongol est aussi noble et aussi généreux qu'un Hindou, je veux que les prix soient égaux. Si je suis vaincu par un seul d'entre vous, ma fortune, ma vie appartiendront à mon vainqueur. Ce saphir que je dépose à tes pieds est un talisman sacré pour mon père, qui a juré de remettre mon royaume à celui qui le lui rapportera si je suis vaincu. »

En disant ces mots, il jeta aux pieds du roi le ceinturon qui soutenait sa lourde épée. C'était un long ruban d'or à forme de serpent, en métal si pur et si fin qu'il était malléable comme de la cire vierge. La tête du serpent était formée d'un seul gros saphir enchâssé dans une plaque d'or.

« Si, favorisé par Bouddhâ, continua-t-il, je suis vainqueur, Radhatrî devra suivre son époux, son maître. Elle quittera pour jamais sa patrie et vous tous, pour venir régner sur nos froides régions. »

Radhatrî pâlit sous son diadème, en entendant ces mots du guerrier barbare.

Celui-ci, monté sur un chariot attelé de coursiers aussi

rapides que les foudres de Sivà, terrifia l'âme des plus intrépides par sa force et son audace. Du haut de son char précipité dans une course folle, il lançait au loin le javelot qui allait frapper au cœur le sanglier ou la gazelle qu'il prenait pour but. Pendant trois jours il resta dans la lice sans demander ni trêve ni repos ; puis, quand il fut proclamé vainqueur, il s'avança au milieu de l'arène, et bandant de ses mains puissantes un arc en cuivre gigantesque que ses esclaves lui avaient présenté, il envoya vers le ciel un lourd javelot en or qui disparut avec un grondement pareil à celui du tonnerre et qui ne retomba point sur la terre. « Si un seul d'entre vous, s'écria-t-il en s'adressant aux princes vaincus, peut tendre cet arc comme je viens de le faire, je le proclame mon maître ! Sinon je pars avec Radhatrî, et j'apporte à mon père la nouvelle de votre défaite ! »

Pendant deux jours les guerriers, les archers les plus renommés vinrent essayer tour à tour de ressaisir la victoire qui leur échappait. Les uns, grotesques ou ridicules, tombaient sur le sable après avoir fait des efforts inouïs pour soulever l'arc du Mongol. D'autres, ayant réussi à faire ployer légèrement la verge de métal, étaient lancés au loin quand, à bout de forces, ils laissaient se redresser l'arme trop lourde. Les champions épuisés demandaient du repos, et les tournois allaient s'achever par la victoire du fils de Gaïouk, quand les airs retentirent de cris enthousiastes ; un nouveau combattant venait d'entrer dans la lice. Hyram, fier et calme comme un jeune tigre superbe, vint ployer le genou devant Wasawadatta. Ses poignets étaient serrés par de lourds bracelets, et de sa main droite il tenait sa massue de bois de fer. Le roi le regarda avec anxiété.

« Qui es-tu, toi qui veux venir disputer à des princes, à des rois, la fille de Wasawadatta, la perle de Sinhalâ ? »

A ces mots, le spectre du brahmane Nissapur passa devant les yeux du jeune héros ; son infamie, sa misère, lui crièrent qu'il n'était qu'un paria, et il courba la tête, pareil au lotus qui, le matin, laisse retomber sur sa tige sa corolle azurée toute chargée de rosée. Alors le sage Huât, qui, voyant la détresse et le désespoir de la belle Radhatrî, voulait tenter cette dernière chance de l'arracher au sort qui la menaçait, se prosterna devant Wasawadatta. « La grandeur, ô mon roi ! lui dit-il, ne dépend pas seulement de la naissance, mais aussi de la force et du courage. Si ce jeune guerrier sauve l'honneur de Sinhalâ perdu dans ces tournois, tu le nommeras Rajah des îles qui sont au nord de ton royaume, et l'ombrelle de la royauté sera tenue sur sa tête. »

Ces paroles remirent au cœur d'Hyram le courage qui lui échappait. Il souleva l'arc gigantesque aussi facilement que l'ouragan enlève la feuille parfumée du kétaki, et, distendant ses bras nerveux, il envoya un second javelot dire à celui qui l'avait précédé dans les cieux la défaite de Kami le Mongol. Le son retentissant des conques et des trompettes salua la victoire d'Hyram ; le roi voulut qu'il montât sur son trône et qu'il vînt s'asseoir à ses côtés. . . . .
. . . .

Le triomphe ne faisait pas oublier à Hyram la triste réalité. Il devait maintenant se faire connaître. « O puissant et généreux monarque, dit-il, vous ne m'avez pas demandé le nom de mon père, et vous voulez combler de vos bienfaits celui qui a eu le bonheur de sauver votre fille des mains de cet Étranger insolent. J'étais jadis un noble kshatriya ; mon père fut le compagnon d'armes et de dangers de Madhuyâ, roi de Mysore ; j'étais moi-même honoré de l'amitié de ce prince. Aujourd'hui je ne suis plus qu'un exilé, un maudit, un vagabond. Reprenez vos promesses, vos royaumes : j'en suis indigne ; faites-moi mettre à mort comme une bête immonde... car je ne suis qu'un paria ! »

Un silence profond accueillit ces paroles. La belle Radhatrî sentit tout son sang se retirer vers son cœur. Elle ressemblait ainsi, pâle et effrayée, inondée de la lumière dorée du soleil couchant, à un beau lys frémissant dans le brouillard diapré d'une cascade féerique.

Wasawadatta, prenant le serpent à tête de saphir que Kami avait déposé comme gage, le jeta à Hyram. « Tu as gagné ceci, lui dit-il, et le Mongol peut, s'il le veut, te payer sa rançon. Mais si l'on te retrouve demain foulant le sol de mon royaume, tu seras impitoyablement mis à mort !... »

IV

Plus d'une année s'était écoulée depuis le crime d'Ayodhà, et Coimbatoor, jadis si brillant et si animé, était maintenant une ville à peu près déserte. Le roi Madhuyà avait abandonné sa résidence favorite et avait fait de Bengalore sa capitale. L'herbe croissait dans ces avenues où se pressaient jadis les cortéges bruyants ; l'humidité couvrait de parasites verts les dômes et les palais de marbre ; la ville semblait encore frappée de stupeur comme au jour où l'on avait appris la mort de Nissapur, le forfait d'Hyram.

Il revenait, lui, le paria héros de Lankâ ! il revenait chercher sa bien-aimée Sitâ pour l'emmener à la conquête du royaume du khan Gaïouk. Il précipita sa course quand il aperçut de loin les pagodes au dôme doré ; et il arriva bientôt à la hutte où il avait laissé celle qui devait l'attendre si impatiemment. Là personne ne répondit à son appel.

Il courut au plateau d'Ayodhâ, et le trouva désert.

Alors étant descendu sur les bords du Gopenaury, comme le jour où il avait tué le brahmane, il aperçut couché sur le sable un corps inanimé. C'était celui de sa fidèle Sitâ, qui, étant venue accomplir en ces lieux son pèlerinage quotidien, avait été surprise par un orage terrible, et foudroyée par le feu du ciel.

Sivà avait entendu la prière que la malheureuse avait prononcée au moment de désespoir.

« O Sivà, avait-elle dit, enlève-moi dans un baiser de tes flammes ardentes !... Vishnou ! fais que je sois engloutie dans les eaux profondes de ton royaume ! »

Hyram sentit son cœur se briser. A quoi bon les ambitions maintenant ? A quoi bon la réhabilitation ?

« Sivà ! Vishnou ! s'écria-t-il, vous avez été sans pitié ! La prière de ma fiancée n'a été exaucée qu'à moitié ; il faut qu'elle le soit tout entière ! »

Et jetant loin de lui ses armes et le long serpent en or qu'il portait enroulé autour de son bras, il serra le corps inanimé de Sitâ dans une étreinte suprême et se précipita dans les eaux du fleuve, où ils disparurent ensemble dans un tourbillon . . . .
. . . .

Le soir, deux brahmanes qui allaient en pèlerinage à Trimanoor descendaient dans une barque le fleuve qui va se jeter dans le Cauvery. Ils chantaient sur un rhythme ancien les *slocas*[1] de Manou, quand leurs cantiques furent interrompus par les bêlements plaintifs d'une brebis blanche qui errait sur les rives du fleuve. Ils s'approchèrent pour débarquer; mais la brebis avait disparu, et à l'endroit où ils l'avaient aperçue ils virent briller un gros saphir d'une valeur incalculable. Ils pensèrent alors que la brebis blanche n'était autre que l'esprit de Brahma qui leur donnait la richesse en récompense de leurs vertus; et s'étant prosternés sur le sable, ils adorèrent le joyau sacré.

[1] Manou a écrit les lois de Brahma en cent mille *slocas* ou distiques.

VI

Singapour. — Le jardin de M. Wampoole. — Le *persil* de Singapour. — Escapade nocturne. — Saïgon. — Aspect général. — Promenade à Sholem. — L'opium. — Cassandre Méje. — Hong-kong. — Lettre au commandant Rapatel.

Partis de Pointe-de-Galle lundi, nous entrions jeudi soir 19 septembre dans le détroit de Malacca. Nous avions passé dans la matinée à un mille de la petite île de Poulo Jarra, un panache vert flottant sur l'Océan. La navigation est très-difficile dans le détroit, à cause des bancs dont il est parsemé et que l'eau recouvre à peine. Nous doublons à minuit le feu de *Banc d'une brasse,* et nous serons à Singapour demain après-midi, sauf brouillard.

Un petit phénomène pour donner une idée de la température. Le soir, nous buvions sur le pont des *brandy and soda*. Les siphons sortaient de la glacière et étaient à 4 ou 5 degrés ; les verres étaient, naturellement, à la température de l'air. En versant le soda dans mon verre, celui-ci éclata comme un verre de lampe.

On peut juger, d'après cela, s'il fait chaud au mois de septembre dans le détroit de Malacca, par deux degrés de latitude.

Samedi 21 septembre. — Deux heures. Nous arrivons en vue de Singapour. La première chose que nous apercevons, sur une petite île qui est à notre droite, et qui ferme la rade de ce côté, c'est un grand fort en terre que les Anglais sont en train d'achever et d'armer de canons gigantesques dont on voit se profiler les noires silhouettes sur les talus qui couronnent tout le sommet de l'île. En haut flotte le pavillon britannique.

C'est en faisant ce voyage qu'on est surtout frappé de la puissance colossale de l'Angleterre. Depuis que nous sommes sortis de Suez, il n'est pas un détroit, pas un rocher bien situé, pas une pointe que nous ayons vue, sans apercevoir au-dessus le pavillon anglais. En pleine mer et dans tous les ports, des bateaux marchands, des cuirassés, vont et viennent à l'ombre de ces mêmes couleurs. Et cela tout autour du monde, que la perfide Albion enserre comme dans une ceinture de fer.

Le meilleur hôtel de Singapour est l'hôtel d'Europe, genre américain, où, moyennant trois piastres et demie par jour, vous avez logement, nourriture, service, bains, etc., etc. L'hôtel est très-joliment situé au milieu d'un grand jardin ; un rez-de-chaussée, un étage. Arson et moi ne faisons que nous rafraîchir, et nous partons immédiatement pour aller visiter le jardin de M. Wampoole, qu'on nous a bien recommandé de voir.

Les routes sont très-bien entretenues et jolies. Deux petits chevaux, attelés à un *coucou*, nous mènent comme le vent. Ils ressemblent beaucoup à nos chevaux corses, sauf l'encolure, qui est fine et droite.

Le jardin de M. Wampoole est ce que je me permettrai d'appeler « une vaste blague ». Pas grand, dessiné dans le genre des jardins italiens, les allées étroites, mal sablées, très-mal tenues.

M. Wampoole, qui est un Chinois plusieurs fois millionnaire, ne peut vivre et ne se trouve bien qu'à Singapour. Rien n'est plus joli, selon lui, que les fleurs d'Europe. Il a fait venir à grands frais des dahlias, des géraniums, des rosiers chétifs et malingres, qui ont l'air de bien regretter leur pays natal. Quant aux quelques magnifiques bananiers en éventail qui sont dans son jardin, il ne les y laisse que par grâce. M. Wampoole a une passion malheureuse pour le myrte. Il a une collection comprenant une centaine de ces arbrisseaux, très-vieux, et qu'on a taillés et retordus de façon à leur faire prendre la forme de toutes sortes d'animaux : chevaux, lions, dauphins, etc., etc. Le Chinois nous montre avec satisfaction les boules en verre bleu qu'il a fait fourrer à la place des yeux. C'est grotesque et laid.

Il y a un *persil* à Singapour, tout comme au bois de Boulogne, tout comme à Rotten-Row. Ledit persil se fait autour d'une pelouse, où les Anglais ont installé *cricket*, *lawn-tenni* et *foot-ball*. Ces trois jeux leur sont indispensables, et leur première occupation, en arrivant dans un pays conquis, est de chercher un terrain *ad hoc*.

Il est cinq heures, et nous voyons bientôt arriver des équipages, des cavaliers, enfin tout le *high life* singapourien. Les voitures marchent au pas ; la fantaisie la plus grande préside à la tenue des cochers. Tous sont Malais. Les uns sont nu-pieds, d'autres nu-tête. Celui-ci, vêtu de la longue robe en soie de couleur, porte un chapeau gris à cocarde. Cet autre, habillé à l'européenne, a une grosse redingote à brandebourgs qui doit l'étouffer.

Et ce qu'il y a dans les voitures, donc !... En voici une où sont empilées quatre *grandes dames* anglaises, *atrocement* anglaises, reconnaissables au petit chignon tordu, collé derrière la nuque, et à leur chapeau, tenant de la toque Henri III, par la petite plume retroussée qui le décore, et de la mode de Londres d'il y a trois ans, par leur indicible couleur vert-rose, violet-bleu.

Voilà, là-bas, deux gros négociants chinois. Ils sont gras, très-gras; ce qui est, paraît-il, du dernier comme il faut chez eux. Ils ont le costume de vrais fils du Céleste Empire : souliers de soie, à forte semelle blanche, larges pantalons, grande pendjama de soie noire. La seule concession qu'ils aient faite à nos modes est dans la coiffure. Ils ont conservé la tête rasée et la longue queue pendant dans le dos, mais ils ont campé par là-dessus de hauts chapeaux de soie.

C'est à mourir de rire, que de les voir nous regarder ainsi coiffés, sérieux comme des singes qui se font photographier.

Et dire qu'ils seraient si bien avec leur simple coiffure chinoise, en supposant même qu'ils n'aient pas le moindre bouton à mettre dessus !

Nous entendons le gong de l'hôtel qui nous appelle, et comme nous avons invité un passager du *Yang-tsé*, M.***, à dîner, il faut être exacts. Nous arrivons dans une immense salle à manger, où je vois une table de cent couverts ! Où diable l'hôtel d'Europe trouve-t-il cent pensionnaires ?

On nous sert, à notre grand étonnement, un excellent dîner, et, moyennant une livre sterling, ce qui, à mon avis, n'a rien de modéré, nous avons d'excellent rœderer.

Nous ne passons qu'une soirée à Singapour; il faut donc voir la ville la nuit.

Les rues sont très-animées et remplies de Chinois fumant, accroupis en masse à chaque coin de rue.....

puis toutes les rues se ressemblent. Il n'y a qu'un quartier de la ville qui rompe la monotonie générale. Toutes les maisons y sont très-éclairées ; des cordons de lanternes chinoises se balancent devant toutes les portes. Puis, et ceci est la particularité, à chaque fenêtre au premier étage une dame blanche ou noire, assise sur une haute chaise qui la met complétement en relief sur le fond éclairé, se tient roide, immobile, ayant l'air de poser pour la fin du premier acte de *Faust,* quand Méphistophélès montre Marguerite au docteur hystérique.

Nous passions, véritables saint Antoine, au milieu de toutes ces maisons éclairées, illuminées parfois avec assez de goût ; coudoyant des matelots ivres ou des Chinois en goguette, lorsque j'aperçus tout à coup une Chinoise en grand costume ; la première Chinoise que j'aie jamais vue ! — R***, Arson et moi fîmes comprendre par gestes à cette jeune fille de l'Empire du Milieu que nous serions heureux de lui offrir le *saké* de l'amitié ! et elle nous répondit du haut de sa fenêtre, toujours par gestes, qu'elle préférerait un verre de cassis !

O civilisation ! voilà de tes coups !...

Nous pénétrâmes dans cette *maison-fleur* non sans quelque inquiétude, à savoir si nous allions être obligés de parler la langue du grand Confucius, lorsque, à notre vive satisfaction, la maîtresse de ce lieu enchanteur nous *greeted* en anglais.

Le costume de la señora était ce qui m'intéressait le plus, et vraiment il était très-joli.

Les pieds étaient microscopiques, chaussés de souliers de soie verte, à semelle blanche, et finissant en pointe, juste au-dessous du pied — ce qui peut ne pas paraître très-commode pour marcher, mais ce qui était très-joli; — de larges pantalons de satin cerise serrés par des rubans de soie noués autour de la cheville fine et dégagée; enfin un vaste vêtement de satin vert, ressemblant à une blouse très-large, à manches très-longues, sans ceinture et tombant droit autour du corps jusqu'à la hauteur du genou.

Le tout recouvert de broderies et passementerie en or et en soie. La coiffure était celle que tout le monde a vue dans des peintures chinoises. Deux larges ailes de cheveux très-pommadés, partant des tempes et venant se rattacher derrière la tête, les cheveux très en arrière sur le haut du front, et de longues épingles dorées, piquées dans cet échafaudage.

Devinez comment s'appelle la diva. Je m'attendais, en lui demandant son nom, à un de ces jolis mots chinois qui vous font rêver aux femmes du Céleste Empire quand vous les entendez prononcer : *Bérénice,* me répondit-elle.

En vain je cherchai à épeler ce nom à la façon orientale! Behg-lé-nhi, la dernière syllabe, et surtout la lettre *r*, me rappelait à la réalité. Je m'apprêtais à lui exprimer mon désappointement, quand deux énormes fils du Ciel, à face souriante, entrèrent sans façon dans l'unique salon de la maison, qui était, par conséquent, celui que nous occupions.

Bérénice (!) les reçut de la manière la plus aimable; ils lui dirent quelques mots que nous ne comprîmes pas; mais elle, sonnant aussitôt un boy, lui dit d'apporter du champagne (!) et six verres. Pourquoi six verres?

Les deux boules de graisse jaune nous invitaient donc à leur fête. Nous nous aperçûmes bientôt qu'ils étaient

4.

pour nous d'une telle amabilité, que nous nous demandâmes si c'était bien mademoiselle Bérénice qu'ils voulaient régaler. Cette réflexion nous fit partir d'un éclat de rire si fou et si bruyant, que les deux Chinois et leur jolie compatriote en furent un peu décontenancés, et, ne voulant pas troubler plus longtemps les amours de ces deux hippopotames de basse Mongolie, nous nous retirâmes, au grand désespoir de la jolie Bérénice (!), qui nous expliquait que tout aurait pu s'arranger à la plus grande satisfaction du plus grand nombre.....

Dimanche. — Nous sommes dans une colonie anglaise. C'est dire que tout est fermé et qu'on ne rencontre personne dans les rues. Singapour est un port franc où des établissements importants et des maisons de commerce sérieuses se sont établis. Sa situation exceptionnelle, le désignant comme trait d'union entre le commerce de l'extrême Orient et celui des Indes et de l'Occident, en fait le point le plus important des possessions anglaises trans-gangétiques.

Après une promenade sans grand intérêt dans la ville et dans les environs, nous nous faisons conduire à bord. La belle rade que nous traversons dans toute sa largeur, et d'où nous pouvons embrasser du regard la ville tout entière, passe pour être, après celle de Rio-de-Janeiro, la plus belle du monde.

Nous serons dans trois jours dans la grande colonie française de Cochinchine, et je verrai enfin l'uniforme de nos troupiers et les trois couleurs flotter sur la terre ferme.

Nous passons, mardi 24, en vue de la petite île de Poulo-Condore, qui appartient à la France, et qui est la première terre asiatique où fut planté le drapeau français lors de la guerre de Chine, en 1860.

Il y a à Poulo-Condore un lieutenant de vaisseau comme gouverneur et quelques soldats. Cette île se trouve à cent milles du cap Saint-Jacques, de l'entrée du Meikong, que nous devons remonter pour aller à Saïgon.

C'est mercredi matin, à huit heures, que nous entrons dans ce large fleuve, dont les eaux n'ont pas moins de douze à quinze mètres de profondeur, et dont les rives vertes et pleines de broussailles doivent être de vrais nids à serpents et à crocodiles.

Nous sommes à midi à Saïgon. A droite, à gauche, des terres bien défrichées, des rizières s'étendant à perte de vue. Sur chaque rive du fleuve, les maisons en bois des Annamites et des Chinois. Ces baraques, construites sur pilotis au niveau du fleuve à marée haute, restent, à marée basse, suspendues à deux mètres en l'air, au-dessus d'une fange puante, infecte et malsaine. Les bateliers qui font le service entre les quais et les navires mouillés sur le fleuve sont presque tous des Chinois. Ils vivent sur leur bateau, dont le modèle est exactement celui des gondoles de Venise, moins l'élégance et la propreté. Ils n'ont pas d'autre habitation; leur femme, leurs enfants sont là, avec eux; ces derniers se roulent tout nus au fond de l'embarcation, pendant que le mari rame à l'arrière et que la femme fait le ménage à l'avant.

Nous mouillons devant la maison des Messageries maritimes, qui est une belle construction, genre chinois, au milieu d'une touffe d'arbres verts.

La grande chaleur passée, vers quatre heures, nous quittons le *Yang-tsé,* et une chose que nous pouvons constater dès notre arrivée à terre, c'est que nous ne sommes pas assaillis par une nuée de guides assommants, de mendiants insupportables, comme cela arrive à Aden, à Galle, à Singapour.

Les agents de police annamites, coiffés en grand chapeau blanc cochinchinois et vêtus à peu près comme nos douaniers, vous débarrasseraient bien vite de ces importuns.

La nouvelle ville de Saïgon, construite par les Français, est bien percée, bien aérée. Les maisons se rapprochent ici du genre européen. Les rues larges, propres, et pour la plupart plantées de beaux arbres, sont bordées de trottoirs en briques de cinq à six mètres de largeur. Toutes ont des noms de généraux ou d'amiraux : rue Catinat, rue Rigault de Genouilly, Rose, Mac Mahon, etc.

De jolis et grands cafés; de grandes tentes avançant sur les trottoirs; des officiers prenant l'absinthe en faisant leur partie de dominos : tout cela rappelle absolument la bonne Cannebière de Marseille, dont nous sommes pourtant un peu loin.

A l'hôtel Fabre, le plus bel hôtel de l'extrême Orient, nous ne trouvons pas de chambre. Tant pis! nous coucherons à bord.

Nous passons, en nous promenant, à côté d'une pyramide élevée à la mémoire du capitaine de vaisseau Lamaille, qui le premier s'occupa avec le plus grand tact et un réel succès de l'organisation de notre colonie. Il fut malheureusement enlevé par la dyssenterie peu d'années après son arrivée en Cochinchine.

Le soir, nous nous serions crus dans quelque petite ville de province en France. Saïgon est très-bien éclairé. Il y a sur le quai principal de jolis magasins à grand étalage; le cercle de l'Union a illuminé sa grande terrasse; on parle français partout; dans tous les cafés, des colons et des officiers; bref, on peut très-bien passer sa soirée à flâner et se croire sur un quai de Toulon.

Nous nous levons de bonne heure le lendemain matin, car nous voulons, avant la grande chaleur du jour, aller visiter Sholem, la ville chinoise, qui est à quatre milles du Saïgon nouveau. M. Letellier, le charmant docteur du bord, Arson et moi, partons dans une voiture à quatre roues absolument indescriptible. Le cocher, un Annamite pur sang, court tout le temps à côté de son cheval. Pour des gens qui ont été enfermés dans un navire pendant un mois, cette promenade matinale est plus que charmante. Nous rencontrons de braves négociants chinois étalés dans des voitures pareilles à la nôtre et se rendant à Saïgon pour leurs affaires.

Les femmes que nous voyons sur la route sont petites, bien faites et toujours coiffées avec le plus grand soin. Mais toutes chiquent la feuille de bétel!... Une salive rouge colore leurs lèvres, et leurs dents sont noires et gâtées. Passe encore quand elles sont jeunes! Mais il n'y a rien de repoussant comme de voir une vieille Annamite, avec ses yeux bridés, sa peau brune et ridée et un grand trou noir entre le nez et le menton.

C'est non-seulement par plaisir de chiquer cet horrible bétel qu'elles se défigurent ainsi, mais aussi pour donner à leur mari une preuve d'amour et la certitude de leur fidélité.

Dès qu'une femme est mariée, elle commence à chiquer, et deux mois après elle est hideuse, du moins à nos yeux européens; MM. leurs époux trouvent peut-être cela très-joli.

Nous entendons, en arrivant à Sholem, un épouvantable concert de tam-tam, tambours, fifres et cris... Plusieurs potiches entourant un grand palanquin font tout ce tapage. Notre cocher nous dit, ou plutôt nous fait comprendre en faisant le mort par terre à côté de la voiture, que c'est un enterrement.

Nous voyons en effet sur le fleuve un bateau pavoisé de drapeaux, dragons de bois et monstres de carton. Un grand cercueil en bois sculpté est posé sur le pont. Ce devait être sans doute quelque gros bonnet de la gent sholemmienne; la famille avait pris place autour du cercueil, et on allait probablement ainsi porter le mort à bord de quelque bateau en partance pour la Chine. On sait que les Chinois décédés hors du Céleste Empire sont, après leur mort, rapportés dans le pays où ils sont nés. Les amis, parents et domestiques, réunis autour du palanquin qui avait apporté le cadavre, lui souhaitaient bon voyage et criaient très-fort, sachant bien que la mort rend un peu sourd.

Nous poursuivons notre course à travers la ville. Voyant plusieurs Sholemois regarder avec une sorte de curiosité mêlée de crainte à travers les barreaux d'une grille en bois qui fermait un grand magasin à l'aspect bizarre, nous interrogeons notre automédon. Il nous répond en crachant : « Ça pas bon! » et faisant le geste d'un homme qui fume, il dit : « Opium! »

Je commence à soupçonner ce cocher d'être un faux Annamite, et d'avoir appartenu autrefois à un corps de ballet quelconque, où il devait remplir l'emploi de premier mime.

Nous étant approchés pour regarder, nous demandons à un bonhomme qui était derrière la grille, à visiter l'établissement. Il ne nous comprend pas, mais le cocher est déjà devant nous, et après d'interminables pourparlers et mille objections, on se décide à nous ouvrir. C'est qu'il leur est défendu, autant que j'ai pu le comprendre, de recevoir des Européens, et de leur donner de l'opium à fumer.

Nous entrons dans une grande salle au plafond très-élevé. Sur les murs polis à la chaux sont peints les dragons les plus retordus, les héros les plus grimaçants de la légende chinoise. D'immenses fauteuils, dans lesquels le fumeur est presque couché, sont disposés les uns à côté des autres, à un intervalle de 1^m,50. A portée de chaque fauteuil, sur une petite table, est la pipe ressemblant à un petit narghiléh; par terre, un crachoir.

Au-dessus de chaque fumeur une grande lampe chinoise en papier rose, bleu ou vert, doit l'éclairer d'une clarté très-douce.

Plusieurs pièces se suivent et sont toutes disposées de la même façon. On se sent mal à l'aise dans cette maison où il semble que la honte cherche à se donner le luxe pour excuse; et la pensée qu'il y a de pauvres diables qui viennent s'asseoir dans ces grands fauteuils nous donne froid dans le dos.

L'usage de l'opium est très-répandu en Cochinchine. La ferme en a été concédée à des particuliers chinois formés en société qui payent au gouvernement une somme annuelle de six millions de francs, et qui réalisent encore d'immenses bénéfices. Cependant leurs opérations sont contrôlées par le gouvernement, qui les a forcés de prendre comme président de leur conseil d'administration M. S..., Français depuis longtemps établi à Saïgon.

La grande pagode chinoise mérite vraiment d'être visitée. La toiture lourde et massive est supportée par quatre grandes colonnes monolithes en granit sur lesquelles sont très-artistement et très-curieusement sculptés, sur l'une un grand dragon, sur une autre un poisson monstrueux, sur la troisième un griffon, sur la dernière un serpent; et ces monstres, enroulés autour de chaque colonne, semblent soutenir la toiture qu'ils tiennent entre leurs dents.

Sholem est tout à fait une ville chinoise. Les maisons sont en bois peint en rouge ou en vert; devant chaque magasin, descendant de la toiture qui est en saillie, de grands panneaux en bois sculpté, bariolés, dorés, servent d'enseignes et sont posés de telle façon qu'on ne peut passer devant sans les voir.

En revenant de Sholem, nous traversons le jardin zoologique, où, sauf un grand crocodile et un tigre royal magnifique qui a été envoyé par le représentant du Protectorat français au Cambodge, il n'y a que les animaux qu'on peut voir dans tous les *zoo* d'Europe.

J'emporte du peu que j'ai vu de Saïgon la plus agréable impression. Tout Français passant par là sera heureux de constater combien notre colonie a bien réussi. Sous le rapport financier, du reste, la Cochinchine est une très-bonne possession, car c'est une des rares, et peut-être la seule colonie française qui rapporte à la métropole. Quel dommage que le climat rende ce pays à peu près inhabitable! On cite comme des exceptions les personnes qui ont pu, sans être atteintes d'un commencement d'anémie, y séjourner plus de deux ou trois ans.

Une aigrette blanche que nous voyons au-dessus de la cheminée du *Yang-tsé* nous dit qu'il n'est que temps de le rallier. A une heure, nous commençons à descendre le fleuve aussi tranquillement que nous l'avons remonté; mais aujourd'hui la chaleur est insupportable, 36 degrés et pas d'air! C'est un regain de mer Rouge. Cela ne dure heureusement pas longtemps; à cinq heures nous doublons la pointe Saint-Jacques, où nous trouvons une bonne brise bien fraîche, et nous mettons le cap sur les îles Paracels.

On parle beaucoup des typhons que nous devrons très-probablement rencontrer. Pour nous y préparer, chacun, officiers et capitaine, nous raconte quelque épisode de ceux qu'il a essuyés.

Le dernier qui a éclaté sur Hong-kong a détruit une centaine de maisons et coulé douze navires en rade. Le lendemain, la mer était couverte de cadavres!

Le second du bord, M. Mèje, excellent officier et charmant homme, mais un tantinet Marseillais et loustic, dit à qui veut l'entendre que c'est exactement la bonne saison pour les cyclones, « changement de mousson et pleine lune ».

Nous avons, en attendant, le plus joli temps du monde. « Mauvais signe! » dit le terrible Cassandre.

Nous côtoyons la Cochinchine jusqu'au cap Varella. Les contours en sont charmants et ressemblent aux belles côtes de la Provence dans les parties montagneuses. Avec la jolie couleur qu'a la mer aujourd'hui et le beau ciel bleu que nous avons retrouvé, l'illusion est complète.

Samedi matin, 29 *septembre*. — J'ai bien négligé mon journal, et depuis une semaine je n'ai rien écrit. C'est si bon d'être paresseux de temps à autre!

Nous sommes entrés à Hong-kong hier au soir à huit heures. De l'endroit où nous étions mouillés et en pleine mer, la vue sur la ville était magique. On ne voyait que des lumières, qui, s'élevant en amphithéâtre au pied de 'immense rocher qui forme l'île de Hong-kong, présentaient une magnifique illumination. Ajoutez à cela une nuit très-claire, et les feux d'une trentaine de navires mouillés sur rade, et vous pourrez vous figurer le charmant décor qui nous entourait.

Quelle surprise fut la mienne de m'entendre appeler par mon nom quelques minutes après que les premières embarcations eurent abordé le *Yang-tsé* !

C'était Edmond de L..., vice-consul de France à Hong-kong, que j'avais connu jadis à Paris, mais que je n'avais pas revu depuis cinq ou six ans.

Retrouver au bout du monde, coiffé d'un casque blanc et avec une barbe d'ermite, le plus spirituel et le plus charmant de tous les viveurs de France et de Navarre, était une bonne chance à laquelle j'étais loin de m'attendre. J'aurais voulu descendre à terre tout de suite ; mais il était tard, nous étions fatigués, et nous remîmes à ce matin notre visite à Hong-kong.

Nous sommes prêts à dix heures, et nous quittons le bord sur un steam-launch que L... nous a envoyé. La rade est très-jolie, le temps magnifique ; bonne humeur et gaieté sur toute la ligne.

Les quais sont très-beaux, surtout du côté de la ville habité par les Anglais, où il y a de jolies maisons à deux et trois étages.

La ville étant adossée à Victoria Hill, toutes les rues sont en pente très-roide, et il n'y a pas ou du moins très-peu de voitures.

On trouve, comme système de locomotion, des espèces de palanquins, sorte de sièges à une place posés sur des brancards flexibles, et portés par deux Chinois qui, allant toujours d'un pas rapide et cadencé, vous impriment un mouvement très-désagréable, et qui pour ma part ont failli me donner le fâcheux mal de mer que je n'ai pas encore connu à bord du *Yang-tsé*.

Nous passons la matinée à courir la ville, à visiter les splendides appartements du City Hall; le *Public garden* d'Albany, qui fait par sa verdeur un contraste frappant avec le reste de l'île. Les Anglais sont arrivés à faire pousser un véritable parc sur les rochers de Victoria Hill.

A midi nous revenons à bord, où le commandant Rapatel nous a invités à un déjeuner d'adieu, le dernier que nous ferons sur notre cher *Yang-tsé*, sur lequel nous sommes depuis près de quarante jours, et où, je puis le dire, nous n'avons pas eu une seule minute d'ennui.

Le commandant Rapatel va continuer sa route sur Shanghaï, et nous passons à bord du *Volga*, qui nous conduira directement au Japon.

Le champ de courses, où nous allons l'après-midi, est très-heureusement situé au milieu d'une charmante vallée dont le nom, *Happy Valley*, est aussi joli que la situation.

Il y a des courses tous les ans.

Les chevaux chinois sont courts et trapus, ont la crinière très-forte, sont solides, méchants et pas très-vites; la différence de race est telle que le croisement avec les chevaux anglais ne donne pas des résultats satisfaisants.

Le Hong-kong Club, où L... nous fait dîner le soir, est très-bien installé; mais la cuisine, cuisine anglaise préparée par des Chinois, n'est pas encore mon rêve.

Mardi 1er octobre. — Le *Volga* partira ce soir. Nous avons donc toute la journée pour nous promener dans la ville chinoise. Les maisons sont bâties à tort et à travers, et c'est à peine si on a respecté l'alignement de la rue principale. Tous les magasins sont tellement encombrés de marchandises diverses qu'il est impossible de dire quelle est la spécialité du marchand. Dans les rues, des centaines de moutards de tout âge, des cochons et des chiens, se roulent pêle-mêle dans tous les ruisseaux.

Nous avisons un magasin de coiffure, et comme il y a près de deux mois qu'Arson et moi laissons pousser notre crinière, nous entrons pour essayer de la taille chinoise.

Ce n'est pas sans une vive appréhension que je vois approcher un Chinois muni d'une énorme paire de ciseaux! Que va-t-il faire de ma tête? et quels espaliers, quelles avenues ne va-t-il pas y tailler?

Nous sommes, à notre grand étonnement, assez convenablement tondus, et cela pour la modeste somme d'un dollar chacun. *C'est pour rien!*

A cinq heures, le *Volga* lève l'ancre; nous saluons le *Yang-tsé* de notre pavillon, et nous sortons de la rade de Hong-kong.

A notre gauche se dessinent les côtes noires et basses de la province de Kuang-tong (Canton); à droite, les premiers feux de la ville commencent à s'allumer. La nuit enveloppe bientôt dans un même voile tout ce qui nous entoure, et le lendemain matin nous nous retrouvons en pleine mer.

Lettre écrite au commandant Rapatel, le lendemain de notre arrivée à Yokohama.

« Mercredi 9 octobre.

« Mon cher commandant,

« Ainsi que je vous l'avais promis, je m'empresse de vous annoncer notre bonne arrivée à Yokohama, et de vous donner quelques détails sur notre traversée.

« Je me trouvai d'abord horriblement mal, à bord de

votre *Volga*. Je dis *votre Volga*, car il appartient à la Compagnie des Messageries maritimes dont vous êtes un des plus brillants officiers et des plus ardents défenseurs. Or la Compagnie des Messageries maritimes a les plus beaux bateaux du monde, j'en conviens; mais quant aux stationnaires du Japon, nous n'en parlerons pas, si vous le voulez bien.

« A peine fûmes-nous hors de la rade, qu'on vint fermer nos sabords, par lesquels toute la mer de Chine semblait vouloir prendre passage à bord.

« J'étais le premier jour d'une humeur de chien. Petit bateau; vieux bateau; odeur de cancrelat et de vieille cuisine; cabine étroite; couchette trop courte, etc., etc.

« Cet excellent commandant K..., qui peut être au demeurant l'homme le plus aimable et le plus spirituel du monde, portait à table un air lugubre. Il est, comme vous savez, petit, replet, discret, muet.

« Passagers de deuxième et de troisième, zéro; de première, quatre : Arson et moi; M Prato, le riche graineur italien que nous avions sur le *Yang-tsé*; M. Sakurada, jeune secrétaire de légation japonais qui revient de Rome, et qui, depuis que nous avons quitté Hong-kong, tient sa lorgnette braquée vers l'orient et répète de temps en temps d'une voix gutturale, mais douce : « Fujiyama! voir Fujiyama!... » Ce jeune samouraï ne comprend pas qu'à huit cents milles de distance on n'aperçoive pas encore la montagne Sacrée.

« Après avoir vu le *Yang-tsé* nous dépasser dans le détroit de Formose, et nous avoir une dernière fois souhaité de tout cœur une heureuse traversée, nous avons continué tout doucement (vous savez que le *Volga* ne s'emporte pas) notre route vers le Nippon.

« Tout s'est fort bien passé les premiers jours : la mer était splendide, le ciel serein ; nous nagions tous dans la joie la plus grande. Nous en étions venus à croire que les typhons et les moussons étaient des mythes, lorsque dimanche matin nous fûmes réveillés par un branle-bas de tous les diables. Je monte sur le pont, et je vois la mer comme je ne l'avais jamais vue encore.

« En moins d'une heure elle était devenue terriblement agitée, et roulait autour du *Volga* des vagues auprès desquelles les lames de la Méditerranée sont une agréable plaisanterie.

« Notre vieux rafiau fourrait à chaque instant *le nez dans la plume,* et l'eau arrivait sur le pont de tous les côtés. Nous avons été secoués de la sorte pendant toute la journée. A table, il fallait nous tenir cramponnés à nos fauteuils, et les bouteilles, couchées dans les gracieux *violons,* donnaient une chasse à outrance aux verres qui se sauvaient au bout du salon.

« Dans la nuit de dimanche à lundi, vers minuit, nous étions tous debout. On ne pouvait dormir dans les couchettes. Nous entendîmes un grand bruit de pas et de voix sur le pont. Nous y trouvâmes l'équipage très-occupé à serrer toutes les tentes, et tout ce qui s'y trouvait. Le commandant voulut bien desserrer les dents pour nous dire que le baromètre avait beaucoup baissé, et qu'il fallait se préparer à recevoir un coup de vent ! Eh bien, et ce que nous avons depuis ce matin ? — « Oh ! ça, dit-il, ce n'est qu'une forte brise ! » — Parfait ! rien à répliquer. Tout va bien.

« Le coup de vent annoncé n'est, paraît-il, pas venu aussi complet qu'on l'espérait, et nous en avons été quittes pour un redoublement de *brise* qui mettait à tout moment le vieux *Volga* entre deux eaux, et qui nous força à passer toute la journée dans l'entre-pont.

« Tout est bien qui finit bien. Cela a fort bien fini, puisque mercredi soir 9 octobre nous débarquions à Yokohama sur la bienheureuse terre du Soleil levant, sur ce Nippon merveilleux, but de mon voyage.

« Pardonnez, mon cher commandant, mon épouvantable écriture; mais c'est ma seule analogie avec les grands hommes, et j'y dois tenir. . . . . »

VII

Arrivée au Japon. — Premier coup d'œil. — Les jinrikishas. — La rade de Yokohama. — La ville. — Bataille de matelots français et allemands en 1877. — Le chemin de fer de Tokio. — Premières difficultés. — Fujiyama. — Les troisième classe sous clef.

Arrivés à Yokohama à sept heures du soir, nous voulons descendre à terre aussitôt et ne pas passer la nuit sur le *Volga*, dont nous avons par-dessus la tête.

Nous sommes accostés par le *sampan*[1] du grand hôtel Bonnat, dans lequel nous sautons au plus vite, anxieux que nous sommes de fouler le sol de cet extrême Orient qui m'a toujours paru si loin de Paris.

Nous y voilà enfin arrivés! et je veux tout de suite voir des Japonais, des Japonaises, des maisons en bois ou en papier; rassasier mes yeux de cette civilisation étrange, si intéressante pour nous autres Occidentaux.

Yokohama n'a, dans la partie que nous traversons, rien de particulier, et l'hôtel, grande construction en pierre, est trop confortable! J'espérais, moi, passer la nuit étendu sur une natte de paille de riz, roulé dans ma couverture! On n'est pas plus désappointé!

La ville est divisée en deux quartiers distincts : la

---

[1] Grande barque pontée.

concession, où sont bâties les maisons des étrangers, et la ville japonaise.

Nous prenons à peine le temps de dîner, et nous allons aussitôt nous promener dans cette dernière partie de Yokohama, où je puis enfin me convaincre que j'ai atteint le but, l'objectif de mon voyage; que je nage en plein Japon.

Tout a l'air d'être en fête. Tout le monde trotte, court, parle, rit. Dans les maisons très-éclairées, et ouvertes à tous les vents, nous pouvons voir les habitants, assis sur des nattes blanches et propres, ou se chauffant les doigts et le bout du nez, agenouillés devant leur hibashi [1].

J'ai oublié de noter que la température avait complétement changé, et qu'il fait un froid de loup.

Après une heure de flânerie, et certes de flânerie la plus intéressante que j'aie jamais flânée, il fallut rentrer à l'hôtel. Quinze ou vingt traîneurs de jinrikisha nous suivaient en nous racontant un tas de choses auxquelles nous ne comprenions pas un mot.

Ils tiraient après eux une voiture d'invention japonaise qui ressemble à une grande voiture d'enfant.

La caisse du jinrikisha est à une seule place, et est fixée sur deux petits ressorts qui reposent sur un essieu léger. Les deux roues sont très-fines, et ont quatre-vingts centimètres environ de diamètre.

Dans les brancards, longs d'un mètre vingt centimètres et très-effilés, de façon à pouvoir être tenus facilement dans les mains, se place le *coolie* ou *jinriki* [2]. On est très-

---

[1] Hibashi, sorte de boîte carrée en bois doublé en zinc, remplie de cendres et de charbons ardents, et pouvant se porter d'une pièce à l'autre.

[2] Jinriki se dit du traîneur de jinrikisha.

confortablement assis ; une petite capote miniature en toile cirée, ou le plus souvent en papier huilé, vous garantit du soleil et de la pluie.

Les jinrikis ont, et cela se comprend, les muscles des jambes très-développés ; ils étalent tous leurs solides mollets pour qu'on puisse en choisir une bonne paire, tout comme on chercherait à Paris un fiacre qui ait un bon cheval.

Nous prenons des jinrikishas à deux hommes ; l'un d'eux se met dans les brancards ; l'autre s'attelle en avant, au moyen d'une corde qu'il attache à une petite traverse en bois qui relie les bouts des brancards ; je leur dis les deux seuls mots de japonais que je sache : « *Nijuban*[1] », qui est le numéro de l'hôtel ; et « *Hayaku* », ce qui veut dire « vite », et nous sommes reconduits en tandem d'un train à faire rougir tous les cochers de la Compagnie des petites voitures.

En ouvrant nos fenêtres le lendemain matin, nous pouvons admirer la belle rade de Yokohama, où nous voyons, sous un soleil splendide, flotter les pavillons de presque toutes les nations. Voilà l'*Armide,* cuirassé français noir et majestueux dont le puissant éperon se profile là-bas. Deux frégates anglaises ; un navire de guerre américain ; un cuirassé allemand qui est arrivé dans la nuit, et dont les voiles sèchent au soleil ; une vingtaine de trois-mâts marchands ; deux bateaux de la Compagnie anglaise Péninsulaire ; et les trois stationnaires des Messageries maritimes, qui par hasard se trouvent réunis

---

[1] « No 20. » A Yokohama, les rues ne sont pas numérotées comme chez nous. Chaque maison nouvellement construite prend son numéro d'ordre ; de sorte que le numéro 140 peut se trouver à un bout de la ville, et le numéro 141 à l'autre extrémité. C'est *très-pratique !*

ici. L'un d'eux, le *Tanaïs,* partira demain matin pour Hong-kong.

La rade de Yokohama est très-belle ; mais elle ne paraît pas devoir être très-abritée contre un fort coup de vent d'est.

Elle est située, il est vrai, dans la baie de Yedo, dont l'entrée est très-étroite, et protégée contre la haute mer ; mais la baie de Yedo elle-même est très-grande, et dans une forte tempête, surtout dans un typhon, la situation des navires qui se trouveraient dans la rade serait très-critique.

Maintenant, comme on n'a pas le choix, et que Yokohama est le seul port de ce côté du Japon qui soit ouvert aux navires européens, ils sont bien obligés, bon ou mauvais, d'accepter ce mouillage.

Deux grands cuirassés japonais, le *Fuso-khan* (?) et un autre dont le nom m'échappe, sont mouillés un peu plus loin dans la rade, sous le pavillon au disque rouge sur fond blanc [1].

Je veux, avant de commencer à visiter quoi que ce soit ici, voir les personnes auxquelles je suis adressé, et avoir autant de renseignements que possible pour ne pas trop aller à l'aventure.

Je fais ma visite à M. Pierret, notre charmant consul ; et après une heure de conversation avec lui, je suis à peu près au courant de la vie et des habitudes de Yokohama, que je suis bien décidé, du reste, à ne pas habiter, n'étant pas venu au Japon pour n'y voir que des Européens.

Mais, me dit-on, vous ne pourrez pas, en dehors de

---

[1] Pavillon japonais.

la petite concession de Tsukidji, habiter Tokio ; aucun étranger, hormis les légations et les employés du gouvernement, n'a obtenu la permission d'y louer une maison.

C'est ce que nous verrons.

La figure des Européens qu'on rencontre dans les rues ou sur la porte des magasins ne donne pas la plus haute idée de leur distinction, je dirais presque de leur moralité. Je parierais volontiers que la plupart des gens que nous voyons ont à leur crédit au moins une petite banqueroute quelque part. Cette colonie n'a pas l'air d'être la fleur des pois européens.

Les rues de Yokohama ne sont pas très-larges, mais elles sont bien macadamisées et propres.

Il y a quelques jolies maisons privées. Presque tous les consulats sont dans la même rue, et au haut des mâts de pavillon flottent les couleurs de chaque nation. C'est la Suisse qui a le mât le plus gros et le plus élevé.

On voit des policemen japonais à chaque coin de rue, et ils ont, paraît-il, fort à faire les jours surtout où quelque équipage descend à terre. Ils sont très-correctement vêtus d'une tunique en drap bleu très-foncé ; pantalon de même étoffe à large bande jaune ; képi à visière ; et sous le bras un gros bâton en bois de fer, long d'environ 1^m,50, dont ils se servent à merveille.

Très-frappant est le contraste entre l'arrogance et l'insolence des Européens, et la douceur, la politesse des Japonais.

C'est que ceux-ci se sont aperçus qu'ils n'étaient pas les plus forts ; que le gouvernement du Mikado leur a enlevé le droit de porter à la ceinture les deux sabres tranchants et affilés avec lesquels ils coupaient si volontiers la tête aux *Tojin* [1]. Les étrangers, au contraire, forts de l'impunité, ont redoublé de morgue et d'insolence. Je ne veux certes pas parler, en disant cela, des officiers ou soldats de marine, ni des membres des divers corps diplomatiques qui ont toujours et en toute circonstance donné la preuve du plus grand tact et du plus grand courage ; mais j'entends tous les Européens ou Américains qui, appartenant le plus souvent à la plus petite classe de la société dans leur pays, sont ravis de pouvoir faire des embarras à l'étranger.

Les batailles entre matelots ne sont pas chose rare à Yokohama ; mais la plus terrible et la plus sanglante fut celle qui éclata au mois de juin 1877 entre les matelots français et allemands.

La veille du jour fatal, une dispute avait eu lieu, et quelques coups de poing avaient été échangés entre les deux équipages au moment de regagner le bord.

Dans cette affaire, un ou deux matelots allemands avaient été rossés. Le lendemain, nos hommes, qui n'y pensaient déjà plus, vinrent à terre, comme de coutume, et s'éparpillèrent dans la ville. Ils furent bientôt attaqués et surpris sans défense par les Allemands, qui y étaient descendus en très-grand nombre. Cinq de nos matelots furent assassinés.

Cette affaire, dont les suites auraient pu être très-graves, fut très-heureusement arrangée, grâce à l'habileté et au tact de notre ministre au Japon, M. de Geoffroy. Le ministre d'Allemagne, M. Eisendeker, qui fut aussi très-correct dans toute cette affaire, vint lui apporter les

---

[1] La vraie signification de *Tojin* est *Chinois;* mais les Japonais donnaient par extension ce nom à tous les étrangers.

excuses de son gouvernement. Le jour des funérailles, M. Eisendeker et l'amiral allemand suivaient le cercueil des victimes.

Il y a des trains toutes les heures entre Yokohama et Tokio. Un vrai chemin de fer miniature, qui n'a que vingt-cinq kilomètres de long. La voie est large de quatre-vingt-dix centimètres ; les voitures, très-jolies et propres. Tout cela est, du reste, complétement japonais, employés et noms des gares ; il n'y a que le mécanicien qui soit Anglais, et encore a-t-il sous sa direction un apprenti mécanicien du pays. J'avoue que, pour ma part, j'aime autant ne pas voir la locomotive complétement livrée à des mains japonaises.

Qu'on se figure en effet le mécanicien de notre train ne pouvant plus l'arrêter ! Nous n'aurions même pas la chance de tourner en rond comme fit certain bateau à vapeur dont le comte de Beauvoir raconte très-spirituellement l'aventure.

M. de Geoffroy, ministre de France, n'est pas à Tokio, m'a dit M. Pierret ; il a été faire une excursion dans l'intérieur. Mais je verrai M. de Balloy et le comte de Diesbach, secrétaires de la légation, et je compte sur leur amabilité pour avoir mes premiers renseignements.

Nous partons à dix heures, emmenant avec nous notre interprète, le seul que nous ayons pu trouver à Yokohama.

Il a l'air absolument idiot, ce bon *Kowaiashi;* il parle et comprend très-mal l'anglais. Enfin c'est notre borgne dans le royaume des aveugles !

C'est qu'il n'y a pas à dire ! nous ne comprenons pas un mot ! Comment donc ! je n'ai même pas été capable de prendre mon billet à la gare.

« Tokio, dis-je à un singe qui se trouvait derrière le guichet.

— Shimbasi? me répondit-il, en me regardant fixement.

— What?

— Anata ni? Shimbasi?... »

Au diable! il commence une longue phrase japonaise...

Pendant ce temps, notre interprète me regardait bêtement. Je finis par lui faire comprendre qu'il devait prendre nos billets, et ce ne fut que plus tard que je sus que Shimbasi était le nom de la station du chemin de fer à Tokio.

Il y a cinq stations entre Yokohama et Tokio. Ce sont Kanagawa, Omori, Kawasaki, Tsurumi et Shinagawa.

Kanagawa est en quelque sorte un bourg de Yokohama. C'est là que se trouve le grand et joyeux *Joshiwara* [1].

Cette ligne de chemin de fer fut la première que les Japonais firent construire. Elle fut tracée et exécutée par les Anglais. Tout arriva d'Angleterre : les voitures, les ponts en fer, le matériel, etc., etc.

Les Japonais savent, du reste, ce que cela leur a coûté.

La route est très-jolie, et passe tantôt au bord de la mer, tantôt au milieu des grandes rizières ou de forêts de bambous. La campagne paraît très-bien cultivée.

Kowaiashi sort de son demi-sommeil pour nous montrer le Fujiyama, la montagne mythologique du Dai-Nippon [2], dont le dôme argenté, puissant et majestueux,

---

[1] Joshiwara. Voir plus loin, chapitre XIX.
[2] Dai grand. Dans les ouvrages japonais, le Japon est souvent désigné ainsi.

s'élève à 4,676 mètres au-dessus du niveau de la mer et apparaît comme une sentinelle vigilante veillant sur le sol sacré de l'Empire du Fils des Cieux [1].

A la gare de Shimbasi, je remarque une petite particularité du règlement des chemins de fer qui est loin d'être démocratique.

Quand le train quitte une gare, les employés ferment à clef les portières des troisième classe, dont les fenêtres mêmes sont garnies de barreaux. Quand le train s'arrête à Tokio, tout le monde descend; mais on n'ouvre les portières des troisièmes que lorsque les voyageurs des première et deuxième classes ont passé. Cela évite d'abord l'encombrement, puis empêche les voyageurs pauvres de bousculer les opulents. Je crois que ce système serait difficile à appliquer chez nous.

---

[1] Un des noms du Mikado est *Tenno*, ce qui veut dire « Fils des Cieux ».

VIII

Yedo et Tokio. — Course fantastique en jinrikisha. — La légation de France. — Tremblement de terre. — Un logement, S. V. P. — *Milasai-ka-dji*. — Premières lettres d'Europe.

La gare de Shimbasi est assez jolie ; c'est une des rares constructions en pierre qu'il y ait à Tokio.

Je dois dire maintenant pourquoi ces deux noms, Yedo et Tokio.

Le premier était l'ancien nom du Tokio d'aujourd'hui, alors que le Mikado n'était qu'une sorte de souverain spirituel et vivait à Kioto, et que le Taïkoun, qui gouvernait réellement le Japon, résidait à Yedo. En 1868, après avoir renversé le Taïkoun, l'Empereur fit de Yedo sa capitale, et lui donna le nom qu'elle a aujourd'hui, et qui signifie « Capitale de l'Est ».

Il s'agit, maintenant que nous sommes sur le pavé de Tokio, de trouver la légation de France. Nous devons pour cela nous en rapporter complétement à notre interprète ; car pour nous, nous sommes au milieu de la foule qui nous entoure comme deux sourds-muets, ne pouvant ni comprendre ce qu'on nous dit, ni nous faire comprendre.

Je ne puis résister plus longtemps à l'envie de parler

japonais, et je crie à plusieurs reprises à nos coolies : *Hayaku! hayaku* [1] !

Les trois jinrikishas commencent alors une course effrénée, cherchant à se dépasser les uns les autres.

Les six coureurs crient à tue-tête, et tous à la fois : *Haï-haï! Abunaï* [2] ! ce qui produit parfaitement son effet, car à cinquante mètres devant nous tout le monde se précipite à droite, à gauche, pour éviter l'avalanche humaine.

Nos hommes sont beaucoup moins habillés que les jinriki de Yokohama. Leurs jambes sont entièrement nues. Autour de leur tête un mouchoir bleu est noué de telle façon que les deux bouts forment comme deux cornes sur le front. Une sorte de blouse de légère étoffe noire, très-large, mais très-courte, est soulevée par le vent, qui s'engouffre dans les vastes manches et forme un dos tout arrondi dans lequel la tête, s'enfonçant presque entièrement, ne laisse paraître que les deux petites cornes. Les manches ressemblent à deux grandes ailes déployées ; les jambes disparaissent sous le jinrikisha. En fermant les yeux à demi, nous pourrions nous croire entraînés par d'immenses chauves-souris dans quelque course fantastique, insensée, diabolique.

Après avoir roulé ainsi pendant une heure, je m'aperçus que notre intelligent interprète était fort embarrassé pour trouver l'habitation du *french minister*. Et pas moyen de faire comprendre un mot à nos coolies !

Nous étions dans une jolie situation !

J'aperçois tout à coup le drapeau italien flottant au

---

[1] Vite! vite!
[2] *Abunaï*, prenez garde!

haut d'un mât. Sauvé!... Je cours y demander l'adresse de notre légation, où le ministre d'Italie nous fait conduire aussitôt.

Dans un très-grand et beau jardin se trouve la maison de M. de Geoffroy, jolie construction européenne.

A peine franchissons-nous le portail d'entrée que deux Japonais se prosternent devant nous, et sans comprendre, sans même écouter ce que nous leur demandons, ils nous montrent la maison d'un geste de cantonnier de chemin de fer.

La porte s'ouvre comme par enchantement au moment où nous allions sonner. Un autre Japonais, aussi muet que les premiers, se prosterne devant nous, en tenant un plateau à la hauteur de sa tête.

Nous y déposons nos cartes, espérant que de muet en muet, et de Japonais en Japonais, nous finirons par arriver à un Français.

Introduits dans le salon, nous y trouvons M. de Geoffroy lui-même, qui le matin était revenu de son excursion à Nikko.

On ne peut se figurer, après tout ce *japonisme,* le plaisir que j'éprouvai à me retrouver dans une maison civilisée, et surtout chez des hôtes aussi aimables que M. et madame de Geoffroy.

Leur gracieuse invitation de rester à déjeuner me fait penser qu'il n'y a pas moyen de refuser. Il est midi: nous ne connaissons ni restaurants ni hôtels à Tokio, où je crois même qu'il n'en existe aucun; nous ne pouvons pas dire un seul mot, et notre interprète est absolument gâteux.

Si le ministre n'avait pas été chez lui, il y a gros à parier que nous n'aurions pas déjeuné.

Nous admirions, après être sortis de table, la jolie collection d'objets d'art de M. de Geoffroy, quand la maison se mit tout à coup à danser : le plancher semblait se dérober sous nos pieds comme le pont d'un navire. Je ne comprenais absolument rien à ce qui se passait. Cela dura environ dix à quinze secondes. C'était la première fois que je ressentais une secousse de tremblement de terre. Elles sont, paraît-il, très-fréquentes à Tokio, et il ne se passe pas de mois où elles ne se fassent sentir plus ou moins fortes.

L'impression que cela produit est bizarre, sans être le moins du monde effrayante, et j'ai même trouvé le mouvement d'oscillation assez agréable.

M. de Balloy et le comte de Diesbach, nos brillants secrétaires de la légation, arrivent montés sur de très-jolis petits chevaux du pays, noirs et vigoureux.

Mon intention bien arrêtée étant de quitter Yokohama au plus tôt, M. de Geoffroy veut bien se charger de demander au gouvernement japonais la permission pour nous d'habiter Tokio, et d'y louer une maison. Au besoin, il nous attachera à la légation à titre de n'importe quoi. *Interprètes*, par exemple !

J'irai demain voir les ministres japonais pour lesquels j'ai des lettres d'introduction, et je pousserai à ce que notre permission arrive tout de suite.

Il s'agit, et c'est ici l'important, de trouver une maison à louer.

Nous reprenons nos jinrikishas, et avec MM. de Balloy et de Diesbach, qui veulent bien nous accompagner, nous commençons à courir la ville, en quête d'une maison convenable.

Rien de drôle comme d'entendre M. de Diesbach parler japonais! Il le parle bien, mais avec une vivacité inouïe, et parfois, exaspéré de ne pouvoir se faire comprendre, il remplace le mot japonais qui lui manque par une interjection toute française et ronflante qui a le don de terrifier son interlocuteur.

Le Tsukidji, seul quartier de Tokio que les étrangers puissent habiter, et où est bâtie l'unique gargote européenne, est beaucoup trop loin du centre et beaucoup trop sale.

Il ne sera décidément pas facile de trouver à nous caser.

MM. de Balloy et de Diesbach sont logés à Mita-saika-dji, sur les terrains appartenant à la France, et où était autrefois la légation.

C'est un ancien *yashiki* japonais qui tombait presque en ruine, et qu'ils ont dû faire réparer complétement.

Une particularité de cette habitation, c'est qu'au beau milieu du jardin se trouve un grand cimetière; et toutes ces statuettes, pierres tumulaires couvertes d'inscriptions, tombeaux éventrés qui semblent avoir laissé échapper les dépouilles qui leur avaient été confiées, réjouissent l'œil, et vous remplissent *de gaieté*.

Ces messieurs se sont pourtant bien installés là dedans. Nous dînons et passons la soirée avec eux; nous leur donnons les dernières nouvelles de France; ils nous mettent au courant des choses du Japon.

Nous rentrons à Yokohama par le dernier train de dix heures et demie, absolument comme nous rentrerions à Paris par un train de banlieue.

Des jinrikishas nous apportent au *Nijuban,* où je trouve les premières lettres que je reçois depuis que je suis parti d'Europe. La malle anglaise, qui n'a pas comme nous été retardée par le mauvais temps, est arrivée ce soir. Des lettres datées du 27 août!...

Les nouvelles qu'elles m'apportent paraissent pourtant être aussi fraîches, aussi neuves que si elles étaient datées d'hier, et je m'endors à Yokohama, tandis que mes pensées, franchissant le vieux continent asiatique, sont avec vous que j'aime!

P. S. — Nous avons perdu Kowaiashi.

IX

Visite à S. Exc. M Ito, ministre de l'intérieur. — Tatzu. — *Arimasú* et *Arimasen*. — La légation d'Angleterre et les autres légations. — Le temple de M. Saint-Yrez. — Nous trouvons à nous loger.

Mardi 15 octobre. — J'ai été tellement occupé depuis huit jours que je n'ai pas ouvert ce livre une seule fois ; je n'ai pas pris une seule note.

Chercher d'abord à nous loger à Tokio : obtenir la permission du gouvernement, et, chose non moins essentielle et plus difficile, trouver une maison ; faire toutes mes visites pour remettre mes lettres de recommandation aux différents ministres : pour cela être obligé chaque jour d'aller et venir entre Yokohama et Tokio, et être arrêté à chaque instant par quelque spectacle curieux, intéressant et entièrement nouveau : cela m'occupe tellement que je rentre chaque soir harassé, et sans avoir même la force d'ouvrir mon *book* pour y écrire quoi que ce soit.

Je vais essayer de combler cette lacune, et surtout procéder par ordre.

Ma première visite fut pour S. Exc. M. Ito, ministre de l'intérieur.

Son prédécesseur, M. Okubo, a été assassiné il y a un an dans la rue, en plein jour, par des hommes à deux sabres, *samouraï* de la province de Satzuma.

On m'avait dit que depuis ce jour les ministres actuels étaient toujours sur leurs gardes, qu'ils ne sortaient jamais sans une bonne escorte, et que leurs maisons étaient gardées par des soldats ou des policemen.

Je fus fort surpris, en arrivant chez M. Ito, de ne trouver, à part un policeman qui était devant le *kadoguchi*[1] et qui me laissa passer sans rien dire, personne dans la maison, et toutes les portes grandes ouvertes.

La demeure de M. Ito est un grand *yashiki*[2] à un seul étage, dont une aile seulement est bâtie à l'européenne. J'avais amené avec moi mon interprète, non pas Kowaiashi, mais un nouveau, très-intelligent, que j'avais fini par trouver à Yokohama. Nous nous mîmes tous deux à la recherche d'un être vivant. J'avais déjà traversé deux salons assez bien meublés, quand j'entendis un bruit de voix dans une autre pièce.

Je remuai quelques meubles pour annoncer ma présence. Un Japonais se précipita aussitôt au-devant de moi, et, se prosternant jusqu'à terre, il me tendit un plateau sur lequel je mis ma carte.

Je fus introduit auprès du ministre, que je trouvai seul, et qui me reçut de la manière la plus avenante.

M. Ito était habillé à l'européenne : pantalon et redingote. Plus grand que ne le sont les Japonais en général, sa taille est bien prise, les épaules larges, la figure pleine et le teint jaunâtre. L'œil est petit, noir, vif et très-mobile. Ses longs cheveux noirs et pommadés sont rejetés en arrière ; une moustache et une barbiche de crins

---

[1] Grande entrée du *yashiki*.

[2] Le *yashiki* était l'habitation d'un noble ou d'une personne riche ; mais le mot *yashiki* signifie aussi bien le lot de terrain sur lequel la maison est bâtie que la maison elle-même.

noirs, longs, roides et droits complètent cette figure toute japonaise. Le front, large et découvert, laisse voir l'intelligence et l'énergie. Dans les yeux, il me semble découvrir une vague teinte d'astuce que j'aimerais mieux ne pas y remarquer.

Après m'avoir offert le thé, indispensable en ce pays à toute visite, M. Ito me dit, en très-bon anglais, qu'il était tout à ma disposition, et me demanda en quoi il pourrait m'être utile.

Je lui communiquai tout aussitôt mon intention d'habiter Tokio. Il me promit d'en parler le lendemain même au conseil des ministres, et d'enlever ma permission séance tenante.

« Allez voir, me dit-il, M. Terashima, ministre des affaires étrangères, et le général Saïgo ; dites-leur de m'appuyer, et votre affaire est sûre. Votre demande, ajouta-t-il, tombe malheureusement fort mal à propos. Les quelques Européens qui ont fait bâtir des maisons à la concession de Tsukidji ont cette année refusé de payer la redevance annuelle qu'ils doivent au gouvernement. Ils prétendent que l'autorisation d'habiter en dehors de la concession aurait été donnée à plusieurs étrangers ; que le gouvernement aurait, en accordant cette permission, lésé leurs intérêts. Or, il n'y a jamais eu que les légations et les quelques employés étrangers des ministères et des écoles (huit à dix au plus) qui aient pu louer ou habiter, quoique ce soit en dehors de Tsukidji.

« Vous comprenez, me dit M. Ito, avec quel empressement les consuls, qui présentent les réclamations de leurs nationaux, se saisiront de la permission qui va vous être donnée. Mais, bast ! advienne que pourra, vous l'aurez tout de même. »

Je lui expliquai ensuite tout l'ennui que j'avais à trouver un logement.

« J'ai votre affaire, me dit-il. Un de mes amis a fait bâtir, tout près d'ici, une charmante maison. Je le déciderai à vous la donner, et il ne l'habitera que lorsque vous serez parti. »

Impossible d'être plus aimable. Toutefois, je n'acceptai pas définitivement cette dernière proposition; car, voulant être absolument libre, j'aimais beaucoup mieux louer la maison que je devais habiter.

Je ne pus avoir qu'un léger aperçu des idées politiques du ministre de l'intérieur. La discrétion m'empêchait de lui faire des questions par trop directes, et je savais que la méfiance est le fond du caractère japonais.

M. Ito croit à l'efficacité de la politique de civilisation à outrance et rapide, mais il est opposé à tout ce qui tendrait à la représentation directe du pays par des chambres nommées par le suffrage universel, cette arme à deux tranchants dont les Japonais ne sont pas encore assez mûrs en idées nouvelles pour savoir se servir.

Le pays a, du reste, fort bien marché pendant plus de deux mille ans sans le concours de toutes nos institutions démagogiques.

Un Mikado, souverain absolu spirituel et temporel; des lois et ordonnances discutées et décrétées par le conseil des ministres, et approuvées par des sénateurs nommés par l'Empereur : voilà tout ce qu'il faut à M. Ito.

Ajoutez à cela l'idée bien arrêtée et, à mon avis, excessivement juste, de se défendre contre toute invasion ou oppression étrangère, tout en adoptant et appliquant les idées nouvelles et pratiques de l'Occident ; et ce programme ne me paraît pas trop mauvais.

Après une visite assez longue (la politesse au Japon les exige interminables), je pris congé du ministre, qui me promit de faire prévenir de ma visite le général Saïgo, afin que je ne vinsse pas inutilement de Yokohama.

Je me rendis, en sortant, à la légation anglaise, chez M. Saint-Vrez.

J'ai, je l'ai déjà dit, changé d'interprète et renvoyé Kawaiashi. J'en ai trouvé un nouveau, très-intelligent, parlant assez bien l'anglais, et, ce qui est surtout l'important, très-*débrouillard*.

Son nom, que je trouvais d'abord très-difficile à me rappeler, est *Hakodate*, et lui vient de ce qu'il a passé deux ou trois ans dans un port de mer ainsi nommé, situé dans l'île de Yezo, au nord du Japon.

Son vrai nom est Tatzu, ce qui en japonais signifie Dragon, et c'est celui que je lui donne définitivement.

Tatzu n'est jamais embarrassé. Il est interprète, courrier, valet de chambre, maître d'hôtel et excellent cuisinier.

Ce matin, voulant sans doute m'être agréable, il arriva chez moi vêtu en Européen. Or ce brave garçon, qui est un très-beau Japonais et qui est toujours mis avec la plus grande recherche : robe et ceinture de magnifique soie, hakimono[1] en toile blanche et immaculée; sur la tête, une petite toque de loutre, était épouvantable quand il parut devant moi avec des pantalons trop courts qui dessinaient ses jambes en tire-bouchon, des souliers qui le gênaient horriblement et un habit beaucoup trop étroit dont la taille se trouvait entre les deux épaules.

---

[1] Sorte de chaussette où l'orteil est séparé des autres doigts.

Avec cela, un feutre gris sur la tête. Il était tout à fait impossible dans cet accoutrement de ne pas le prendre pour un magnifique chimpanzé.

Je l'envoyai bien vite revêtir son vrai costume, et il partit tout déconfit du succès d'hilarité qu'il avait obtenu rien qu'en se montrant.

A tous ses nombreux emplois, Tatzu joint celui d'être notre professeur de japonais.

Il nous a déjà initiés aux secrets de l'*arimasû* et de l'*arimasen*; et avec ces deux mots vous pouvez traverser le Japon en long et en large.

Le premier signifie réellement « il y a » ; le second, « il n'y a pas ». Mais quand un Japonais cause avec des Européens, *arimasû* signifie tout ce qui est affirmation : *Il y a, Je veux, J'ai faim, J'ai soif, Je désire une fourchette*, etc. Il n'y a qu'à accompagner ce mot d'un geste qui fasse comprendre de quoi il s'agit.

Arimasen est tout le contraire : *Allez-vous-en, Mon maître n'est pas chez lui, Il n'est pas arrivé de lettre pour vous par la dernière malle...*

Tatzu ne mit pas longtemps à trouver la légation d'Angleterre, où je devais voir M. Saint-Yrez, deuxième secrétaire de Sa Majesté Britannique.

M. Saint-Yrez demeure dans un charmant pavillon qui est situé sur le terrain de la légation.

Ici comme ailleurs, il est facile de remarquer l'adresse et le talent des Anglais à imposer et maintenir leur influence morale en Orient.

En effet, tandis que le ministre de France, arrivant au Japon, se trouve absolument sans toit pour s'abriter et est obligé de courir un mois pour trouver une maison convenable à louer; tandis que l'Italie n'a qu'un bâtiment de fort maigre apparence pour loger son représentant, et que l'Autriche a retiré le sien, l'Angleterre a acquis, dans un des plus jolis quartiers de Tokio, un terrain vaste et bien situé sur lequel sa légation est installée.

Au milieu d'un immense jardin, d'un véritable parc, se trouve la maison du ministre, entourée de trois charmants pavillons destinés à loger les premier et deuxième secrétaires et le vice-consul d'Angleterre à Tokio.

Et alors que le ministre de la R. F. n'ose même pas mettre un mât sur sa maison de location pour accrocher nos trois couleurs, le drapeau d'Albion flotte majestueusement sur le parc de sa légation.

On ne peut s'imaginer à quel point ces petites choses produisent de l'effet sur ces peuples qui sont si éloignés de nos pays, et qui jugent d'après ce qu'ils voient.

Me répondra-t-on à cela que c'est pour économiser chaque année trois ou quatre mille francs sur un budget de deux milliards?

J'oubliais que les Russes ont ici une jolie légation; mais la Russie est un pays presque limitrophe, et Wladiwostok n'est qu'à quelques milles des côtes du Japon. Et puis il est vrai que les Russes ont encore le malheur d'avoir un souverain qui fait fort bien les choses.

Honorable James Saint-Yrez, le plus charmant et le plus parisien des Anglais, est à Tokio depuis deux années environ. Rencontrer dans ces pays lointains un homme tel que lui, si instruit, si aimable, est une véritable bonne aubaine.

Il a une vraie passion pour tout ce qui est curiosité, rareté; avec cela, un goût exquis et une connaissance sûre, qui font que sa collection est une des plus belles qu'on puisse voir.

6.

Un marchand de curiosités lui apporta l'autre jour un panneau sculpté provenant, disait-il, du plafond d'un petit temple qu'on avait démonté pour le vendre en détail, n'espérant pas le vendre entier.

M. Saint-Yrez, après l'avoir fait remonter dans son jardin, l'a acheté tout entier, ne se souciant même pas une minute de la difficulté qu'il aura à le faire transporter en Angleterre.

« Vous cherchez une maison à Tokio? me dit-il; j'en connais une qui fera votre affaire. Le propriétaire, M. Yoshira, est parti dernièrement pour l'Europe, en mission du gouvernement, et je crois que sa famille sera enchantée de louer cette habitation pendant son absence. »

Une maison! Vite, vite, ne perdons pas de temps! M. Saint-Yrez, pratique comme tous les Anglais, a un excellent petit coupé, le seul de Yedo, qu'il fit aussitôt atteler, et nous allâmes voir le yoshira-yashiki, séance tenante.

Nous fûmes reçus par madame Yoshira elle-même, très-jolie petite Japonaise, à l'air très-distingué, qui, à notre grande surprise, nous adressa la parole en très-bon anglais.

Quel rêve de petite maison! Absolument ce que nous voulions.

L'entrée, le salon et la salle à manger sont dans le bâtiment européen, c'est-à-dire entourés de cloisons en planches crépies à l'extérieur, et tapissées intérieurement. Mobilier sommaire : quelques fauteuils, deux tables, et contre le mur du salon, deux tableaux.

Une gravure : *Washington et sa mère;* une peinture à l'huile du fils de madame Yoshira, représentant le

Fujiyama, et quel Fuji!... Des épinards purée montés en pain de sucre sur une base de cresson; le tout ressortant sur un fond bleu ardent!...

Madame Yoshira nous demanda d'avoir le droit de retirer du salon le tableau de son fils, au cas où nous louerions la maison; elle craint qu'on ne le détériore!... Voilà une demande à laquelle nous accédâmes gaiement.

La maison était tout à fait ce qu'il nous fallait; dans le plus joli quartier de Tokio, à Toranomon, derrière la légation de Russie, et à côté de la légation d'Italie.

Le yashiki est entouré d'un grand jardin absolument japonais, c'est-à-dire rempli d'arbres nains très-vieux, de pins, d'arbres fruitiers tiraillés, tordus, hauts de un mètre cinquante centimètres, et torturés par des ficelles qui forcent les branches à retomber vers la terre. Des allées larges de cinquante centimètres, tournant dans tous les sens; de petits monticules paraissant de grosses montagnes, au milieu de ce jardin lilliputien.

A part le salon et la salle à manger, la maison est toute japonaise. Quatre fortes poutres en bois soutiennent la toiture et tout l'édifice; ces poutres sont reliées entre elles, en haut et en bas, par de longues traverses carrées, dans lesquelles sont pratiquées des rainures où glissent à la place des murailles de grands grillages en bois recouverts de papier très-fin et transparent. Il n'y a, avec ce système, ni portes ni fenêtres. Quand on veut sortir ou avoir du jour, on dérange un châssis.

En entrant et en sortant, on crève naturellement les petits carreaux de papier qui protégent contre l'air extérieur, et on se figure, n'est-ce pas? combien c'est chaud en hiver!

Dans les chambres, aucun meuble. Partout de magnifiques nattes en paille de riz, moelleuses comme des tapis d'Aubusson.

Pour ne pas faire trop de peine à madame Yoshira, nous quittâmes nos chaussures pour visiter la maison. Bref, comme elle nous convenait sous tous les rapports, nous terminâmes l'affaire séance tenante, et nous repartîmes pour Yokohama.

X.

Les soirées de Yokohama. — M. Blondel « de Lyon ». — Un intérieur japonais. — Propositions de mariage. — Affreux cauchemar.

Rien d'ennuyeux comme Yokohama.

La présence de tous les Européens et autres exotiques qui sont venus se réfugier dans ce trou, lui enlève toute espèce de charme.

Les réunions intimes, le soir???...

J'ai passé la soirée avant-hier chez M. T***, qui avait invité quelques Yokohamois dont il voulait nous faire faire la connaissance.

Pends-toi, *Choufleuri!* C'était encore beaucoup plus drôle que chez toi!...

Et le cirque???

Ah! oui, j'oubliais le cirque!

M. Blondel *de Lyon* est arrivé ici, après avoir traversé *à pied,* avec son personnel, toute la Russie d'Asie.

A Wladiwostok, il lui restait deux chevaux, un clown, et l'Hercule de la troupe.

Un cheval est mort pendant la traversée de Wladiwostok à Nagasaki.

Là, l'Hercule a disparu.

M. Blondel *de Lyon* fait, en ce moment, les belles soirées de Yokohama.

Une grande tente trouée,
Un cheval transparent,
Un clown affamé,
Et M. Blondel *de Lyon* au guichet.

Non, j'aime mieux autre chose; j'aime mieux la ville japonaise, qui est pour nous autres, nouveaux débarqués, beaucoup plus intéressante que les attractions, billards et cafés de la concession.

Nous y allons après dîner. Tatzu, notre fidèle interprète, nous accompagne.

Nous commençons à nous faire aux Japonais, et à comprendre quelques-uns de leurs mots :

Ishioni, oïde, Suivez-moi.
Matte, Attendez-moi.
Hayakù, Vite.
Baka, Animal.

Nous promener dans cette longue rue éclairée de mille lampions fumants ; entendre trotter, rire, parler tous ces petits Japonais qu'on dirait mus par des fils de fer : voilà notre occupation favorite.

Arson est décidé ce soir à pénétrer dans un de ces intérieurs japonais. En un mot, il veut les voir de près ; il veut causer avec eux, chez eux.

Je lui fais en vain observer que la conversation sera forcément très-limitée. Il le veut.

Il choisit une maison assez grande, bien éclairée, et de jolie apparence.

C'est la maison d'un marchand de soieries, étoffes, bibelots, etc., etc...

Le magasin est sur le devant.

Mais la maison du Japonais est comme la maison du sage, et nous voyons dans les pièces qui sont derrière, assise autour des *hibashi*, toute une famille de cinq personnes, parmi lesquelles deux très-jolies jeunes filles, occupées à peindre des éventails.

« Voici mon affaire, me dit Arson. Je vais prendre une tasse de thé avec eux ». Et sans hésiter il entre.

Tatzu et moi restons dehors, et regardons comment il va se débrouiller.

Au moment où il allait marcher sur les *tatamis*[1], Tatzu lui crie :

Take of your shoes!

Le malheureux oubliait de retirer ses chaussures.

Or, le plus grand chagrin que l'on puisse faire à des Japonais, c'est de marcher avec des bottes sur leurs tatamis.

C'est absolument comme si en France quelqu'un mettait ses pieds poudreux sur les fauteuils ou sur les canapés.

Il n'y a dans une maison japonaise ni siége ni table d'aucune sorte.

Le tatami remplace tout.

Ils s'asseyent, mangent, dorment par terre. Ils sont donc obligés de tenir leurs nattes très-propres, et il n'y a rien de plus joli que ces intérieurs frottés et luisants.

Quand un Européen marche sur ces nattes si fines, non-seulement il les couvre de boue et de poussière, mais encore il les déchire avec ses bottes.

Les Japonais peuvent quitter très-facilement leurs chaussures. Ce sont des sandales en paille de riz, s'il fait beau et sec; ou des petits sabots, s'il pleut, qu'ils n'ont qu'à laisser tomber du pied avant d'entrer.

---

[1] Hautes et belles nattes en paille de riz que l'on met par terre.

Après s'être exécuté, Arson traverse le magasin, et arrive au beau milieu de la famille. En l'apercevant, tous se lèvent aussitôt et se courbent jusqu'à terre devant lui, en prononçant avec empressement des mots de bienvenue.

Il s'assied alors, et le plus tranquillement du monde il leur fait signe de reprendre leurs places.

Le comble de l'étonnement pour moi, c'est de l'entendre parler japonais :

« *Cha arimaska* [1] ? » dit-il.

Les deux jeunes filles se lèvent aussitôt, courent dans la pièce voisine et reviennent, l'une portant une petite tasse sur un plateau laqué, et l'autre tenant à la main un petit pot de terre plein de thé fumant.

Un des hommes lui offre un *kiseru* [2], et les voilà tous les six fumant et buvant comme d'anciennes connaissances.

Je n'ai plus qu'à entrer. Je demande à Tatzu, tout en me déchaussant, à quelle classe de gens nous avons affaire.

« Ce sont, me dit-il, des marchands très à leur aise. Ils seront enchantés que vous preniez le thé avec eux, et vous n'êtes nullement obligé de leur acheter quoi que ce soit.

— Et les jeunes filles? *muzumés… geishas* ou *joro* [3] ? » lui demandai-je.

Je l'avais entendu se servir de ces trois mots pour désigner des jeunes filles, mais je n'avais pas saisi la différence qui existait entre eux.

---

[1] Y a-t-il du thé?
[2] Petite pipe japonaise à long tuyau de bambou.
[3] *Muzumé* signifie jeune fille en général; *geisha*, musicienne, danseuse; *joro*, prostituée.

« Muzumés », me répond-il en riant.

Nous entrons.

Même cérémonie que pour l'entrée d'Arson.

Ce qui m'étonne, c'est que ces braves gens, chez lesquels nous opérons une véritable invasion, n'ont pas du tout l'air surpris de nous voir arriver.

Les jeunes filles nous apportent du thé; on nous donne des kiseru; je fais asseoir Tatzu à côté de moi, et nous commençons à causer.

Tatzu leur explique la fantaisie d'Arson.

Ils répondent qu'ils sont ravis que nous ayons choisi leur maison, et tous, mettant le front par terre, répètent à plusieurs reprises : *Arigato! arigato*[1]! et cela en aspirant vivement l'air entre leurs lèvres à peine entr'ouvertes, ce qui est ici preuve d'empressement et de politesse.

Naturellement, nous en faisons autant.

Arigato! arigato! disons-nous en nous penchant en avant.

Nous étions tous là, assis sur nos mollets, courbés les uns devant les autres, et il n'y avait que ce farceur de Tatzu qui se mordît les lèvres pour ne pas éclater de rire.

Non, j'aurais donné mille pistoles pour que de Paris vous ayez pu, au moyen d'une longue-vue, nous voir au milieu de ces Japonais *parlant japonais,* toute une famille prosternée devant nous, parce que nous étions entrés chez eux sans les connaître!...

Tatzu est décidément un interprète modèle. Il comprend tout à demi-mot et traduit avant qu'on ait achevé

---

[1] Merci, merci!

la phrase. Nous pouvons, grâce à lui, causer avec toute la famille à la fois.

« Êtes-vous mariés ? » demande à Arson une des jeunes filles.

Pendant qu'on nous traduit cette question, les deux muzumés s'approchent et nous regardent d'un petit air mutin.

Elles sont vraiment gentilles, ces deux petites Japonaises. Elles se ressemblent étonnamment. Peut-être est-ce dans nos yeux ; car de même que les Japonais trouvent que tous les Européens se ressemblent, le même effet se produit sur ceux d'entre nous qui arrivent au Japon.

Tatzu leur ayant répondu que nous n'étions arrivés que depuis quatre jours, et que nous n'étions point mariés :

« Vous devriez alors nous prendre pour femmes, dirent-elles.

— Comment, pour femmes ! Comment donc ?

— Nous irons à Tokio avec vous. Nous resterons avec vous. »

Depuis qu'on parlait mariage, les parents semblaient prendre un réel intérêt à la conversation.

Arrivés depuis trois jours à peine, une excellente occasion se présentait déjà à nous pour étudier les mœurs du pays, et je résolus d'en profiter séance tenante.

Voyons, nous voici au milieu d'une famille qui ne nous connaît absolument pas, de braves marchands qui me paraissent *well-off* : le père, la mère, un bonhomme muet, qui a l'air d'être le fils de la maison, et les deux jeunes filles.

Elles nous proposent d'être nos femmes. C'est très-bien.

Je ne suppose pourtant pas que ce soit un conjungo pour la vie qu'on nous offre, puisqu'ils savent que nous ne resterons ici que trois ou quatre mois.

Je ne pense pas non plus que ce soit pour une semaine.

Si donc nous acceptions, comment cela se passerait-il?

Tatzu commença alors une longue conversation avec le *paterfamilias*, conversation importante, puisqu'il ne s'agissait de rien moins que de nous marier!

Ils s'étaient avancés au milieu de la chambre, s'étaient agenouillés devant un *hibashi*, et là, armés chacun de leur petite pipe qu'à chaque instant ils bourraient d'une pincée de tabac, fumaient, puis vidaient en la frappant fortement et à plusieurs reprises sur le bois du hibashi, ils discutaient longuement, poussant avec force des : *Shi! Eh! Ah! Hao!...* aspirant, respirant avec force, en faisant entendre ce petit sifflement de politesse qui précède toujours un profond salut qui dure au moins un quart de minute.

Rien de curieux comme de voir la courtoisie qui n'abandonne jamais la discussion. Jamais un mot plus haut que l'autre; tout à voix basse, cadencé, mesuré.

Quand un des deux n'est pas de l'avis de son interlocuteur, au lieu de donner des signes d'impatience, de dire tout de suite « non », de désapprouver de la tête, il s'incline au contraire profondément, sourit et dit :

Arigato! Okii arigato de gozarimasu[1].

Chez nous, cela voudrait dire « oui ».

Ici cela signifie : « Je vous remercie infiniment de l'offre ou de la proposition que vous me faites, mais je ne puis l'accepter. »

[1] Merci, grand merci!...

Aussitôt celui dont la proposition est refusée s'aplatit lui-même sur le tatami, et ils restent ainsi prosternés, se regardant du coin de l'œil, pour se relever en même temps. Car se relever l'un avant l'autre est un manque de courtoisie absolu dont un Japonais est incapable.

C'est alors que le *kiseru* joue un grand rôle.

Au lieu de reprendre aussitôt la discussion, ils regardent soigneusement le fond de leur pipe, frappent avec frénésie pour faire sortir un fond de cendres imaginaire qui ne s'y trouve pas, la bourrent lentement, se demandent du feu, et peu à peu ils reprennent leur conversation, jusqu'à ce qu'ils plongent de nouveau l'un devant l'autre à la moindre difficulté.

Que fait pendant ce temps-là le reste de la famille?

La mère et le frère suivent la discussion avec une indifférence apparente, mais non point réelle.

Quant à nos deux muzumés, elles ne s'occupent pas plus de nous que si nous n'existions pas.

Agenouillées auprès de leur père, elles écoutent attentivement, regardent Tatzu d'un œil inquiet, et nous pouvons aisément, par la mobilité et l'expression de leurs jolies figures, voir quand le père a blackboulé les arguments de Tatzu, ou quand celui-ci a remporté un succès.

Cela dura rien moins qu'une bonne demi-heure, et cela durerait peut-être encore si je n'avais dit à Tatzu que nous voulions être mis au courant de cette intéressante conversation et du résultat de ses négociations.

Avant de se lever, les deux Japonais posèrent leurs mains sur leurs genoux et se saluèrent profondément, comme deux champions qui viennent de faire un assaut courtois; puis Tatzu nous dit le résultat de la chose.

Les deux jeunes filles seraient nos femmes aux conditions suivantes :

D'abord nous les prendrions pour quatre mois au moins. Ceci avait été la grande difficulté ; le père voulait un an.

Puis venait la question de la dot.

A cet effet, nous verserions d'abord entre les mains du père la somme de cent yens[1] pour chacune de nos femmes.

Enfin nous leur donnerions à chacune une pension de cinquante yens par mois tant que nous les garderions.

Si plus tard nous voulions faire un arrangement de longue durée, on nous ferait alors un *prix de famille*.

Moyennant cela les deux muzumés seraient nos femmes, contrat serait passé, et nous les emmènerions où bon nous semblerait.

Nous n'avions à notre départ qu'à les renvoyer à leur famille. Quant au choix de la femme, nous aurions naturellement pris chacun celle que nous voulions. Aucune difficulté à ce sujet.

« Mais enfin, Tatzu, si le ciel bénit notre union?

— Ne vous inquiétez pas de cela ; la famille recevra tout ce que vous lui renverrez. C'est prévu. »

Pendant que Tatzu nous expliquait tout cela, une grande discussion s'était élevée entre le père et les deux filles.

« Qu'est-ce donc? demanda Arson.

— Elles lui reprochent de ne pas vous avoir imposé l'obligation de leur donner deux beaux *obi* tous les mois. »

L'obi est la large ceinture de soie brodée que les

---

[1] Yen, 5 francs.

femmes portent autour de la taille, et qui forme derrière le dos le vaste nœud qui est la suprême élégance des Japonaises.

« Dites-leur que, si nous les épousons, nous leur en donnerons quatre. »

Quelque modestes que fussent les prétentions de cette famille pour nous donner deux jolies petites ménagères, et quelque peu terribles que fussent les chaînes de ce mariage, nous n'avions ni l'un ni l'autre la moindre velléité de convoler.

Tatzu, qui m'a l'air d'un farceur, Japonais, mais farceur, nous dit :

« Attendez donc, et ne vous décidez pas tout de suite; vous trouverez d'autres épouses aussi jolies et moins chères. »

Nous expliquâmes au père que nous allions sérieusement réfléchir et que nous *repasserions*.

Depuis que la question d'intérêt était réglée, nos deux jolies Japonaises étaient revenues à nous plus aimables que jamais; tellement aimables que, grâce à leurs costumes ouverts de tous côtés et à leurs immenses manches, il n'eût tenu qu'à nous de nous assurer, jusqu'à une certaine limite, de la valeur matérielle de nos futures.

Il est tard; des *jinrikisha* nous ramènent au *ni-ju-ban;* et ce n'est pas sans un certain plaisir que nous retrouvons nos lits européens.

Je m'endors bientôt, et je vois alors, dans un affreux cauchemar, une longue pipe japonaise tenant dans ses bras de bambou deux vieilles filles aux dents laquées, horribles, jaunes et nues. Derrière, dans l'ombre, Tatzu en Méphistophélès me crie des mots japonais que je fais des efforts inouïs pour comprendre.

Un homme à deux sabres, apparaissant tout à coup devant moi, me dit qu'ayant été jugé comme bigame par le *saï-ban-chi* du *Tokio-Ffu,* je suis condamné à m'ouvrir le ventre !

Je m'éveillai en nage, au moment où j'allais m'enfoncer dans l'abdomen une fine lame de Bizen.

XI

Le général Saïgo-Tsukumichi, ministre de la guerre et de l'instruction publique. — Le maréchal Saïgo-Kichi-no-Suké. — Scènes dans les rues de Tokio. — Une maison de bains. — Bambous au beurre! — Une famille japonaise en chemin de fer. — Une journée avec le ministre de la guerre.

Le lendemain 13 octobre, je retournai à Tokio par le train de dix heures, et je m'en allai tout droit chez M. Saint-Yrez, avec qui je devais déjeuner.

Sa maison est montée à la japonaise, et admirablement organisée.

Ses petits domestiques à longue robe de soie bleue servent dans la perfection.

Ils sont adroits, intelligents, ne disent jamais un mot, ne font pas de bruit, et ils glissent sur le parquet plutôt qu'ils ne marchent.

A trois heures précises, je me rendis chez le général Saïgo-Tsukumichi, ministre de la guerre et de l'instruction publique, que M. Ito avait fait prévenir de ma visite.

M. Saint-Yrez m'a, pendant le déjeuner, donné quelques détails sur le général. C'est un des hommes du jour, un des hommes les plus influents et les plus capables du Japon.

C'est lui qui en 1874 a dirigé et commandé en personne

l'expédition de Formose, et qui le premier tenta, dans cette même expédition, d'abolir la coutume barbare des guerriers japonais, qui consiste à trancher la tête de tous leurs ennemis morts ou blessés.

Il ne put y réussir que très-imparfaitement, et après la première victoire que ses troupes remportèrent dans l'île, il fut forcé, pour donner satisfaction à ses soldats, d'expédier à Tokio une jonque portant sept cents têtes de cannibales Boutans.

En 1876, il était commissaire général de la section japonaise à l'Exposition universelle de Philadelphie.

Il commandait en 1877 l'armée que le mikado envoya dans le Sud, pour écraser la puissante insurrection des provinces de Satzuma, d'Ozumi et d'Hiuga.

J'arrivai chez le général à l'heure exacte, et je fus aussitôt introduit. Je trouvai auprès de lui un capitaine d'artillerie qui devait nous servir d'interprète, car le général Saïgo-Tsukumichi ne parle pas un mot de français ni d'anglais.

« Que voulez-vous! me dit-il aussitôt, je suis désolé de ne pouvoir causer directement avec vous. Mais je suis trop bête, paraît-il, pour apprendre votre langue. J'ai essayé; je n'ai pas pu. J'espère qu'avant votre départ nous parlerons japonais ensemble. »

Le général me montrait, dès les premiers mots, qu'il avait de l'esprit.

M. Iwashita, qui me répétait ses paroles, parle très-bien français; il traduit d'une manière parfaite et très-rapidement.

Ne se mettant jamais en cause, il répétait mot à mot ce que disait le général, et je suppose qu'il en faisait autant pour ce que je répondais.

Je n'aurais pas cru que l'on pût parler aussi facilement au moyen, je dirais presque au travers d'un interprète.

Nous avons causé ainsi pendant une heure, et nous avons même beaucoup ri. Le général a beaucoup d'esprit, des idées originales et vives, et une repartie charmante.

« Comme ministre de la guerre, me dit-il, je vous ferai visiter toutes nos casernes, notre École militaire, notre arsenal, enfin tout ce qui peut intéresser un Français.

« Comme ministre de l'instruction publique, je vous ferai grâce des écoles de garçons; mais je vous ferai visiter nos écoles de filles. Nous irons là tous les deux, et vous verrez mes jolies élèves », dit-il en riant.

Le général m'adressa ensuite quelques questions relatives à la politique et aux affaires de France.

« Je suis désolé, lui dis-je, de ne pouvoir répondre à Votre Excellence, et de ne pouvoir vous donner à ce sujet aucun renseignement intéressant. Je ne me suis jamais, au grand jamais, occupé de politique. Je voyage en vagabond autour du globe, et je ne reçois que bien rarement des nouvelles de mon pays. Je veux, pendant que je suis ici, n'entendre aucune des rumeurs lointaines d'Europe, et voir le plus possible de votre délicieux Japon.

— Comptez sur moi, me dit-il, pour tout ce qui peut vous être utile. Je suis tout à vous. Et d'abord vous passerez la journée de mercredi prochain avec moi. Si vous n'êtes pas encore installé à Tokio, vous viendrez le matin de Yokohama, et vous me donnerez toute la journée. »

J'acceptai avec empressement cette gracieuse invitation, et je quittai le ministre, qui me dit de ne plus m'inquiéter de mon autorisation d'habiter Tokio. Il s'en chargeait.

Le capitaine Iwashita fut très-obligeamment mis à ma

disposition, et je lui promis bien, non-seulement d'user, mais encore d'abuser de son amabilité.

Le général Saïgo n'a que trente-quatre ans, et il a conservé, malgré les lourdes charges et les soins de ses deux ministères, toute sa jeunesse et sa gaieté de caractère.

Il est le seul des ministres qui sorte dans les rues de Tokio sans son escorte, à laquelle il ne permet de le suivre que quand il ne peut pas faire autrement : pour aller au palais, par exemple, ou au ministère. Depuis l'assassinat d'Okubo, il est défendu aux ministres de se rendre au palais sans escorte.

Outre sa bravoure à toute épreuve, le général a une autre raison pour agir ainsi : il est de la province de Satzuma, et ici c'est tout dire.

Il est en outre le frère du maréchal Saïgo-Kichi-no-Suké, qui était avant 1877 le chef suprême de l'armée, et l'homme le plus intrépide du Japon.

Lorsque éclata à cette époque la révolution de Satzuma, Saïgo-Kichi-no-Suké se mit à la tête des rebelles.

Le Mikado le destitua alors de son grade de maréchal de l'Empire; après avoir commis des prodiges de valeur, et avoir vu, dans la bataille de Shyroyama, tomber autour de lui ses derniers partisans, Saïgo se donna la mort, n'ayant pas pu se faire tuer par une main ennemie.

Beaucoup de personnes blâmèrent Saïgo-Tsukumichi d'avoir, en 1877, accepté le commandement des troupes que le Mikado envoyait contre son frère, le rebelle Kichi-no-Suké; mais il ne faisait en cela qu'obéir aux ordres du souverain auquel il avait juré fidélité. Sa popularité n'en souffrit pas.

Quand je sortis de chez le général, je me dirigeai à pied vers Mita-sai-kai-dji. C'est ainsi que se nomme le quartier de Tokio où sont logés MM. de Balloy et de Diesbach, chez qui nous devons dîner, Arson et moi.

Terriblement loin, Mita !

Je passe devant le temple de Shiba, que je me réserve de visiter plus tard ; car, pour le moment, ce qui m'intéresse, c'est le spectacle des rues.

La population du Japon ne doit pas être près de finir, si on en juge par la quantité d'enfants qui sont dans les rues. On en voit par dizaines, par centaines ; pas de maison devant laquelle il n'y en ait cinq ou six. Il y a même des enfants doubles, et voici comment.

A peine une petite fille a-t-elle sept ou huit ans, qu'on lui campe un bébé de six mois ou un an sur le dos.

Le bébé, retenu par un ceinturon, disparaît dans la vaste robe de l'enfant, et l'on ne voit que les deux petites têtes rasées, l'une rieuse, l'autre endormie, qui ballottent côte à côte comme si elles étaient sur le même cou.

Rien de curieux comme la manière de tondre ces petites têtes.

Tantôt c'est une boule toute rasée où on a laissé une petite mèche sur chaque oreille.

Voici un moutard qui n'a qu'un disque de cheveux juste au-dessus du front.

Cet autre a un petit serpent dessiné en cheveux sur le haut de la tête.

Dans les maisons, des hommes accroupis fumant leur pipe ; des femmes se faisant coiffer, et se tenant devant leur miroir nues jusqu'à la ceinture, et quelquefois plus bas.

Des marchands de fruits, de poisson, de riz bouilli, de gâteaux, vont et viennent, leur marchandise étalée sur de larges paniers ronds suspendus aux bouts d'un long bambou qu'ils portent sur l'épaule.

« *You want see bath-house?* » me dit Tatzu dans son anglais.

Certainement je veux voir une maison de bains! J'en cherche même une depuis que je suis arrivé, pour voir comment cela s'y passe.

Il me conduit devant une maison qui n'a d'ailleurs rien de particulier, et qui est comme toutes les autres, ce que j'appellerai désormais une maison de papier.

L'entrée coûte deux *sen* [1].

Moyennant cette somme, nous avons le droit de ne pas nous plonger dans la piscine d'eau bouillante qui est au milieu d'une vaste pièce parquetée en bois, et dans laquelle huit femmes et trois hommes se livrent en ce moment aux joyeux ébats du bain.

Deux baigneuses qui sont sorties de l'eau sont dans un coin de la salle, en train de s'essuyer mutuellement avec un lambeau d'étoffe.

Elles s'arrêtent en nous voyant entrer; et debout, appuyées l'une sur l'autre, elles nous regardent tranquillement.

Elles me rappellent, ainsi posées, les deux jolies « vierges de Lesbos » de Hamon, transplantées au Japon.

Il y a dans la piscine environ 70 centimètres d'eau à peu près bouillante d'où se dégage une vapeur intense qui fait qu'à première vue les baigneurs et baigneuses nous apparaissent comme dans un nuage.

Ils suspendent un instant leurs ébats et viennent tous de mon côté en me faisant signe de me déshabiller et de me joindre à eux.

Mon Dieu, je ne voulais pas pousser l'expérience jus-

---

[1] Le sen vaut un sou.

que-là; et Tatzu leur expliqua que j'étais entré par simple curiosité.

Ils partirent alors d'un grand éclat de rire, et se jetèrent à l'eau tous à la fois; ce qui eut pour résultat immédiat d'inonder complétement Tatzu, qui se trouvait de l'autre côté de la piscine.

Et de rire!...

L'idée ne viendrait jamais à un Japonais, passant devant une maison de bains, d'entrer pour regarder ce qui s'y passe.

Mais nous autres Européens!!!

Et puis nous voyageons pour tout voir, et ici l'on voit tout!...

J'arrivai à Mita-sai-kai-dgi, où Arson m'avait devancé, et où ces messieurs nous donnèrent un excellent dîner.

Je vois sur le menu :

Légumes. — Bambous au beurre!

Ce sera la première fois que j'en mangerai.

Le soir, Yokohama...

J'ai été mardi à Tokio. L'affaire de la permission est réglée. J'ai arrêté définitivement la maison Yoshira, et vendredi ou samedi nous irons nous y installer.

Je suis rentré à Yokohama à six heures du soir, et j'ai assisté dans le train à une petite comédie charmante.

J'étais seul dans mon compartiment quand je vis arriver un Japonais à l'air très comme il faut, et fort respectable, suivi de trois dames japonaises charmantes. De vraies dames, cette fois; cela se devinait rien qu'à les voir.

Une d'elles, la femme du monsieur très-probablement,

avait les dents noires, ce qui était dommage, car elle était jolie ¹.

Les deux autres étaient des jeunes filles qui pouvaient avoir de quinze à seize ans.

Elles étaient coiffées avec le plus grand soin ; les cheveux, relevés derrière la nuque, étaient très-artistement noués et arrangés en forme d'éventail.

Dans la coiffure étaient piquées des épingles en écaille blonde, et des petites fleurs artificielles.

Leurs longues robes de soie s'adaptaient parfaitement à leurs jolis corps, et en dessinaient tous les gracieux contours. Sur leurs riches *obi* étaient brodés des fleurs et des oiseaux aux mille couleurs.

Leur joli cou délicat et finement délié était blanchi à outrance avec de la poudre de riz mêlée d'encens, et se dégageait librement du corsage de leur robe, qui les laissait un peu décolletées. Le bout seul de leurs lèvres était couvert d'un peu de rouge végétal, ce qui rapetissait infiniment leur bouche ; on eût dit des fraises sur un bouquet de roses.

C'était, à n'en pas douter, quelque seigneur ou quelque grand personnage, voyageant avec sa famille.

Jamais les Japonais, à de très-rares exceptions près, ne voyagent en première classe. Ceux-ci, les femmes surtout, avaient l'air très-distingué : les traits étaient fins ; les mains très-soignées ; leurs petits sabots étaient en bois verni ; et leurs vêtements, d'une richesse inouïe.

En entrant dans le compartiment où j'étais, les trois

---

¹ Les femmes, au Japon, font laquer leurs dents en noir dès qu'elles sont mariées. Il arrive aussi parfois que des filles de vingt à vingt-deux ans, honteuses de ne pas avoir encore trouvé d'époux, se font laquer les dents pour paraître mariées. Elles tiennent toujours leur bouche

dames et le samouraï se prosternèrent devant moi, et restèrent dans cette posture, attendant probablement que j'en fisse autant.

Ces bons petits Japonais me paraissent bien gentils, mais je dois avouer qu'ils commencent à m'agacer avec leurs salamalecs exagérés. On doit donc passer la journée plié en deux?

Je ne savais me courber assez pour être au diapason, mais franchement je ne pouvais pas me mettre à quatre pattes dans le wagon.

Le sifflet de la locomotive mit fin à mon embarras, et le train partit.

Les trois dames s'assirent en face, et le monsieur à côté de moi.

J'avais la ferme intention de m'enfoncer dans ma dignité, et dans le *Tokio Times* que je tenais à la main.

Ah bien oui !...

Les deux jeunes filles commencèrent à causer, à rire, à faire mille petites grimaces si gentilles qu'il me fut absolument impossible de ne pas les regarder.

Une d'elles s'étant emparée de mon chapeau et de ma canne, qui étaient à côté de moi, les tournait et les retournait avec la plus amusante curiosité.

La tête de chien de ma canne l'amusait énormément.

Leurs immenses *obi* étaient de véritables ceintures à surprises; elles tiraient de là tantôt leur éventail, un large portefeuille brodé, un mouchoir, et tout à coup, toutes trois en même temps, une petite pipe et une blague à tabac en ivoire sculpté.

très-propre; mais les femmes ainsi laquées sont laides à voir et entièrement défigurées.

Après avoir humé une bouffée, elles jetaient le tabac et remettaient leur pipe dans les étuis en riant comme des petites mouches.

Je n'ai jamais tant regretté de ne pouvoir leur exprimer toute mon admiration; mais ce n'était pas avec le japonais de jinrikishas que je sais que j'aurais pu aller bien loin. Ils descendirent à la station de Tsurumi, après m'avoir souhaité bon voyage par un million de *sayonâra*.

Il est impossible d'imaginer rien de plus aimable, rien de plus gracieux que ces ravissantes petites poupées japonaises.

J'arrivai le mercredi 16 octobre à la gare de Tokio, pour le train de dix heures, ainsi que je l'avais promis au général Saïgo *Tsukumichi;* et j'y trouvai le capitaine Iwashita qu'il avait envoyé à ma rencontre.

Il me dit que le général m'attendrait à midi à l'arsenal de Mito, mais que nous irions tout de suite visiter l'École militaire de Shikangakko.

Le colonel Okuna (?), directeur de cette école, nous y attendait.

L'école est tout nouvellement fondée, et a été construite d'après les plans des officiers de la mission militaire française.

C'est une copie en petit de notre école de Saint-Cyr.

Rien ne manque à Shikangakko pour l'instruction complète des élèves. Les livres pratiques, les ouvrages nouveaux sur la tactique ou l'art de la guerre, les nouvelles théories à l'usage de l'armée : tout a été traduit en japonais.

Presque tous les élèves sont en ce moment au camp de Narashino Hara, où nos officiers les font manœuvrer et les instruisent.

Le salon dit « de l'Empereur » est une vraie merveille.

Il a été construit et réservé pour le cas où le Mikado honorerait quelquefois l'École de sa présence.

L'immense cheminée, d'un seul morceau de caki fouillé, est de toute beauté. Les panneaux sont en bois merveilleusement travaillé.

Le plafond à caissons sculptés, représentant tous des sujets différents de l'histoire ou de la mythologie japonaise, est un vrai chef-d'œuvre de goût et de patience.

A midi, heure militaire, nous arrivons à Mito. Nous ne faisons que traverser l'arsenal, que nous visiterons plus tard, et je suis conduit, à travers un parc magnifique, à une ravissante petite maison japonaise, sur le seuil de laquelle j'aperçois le général Saïgo.

Nous sommes dans l'ancien château fort du prince de Mito, daïmio autrefois très-puissant, et qui fut, comme tous les autres princes, dépossédé par le gouvernement du Mikado, quand on abolit la féodalité.

Cet immense parc, entouré de larges fossés aux arbres plusieurs fois séculaires, et rempli de temples mystérieusement situés sous d'épais ombrages, donne la plus haute idée de la puissance et de la majesté des princes de l'ancienne féodalité japonaise.

Je trouvai le général Saïgo entouré de plusieurs officiers en grand uniforme, très-décorés ; quelques-uns d'entre eux ayant fort bonne tournure, tandis que d'autres avaient l'air singulièrement gêné dans leur costume.

Le général me fit l'honneur de me présenter, l'un après l'autre, ces messieurs, dont je n'aurais jamais pu me rappeler les noms et qualités, s'ils n'avaient eu une idée aussi ingénieuse qu'originale.

Tous tenaient à la main leur carte de visite écrite en

japonais et en européen, et ils me la glissaient au moment où ils passaient devant moi.

Je ne me souviens plus que du général Yamada, vice-ministre de la justice; du colonel Taketa, directeur de l'arsenal; du colonel Mourata, le premier tireur de carabine du Japon, et inventeur de deux ou trois fusils copiés sur le fusil à aiguille; du général d'état-major... [1], commandant de la garde, et de l'amiral Akamatzû.

Le nom des autres personnages présents m'échappe complétement.

Tous ces messieurs parlent un peu d'anglais ou de français; le capitaine Iwashita et M. Ossada, secrétaire au ministère des affaires étrangères, qui tous deux parlent français aussi bien que moi, sont heureusement de la fête.

Le déjeuner, servi à l'européenne, était excellent, et j'admirais la désinvolture avec laquelle tous ces buveurs de thé faisaient disparaître les verres de sherry et de champagne.

Ce qui était drôle, c'était de voir de temps à autre un des convives me regarder du coin de l'œil, pour voir comment je mangeais certaines choses, comme, par exemple, les huîtres et les asperges.

C'est ainsi que, m'étant risqué à manger mon fromage avec une petite cuiller, presque tous suivirent mon exemple.

Après le déjeuner, et le temps de fumer d'excellents havanes, nous nous dirigeâmes vers l'arsenal.

Un coup de sifflet de la puissante machine à vapeur avertit les ouvriers que nous venions d'arriver.

---

[1] Mes notes sont tellement mal écrites que je ne puis plus moi-même y lire ce nom.

Pour le coup, on ne se croirait plus au Japon !

Partout la vapeur appliquée aux inventions mécaniques les plus modernes ; des centaines d'ouvriers travaillant avec une activité fébrile et la plus grande intelligence à la fabrication des fusils, des affûts, des caissons : tout cela marche admirablement sous la direction du colonel Taketa, qui est fier de nous montrer ce qu'on peut faire au Japon.

Le ministre me dit en souriant qu'il espère que bientôt l'arsenal de Mito sera à même de recevoir des commandes d'Europe.

Nous quittâmes l'arsenal pour nous rendre à la caserne de la garde, qui se trouve dans la seconde enceinte de l'ancien château du Taïkoun.

Un peloton de cavalerie nous escortait, qu'on aurait pris facilement pour un peloton de petits chasseurs d'Afrique.

Les cavaliers japonais montent très-bien à cheval ; ils sont bien assis et collés à leur selle.

Ils portent, comme les nôtres, la veste de petite tenue en drap bleu foncé, le pantalon à petit passepoil jaune, le grand bancal qui est presque aussi haut qu'eux, et la carabine à la grenadière.

La coiffure diffère de nos képis. Ils ont la casquette ronde à visière rabattue de l'armée russe, entourée d'un large galon jaune ; et au lieu de la basane de nos cavaliers, ils portent de hautes bottes en peau jaune et très-souple, montant au-dessus du genou, et serrées au mollet par une petite courroie.

Les deux régiments d'infanterie de la garde avaient été consignés à la caserne.

Les colonels, dont je regrette de ne pas me rappeler les noms, nous attendaient à l'entrée. Ils nous firent visiter tout en détail. Quand je dis tout, je veux dire absolument tout : depuis la salle du rapport jusqu'aux cuisines, infirmerie, etc., etc., de chaque régiment.

On voit tout de suite que cela a été organisé par des officiers français.

Tout dans les chambrées est disposé comme dans nos casernes : la planche à pain au milieu ; les lits rangés de la même façon ; la même manière de plier la couverture et de faire le paquetage.

Au commandement : Fixe ! prononcé en japonais, au moment où nous entrions, tous les soldats étaient immobiles au pied de leur lit.

Tout était luisant, astiqué de main de maître. Pensez donc ! Une visite du ministre de la guerre, surtout quand ce ministre est le général Saïgo, que tous les soldats aiment si bien !

Nous terminâmes notre inspection par la prison et les salles de police.

L'*ours* est situé dans un petit bâtiment spécial très-propre, très-bien aéré. Les salles de police, toutes badigeonnées à la chaux et dallées de pierre, sont d'une propreté que je souhaiterais à nos infectes salles de police françaises.

Tous les prisonniers et les consignés étaient placés sur un rang, au fond de la pièce qu'ils occupaient, à genoux, les mains derrière le dos et le front par terre.

Ils restèrent ainsi jusqu'à ce que nous ayons disparu.

Ma foi, je ne pus voir ces pauvres diables sans penser à deux jours de « clou » que je fis en 1870, alors que je m'étais engagé volontaire au 1ᵉʳ lanciers, comme simple soldat, et que m'avait *collés,* le lendemain de mon arrivée à Pontivy-les-Gamelles, un sous-officier intelligent, qui trouvait que j'avais donné *la botte* trop tôt.

Je me hasardai donc à demander au général Saïgo de vouloir bien faire lever toutes les punitions par faveur spéciale et à l'occasion de sa visite à la caserne.

Il sourit à ma demande et me dit qu'il y pensait, mais qu'il attendait que la chose vînt de moi.

On n'est pas plus aimable.

Il dit quelques mots au général ***, qui nous accompagnait, et m'annonça que cela était accordé.

Après être resté à la caserne près de deux heures, avoir bu du thé et du champagne à la santé des régiments de la garde, avoir répondu aux toasts des deux colonels, toasts des plus flatteurs pour mon cœur de Français, je me préparais à me retirer, quand le général *** s'approcha du ministre et lui proposa de faire sonner l'alarme.

Nous étions en ce moment au milieu de la grande cour d'honneur.

On fit appeler le clairon séance tenante.

La plupart des soldats étaient descendus dans la cour pour nous voir partir, et les autres, débarrassés de notre visite, se préparaient à aller au plus vite raconter à leur muzumé que le ministre de la guerre, accompagné d'un Barbare, était venu *les raser* toute la journée, et que c'était là la cause de leur retard.

A peine les premières notes du clairon résonnent-elles, qu'un bruit sourd, pareil au grondement lointain du tonnerre, se fait entendre autour de nous. En moins de temps qu'il n'en faut pour l'écrire, tous les soldats, sac au dos, armés et harnachés, se précipitent dans la cour, accrochant un dernier bouton ou ajustant une dernière boucle.

Les deux régiments se forment aussitôt; les officiers sont à leur place de bataille; ils tirent leur sabre, et, à la voix du colonel, les compagnies s'ébranlent en bon ordre, tandis que les derniers retardataires se faufilent dans le rang.

J'étais émerveillé de la rapidité avec laquelle tout cela avait été exécuté; émerveillé de la précision et de l'ensemble des mouvements.

Au moment où le ministre prenait congé du général ***, les deux régiments présentaient les armes, et les clairons sonnaient aux champs.

Le ministre voulut bien m'accompagner jusqu'à la station de Shimbasi, où je le quittai, enchanté de la charmante journée qu'il m'avait fait passer et me promettant bien de revoir bientôt, et aussi souvent que possible, ce personnage si aimable et si sympathique [1].

---

[1] Je donne plus loin, dans ces notes, les détails relatifs à la Mission militaire française et à l'armée japonaise. Je n'avais pas encore, à cette date, les renseignements nécessaires.

XII

Une soirée à Tokio. — Les maisons de thé. — Les *geishas*. — La
« danse de la pluie ». — Installation à Tokio. — Les Japonais et les
Européens.

Nous dînons samedi à Tokio chez M. Saint-Yrez, qui nous a promis pour le soir une représentation japonaise dans une maison de thé.

Maison de thé! Ce seul nom, prononcé en Europe, fait dresser nos oreilles occidentales; et j'avoue qu'il y a dans ce nom tout un monde de promesses séduisantes.

Nous rencontrons chez M. Saint-Yrez le baron Bosew, chargé d'affaires de Russie, dont la figure avenante, franche et sympathique fait tout de suite notre conquête; M. Satow, attaché à la légation britannique, japonologue célèbre, qui a écrit plusieurs ouvrages sur le Japon, et qui travaille en ce moment à un grand dictionnaire japonais-anglais, qui sera l'ouvrage le plus complet qui existera en ce genre; M. de Siebold, fils du baron de Siebold qui, par ses écrits intéressants, contribua à mieux faire connaître le Japon à l'Europe.

Tous ces messieurs, ainsi que notre aimable amphitryon, sont depuis longtemps déjà dans ce pays, où nous comptons bien passer trois ou quatre mois au moins.

Après dîner, voitures et jinrikishas nous attendaient,

et nous partons pour la grande maison de thé de Shimbasi.

Je vais expliquer d'abord, autant que faire je pourrai, ce que c'est au juste qu'une maison de thé.

On croit généralement en Europe qu'on n'a qu'à entrer là dedans pour voir toute espèce de muzumés, de petites Japonaises ravissantes, dont la seule occupation serait d'être aussi aimables que possible avec les clients.

C'est là une grande erreur.

La *chaya* est, au Japon, ce que sont en Europe les hôtels, les restaurants et les cafés.

Quand on voyage dans l'intérieur, on descend dans les maisons de thé.

En Europe, on va après dîner au café ou au cercle; les Japonais vont encore à la maison de thé, où ils boivent du *cha* ou du *saké,* et où ils fument force *kiseru.*

Maintenant, là où est le grand avantage de la *chaya,* c'est que d'abord, au lieu d'être servis par des garçons grossiers et désagréables, on l'est par des jeunes filles généralement jolies et toujours souriantes et polies à l'excès.

On peut en outre, si on le désire, faire appeler des *geishas,* qui viennent charmer les soirées par leur joyeux babil et par leurs danses.

Les *geishas* sont de jeunes filles qui, à l'âge de quatre ou cinq ans, ont été vendues par leurs parents à une personne, sorte d'*impresario,* qui s'engage à les loger, à les nourrir, à les élever à ses frais, et qui plus est, à les traiter avec douceur. Elles sont par ses soins instruites dans l'art de la danse et de la musique.

Quand, arrivées à l'âge de dix ou douze ans, les enfants ainsi élevées sont bonnes musiciennes, jolies et séduisantes, elles sont inscrites dans la catégorie des *geishas,* ce qui leur constitue une situation. Quand, au contraire, elles sont laides et inintelligentes, l'*impresario* en fait des servantes, les marie, ou enfin s'en débarrasse comme il peut.

Il y a un tarif pour ces jolies adeptes de Terpsychore et d'Euterpe, qu'on paye à l'heure, comme des fiacres.

Le prix est d'un demi-yen (2 fr. 50) l'heure, et cette somme revient à l'entrepreneur.

Mais la règle veut qu'on leur offre, en outre, à chacune un *shinjo* [1] de un yen; plus, saké, fruits et gâteaux, dont elles sont très-friandes.

Rien ne vous empêche, après cela, de faire pour elles toutes les folies que vous voulez, de les couvrir de yens et de riches toilettes!

Les Japonais adorent les *geishas;* quand ils en ont une favorite, ils lui font toutes sortes de présents, lui donnent des bijoux; et cela, le plus souvent, pour ses beaux yeux.

Ce serait une grande erreur de croire que l'on peut posséder une *geisha* comme une simple courtisane.

Si l'une d'elles avait notoirement un amant, surtout si c'était un Européen, elle serait aussitôt rayée de la catégorie des *geishas,* et elle tomberait au rang des *joro* [2].

A part la question d'amour-propre, elles sont retenues par la question d'intérêt. Une jolie *geisha* gagne beaucoup d'argent, grâce à tous les cadeaux, à tous les

---

[1] Cadeau, présent.
[2] Prostituées.

présents qu'on lui fait constamment, par cela même qu'elle n'a pas de protecteur attitré. Les musiciennes danseuses sont reçues partout ; et il n'est pas rare que des ménages respectables, ennuyés de l'éternel tête-à-tête ou ayant des amis à fêter, fassent appeler les jolies *geishas* pour égayer la soirée, tout comme on fait venir chez nous des artistes, chanteurs ou autres.

Je ne prétends certes pas dire que toutes les *geishas* soient d'une vertu à toute épreuve : celui qui peut faire pleuvoir de l'or doit de temps à autre trouver le chemin du cœur de Danaé ; mais enfin il est, de l'aveu des Japonais et des Européens, très-difficile de décider une de ces jolies chanteuses à *casser sa douzaine d'œufs.*

Nous arrivons devant une grande maison de thé, dont la façade est illuminée avec de grosses lanternes de papier huilé et bariolé ; et, après avoir enlevé nos chaussures, nous sommes conduits au *nikaï,* c'est-à-dire au premier étage de la maison.

Nous trouvons là six jolies *geishas,* habillées de très-belles robes de soie aux couleurs les plus tendres et du meilleur goût, coiffées et parfumées avec le plus grand soin, toutes prosternées en rang au fond de la salle où nous entrons, et attendant que nous allions les relever nous-mêmes.

Devant elles sont les *samisen,* sorte de longues guitares à trois cordes, et les tambours que nous entendrons tout à l'heure.

A peine sommes-nous assis, par terre bien entendu, que quatre petites servantes, faisant glisser les panneaux en papier qui servent de porte, nous apportent du thé et des biscuits de toutes les formes et de toutes les couleurs.

Alors commença une musique étrange, bizarre, fantastique, atroce, barbare. Les notes discordantes des *samisen*, les coups frappés sur les tambours, les cris de ces chanteuses, tout cela faisait un tapage tellement infernal, qu'il me fut impossible de ne pas me boucher les oreilles.

Quand ce charivari fut fini, quatre des plus jolies *geishas* s'avancèrent au milieu du cercle que nous formions, pour danser la « *Ame ga adori* ». Traduisez : « la danse de la pluie. »

Rien de joli comme le nom de ces demoiselles :

Mommotaro, Fleur de pêcher.

Koden, Parfum d'encens.

Tokumatzu, Essence de vertu.

Kuman, Rêve de poésie.

Les deux autres *geishas* les accompagnaient sur le *samisen*. Nous avions interdit les cris et les tambours.

Impossible d'imaginer, de rêver quelque chose de plus gracieux, de plus adroit, de plus coquet, que ces quatre jeunes filles qui, tenant leur éventail d'une main et un petit parasol en papier de l'autre, exécutaient devant nous, tout en chantant, les danses les plus curieuses, les pantomimes les plus expressives.

La danse de la pluie nous a beaucoup amusés. Voici à peu près ce que c'est :

Quelques jeunes filles se préparent à sortir et à aller faire les belles dans les rues de Yedo. Elles portent des toilettes superbes; elles s'admirent en jouant de l'éventail ; elles sont sûres de faire tourner la tête de tous les jeunes samouraï de la ville.

A peine sont-elles dehors, qu'un gros nuage apparaît à l'horizon. Grande inquiétude. Elles ouvrent leur parasol et font mille grimaces charmantes pour montrer combien elles craignent d'abîmer leurs jolies toilettes.

Quelques gouttes de pluie commencent à tomber; elles hâtent le pas pour rentrer chez elles.

Un coup de tonnerre lancé par le *samisen* et les tambours se fait entendre et annonce une averse terrible. Alors, au moment où nous nous y attendions le moins, nos quatre danseuses saisissent à pleines mains leurs robes qu'elles relèvent d'un seul coup jusque sous leurs bras, et, se retournant subitement, elles se mettent à courir, nous montrant tout à coup une rangée de petits derrières effrayés, se sauvant à toutes jambes... Tableau!!!

Après les danses, grand *taberû*[1] de poisson cru, riz bouilli, gâteaux, *castila*[2], saké, mandarines, *caki*[3], enfin toutes les chatteries dont raffolent les *geishas*.

Charmante soirée, dans laquelle j'ai considérablement augmenté mes connaissances de japonais. J'ai surtout appris une phrase indispensable : *Watakushi wa anata ni takusan horemas;* lisez : Je vous aime à la folie.

Je savais déjà dire cela dans pas mal de langues, mais le japonais me manquait.

Il fallut malheureusement nous arracher de bonne heure à cette petite fête ; car nous devions encore ce soir aller coucher à Yokohama, et le train allait bientôt partir. Je quittai Rêve de poésie, en lui jurant de venir la voir bientôt, tandis qu'Arson faisait à Fleur de pêcher les adieux les plus touchants.

Sayonara! sayonara!

[1] Festin, repas.
[2] Gâteau fait avec du lait, du riz et du miel.
[3] Fruit ressemblant à la pomme.

8.

Occupé que j'étais à m'escrimer en japonais, j'enfilai, sans m'en douter, les bottes du baron Bosew; et ce ne fut que dans la solitude du wagon que je m'aperçus que j'avais changé mes vieilles chaussures contre de superbes bottes en cuir de Russie.

Samedi et dimanche, grand déménagement et installation à

Ioshira Yashiki

Ura-Kasumi-ga-Seki-Nibánchi.

Toranomon.

Voilà notre adresse, et dimanche soir nous touchons à Tokio. Enfin!...

Nous sommes ravis, enchantés de notre maison. Il ne fait certes pas très-chaud dans nos murs de papier; mais au moins nous sommes dans le vrai Japon.

Il s'agit maintenant d'organiser notre course à Nikko, avant qu'il fasse trop froid.

Nikko est la ville sainte, la ville des temples de Shinto et de Bouddha.

« Qui n'a pas vu Nikko n'a pas vu *Kekko* [1] », est un dicton japonais.

Il nous faudra avoir des passe-ports pour aller dans l'intérieur; je vais les demander à la légation de France.

Les Japonais, qui ne veulent absolument pas permettre aux Européens d'habiter sur le sol sacré du Nippon, font tout ce qui dépend d'eux pour leur en rendre le séjour difficile. Ils luttent tant qu'ils peuvent contre l'invasion occidentale. Ils veulent rester les maîtres chez eux. Ont-ils tort? Je ne le pense pas.

[1] *Kekko*, merveilleux.

Que leur apporterions-nous, en effet, qui puisse faire le bonheur ou augmenter la prospérité de leur pays?

Nous nous figurons, nous autres, que nous sommes les premiers du monde et que nous tenons la clef de toute civilisation, parce que nous avons inventé le *cricri* et le suffrage universel!

Le Japon n'a pas encore utilisé ces deux inventions, et il trouve moyen de s'en passer.

Il faudrait que les hommes au pouvoir, que les conseillers de l'Empereur fussent dépourvus du *far sight* et de toute idée sensée pour permettre à tous les exploiteurs de l'Occident, à tous les commis voyageurs en vins ou en boutons de guêtre, de pouvoir venir s'installer tranquillement parmi ces bons petits Japonais et s'empresser aussitôt de leur infuser les jolies idées sociales du jour, de leur dire que le Mikado est un monsieur absolument inutile, et que le Japon deviendrait une nouvelle île des Plaisirs si on y installait la sainte République.

On nous apporte, aujourd'hui mardi, nos passe-ports pour l'intérieur. Tout y est bien spécifié. Nous devons aller à Nikko par Utzunomiya et être de retour à Tokio dans quinze jours au plus tard.

Nous partirons demain matin.

Dans l'après-midi, le général Saïgo vient nous faire une visite de cérémonie, escorté par un peloton de cavaliers, le sabre au poing, qui envahit au galop la cour de notre modeste *yashiki*.

Il m'apporte une lettre, signée de lui et de M. Ito, pour le grand prêtre du temple de Shinto, à Nikko.

Ces *bonzes* reçoivent toujours assez froidement les étrangers, qu'ils détestent et qu'ils craignent, surtout pour leur prestige; et ils ne leur montrent pas volontiers les richesses et les curiosités enfermées dans les temples commis à leur garde.

M. Saïgo me présentant comme un de ses amis personnels, toute autre recommandation est inutile.

Nous dînons le soir chez notre ministre, où nous avons le plaisir de rencontrer le colonel Munier, chef de la mission militaire française au Japon, à qui reviennent en grande partie l'honneur et le mérite d'avoir organisé l'armée japonaise; M. Conill, l'intelligent agent principal des Messageries maritimes à Yokohama, et le commandant K.., du *Volga,* avec qui nous sommes venus de Hong-kong.

Nous passons la nuit à terminer les derniers préparatifs de notre excursion, et, à trois heures du matin, des j'nrikishas nous emportent, à travers Tokio endormi, vers le Uyeno, qui se trouve à l'autre bout de l'immense ville, et où nous attend la voiture qui doit nous conduire à Utsunomiya.

M. Odoshi, jeune Japonais très-intelligent, qui vient de passer deux ans à Paris, nous accompagne comme interprète. Tatzu, le fidèle Tatzu, est nommé ordonnateur général des étapes et chef suprême de l'intendance.

XIII

Départ pour Nikko. — Les aventures de M. Sakuma dans le nouveau monde. — Utzunomiya. — Brusque réveil et jolies baigneuses. — Arson ne parle plus que japonais. — Notre caravane. — Arrivée à Nikko. — Le pont sacré de Mibashi. — Les temples. — Tombeaux de Yeyazu et de Yemitsu. — Course au lac de Chiussenjii. — Petit aperçu historique de la religion au Japon. — Le shintoïsme, le bouddhisme et le christianisme. — Une tempête sur le Tanegawa. — Rentrée à Tokio.

Nous partîmes du Uyeno dans un atroce char à bancs, sans coussins, sans dossiers, sans ressorts. La route est un long sillon boueux, liséré de deux profondes ornières dans lesquelles notre véhicule s'embourbait à chaque instant. Les chevaux qu'on nous donna au départ étaient pleins de feu, méchants et vicieux en diable.

Au premier village que nous rencontrâmes, l'un d'eux, se cabrant brusquement, précipita tout notre équipage dans une maison de thé qui bordait la route.

Nous eûmes la chance de nous tirer de là sans accident, ce qui nous permit de continuer immédiatement notre route.

Nous étions obligés pour ne pas être jetés à terre de nous tenir à deux mains à la tringle en fer qui soutenait la tente au-dessus de nos têtes, car le cocher ne pouvant retenir les chevaux qui filaient à fond de train, notre voiture bondissait en cahots extravagants. C'est cette promenade de Tokio à Nikko que M. Satow appelle fort à propos un « *jolting-work* ».

Ajoutons à tous ces agréments une pluie battante qui, arrivant par le travers, nous trempait jusqu'aux os; et l'on conviendra que les plaisirs du touriste et du *globe-trotter* ont souvent leurs revers.

Nous remontâmes ainsi pendant trois heures les bords du fleuve Tanegawa. La pluie et le brouillard nous empêchaient de voir le paysage.

On changeait de chevaux tous les trois ou quatre *ri*[1].

Vous pourriez croire en lisant ceci qu'il y a un service de poste régulièrement organisé dans le Japon, ou tout au moins entre Tokio et Nikko.

Point! Voici la vérité, et il me faut ouvrir ici une parenthèse.

M. Sakuma, entrepreneur du service entre Tokio et Utzunomiya, et entrepreneur des omnibus de Tokio, n'est pas un Japonais ordinaire.

A l'âge de vingt-cinq ans, il partit un beau matin pour l'Amérique avec quelques yens dans sa poche. En anglais, *good* et *bad* étaient tout ce qu'il savait dire; et avec cela il se mit en tête de faire le tour du monde.

Il arriva à San Francisco; il arriva même jusqu'à New-York; et ceci prouve hautement que M. Sakuma

---

[1] Le ri est de 30 chô, le chô est de 60 ken, le ken de 6 skaku, et un skaku de 0^m,33.

Un ri équivaut donc à 3 kilomètres 564 mètres.

Mais ceci n'est point une règle invariable. Dans l'intérieur et dans les parties montagneuses, le ri est quelquefois de 50 et même de 60 chô.

n'est pas un niais, puisqu'au moyen de ses deux mots d'anglais accompagnés de pantomimes expressives, il était parvenu à traverser les États-Unis.

Une fois à New-York, il s'aperçut que si l'on peut vivre sur la bienheureuse terre du Nippon avec trois sous de poisson et un sou de riz par jour, les choses étaient tout à fait différentes dans le nouveau monde.

Force fut donc au courageux Japonais de revenir sur ses pas. Privé de toute ressource, et ne connaissant que ses deux mots d'anglais, les aventures qui émaillèrent la retraite de l'aventureux Sakuma feraient pâlir devant l'histoire les exploits de M. Xénophon.

Bref, il regagna San Francisco, s'introduisit furtivement dans la cale d'un navire en partance pour Yokohama, et ne se montra que trois jours après qu'on eut quitté le *golden gate* et quand il fut bien sûr qu'on ne reviendrait pas en arrière.

Il est vrai que dès qu'on s'aperçut de la présence de l'intrus, on l'installa à la machine, où il dut travailler du soir au matin, en guise de chauffeur supplémentaire, et cela pour lui faire payer d'une manière quelconque, et autant que possible, la nourriture et le passage qu'il était trop tard pour lui refuser.

Cela ne l'empêcha pas de remettre le pied sur le sol aimé du Nippon, qu'il jura bien cette fois de ne plus quitter.

Mais en homme intelligent qu'il était, Sakuma avait rapporté quelque chose de son odyssée.

Il avait vu des omnibus en Amérique ; il vit qu'il n'y en avait pas au Japon.

Il n'eut ni trêve ni relâche, pas une minute de repos, jusqu'au jour où il eut enfin acheté quatre chevaux. Il les attela à de longs chars à bancs qu'il avait fait construire, et les lança sur le *Ghinza* de Tokio [1].

De ce jour date la ligne de *Shimbasi-Nihombashi-Uyéno*, qui, moyennant *deux sen,* vous fait traverser la moitié de Yedo.

Ceci se passait il y a deux ans. Aujourd'hui Sakuma a huit ou dix carrioles ; et comme l'appétit vient en mangeant, il a établi une sorte de service entre Yedo et Utzunomiya.

Un départ a lieu chaque semaine. Le jour est déterminé sans être fixé ; c'est le jour où sa voiture est à peu près au complet.

Outre ce service *régulier,* Sakuma, qui a établi des relais sur la route, vous loue au prix de vingt yens (cent francs) une voiture particulière qui vous transporte en dix, douze ou vingt heures, cela dépend d'une foule de choses, de Tokio à Utzunomiya.

Or, comme Nikko est le lieu saint que tous les touristes passant au Japon doivent visiter, M. Sakuma trouve moyen de réaliser de beaux bénéfices qui lui feront bientôt oublier les machines du steamer américain, et ses déboires d'explorateur.

Notre première halte eut lieu à Kasûkabi, où en moins de cinq minutes Tatzu nous installa dans une maison de thé et nous servit un déjeuner excellent.

Tatzu se révèle complétement dans cette excursion ; il a tout prévu, emporté toutes les provisions nécessaires, pris avec lui des draps, couvertures, etc., etc.

Il était *factotum* et devient guide, guide excellent,

---

[1] Le Ghinza est une longue avenue qui traverse Tokio dans toute sa largeur.

sachant et connaissant le nom de tous les villages et de tous les temples que nous voyons.

Nous nous arrêtons à l'entrée du petit village de Tumunama pour admirer une statue colossale en bronze du dieu Jindzô. La tête n'a pas moins d'un mètre de hauteur.

Le temple est très-pittoresquement situé au milieu d'une forêt de hauts bambous, et autour de la statue, six immenses cryptomérias lui font de leurs branches puissantes un dais de verdure.

A une heure de l'après-midi, nous arrivâmes à Kuriachi, où la route se trouve brusquement coupée par l'imposant Tunegawa, le plus grand fleuve du Japon.

Je cherchai de l'œil un pont quelconque ; il n'y en avait pas.

Ici c'est l'ancien Nippon ; quand on veut traverser une rivière, il faut des bateaux.

Pendant que nous déjeunions, Tatzu avait fait transborder tous nos bagages sur une longue barque qui nous passa sur l'autre rive du fleuve, large en cet endroit de cinq cents mètres au moins.

Nous trouvâmes une autre voiture de Sakuma qui nous attendait, et qui, par une pluie qui ne discontinua pas une minute, nous conduisit sans nouvel incident à Utzumomiya, où nous arrivâmes à neuf heures, brisés, rompus, moulus.

Après un dîner que la fatigue rendit muet, nous ne tardâmes pas à glisser nos membres courbaturés et endoloris dans les *ftons*[1] de la maison de thé.

---

[1] Grandes couvertures très-épaisses rembourrées de coton et servant aussi de matelas.

Nous fûmes réveillés de bonne heure le lendemain matin par les petites servantes de la *chaya,* qui vinrent en riant nous tirer par les pattes.

C'est certainement une façon désagréable d'être réveillé ; mais le moyen de se fâcher avec ces enfants si rieuses ! Et puis il faut être matinal ; Tatzu ne plaisante pas là-dessus !

A peine étais-je sur pied, que les deux jolies servantes, me prenant chacune par une main, m'entraînèrent en me disant, d'un air très-convaincant, du reste : « Yu ! yu ! abi [1] ! » Comprenais pas.

Eh bien, et mon peignoir ? et ma pudeur ? Impossible de me faire comprendre.

Arson, enlevé par une troisième *muzumé,* la suivait tranquillement.

Advienne que pourra ! Je suivis aussi. Mais où diable allions-nous ?

Le calme d'Arson m'exaspérait.

« Où nous conduisent-elles ? lui demandai-je.

— *Shirimasen*[2] ! » me répondit-il en japonais. C'était le comble.

La veille, il avait dans la voiture accaparé le dictionnaire, et armé d'un vaste morceau de papier et d'un crayon pointu, il avait *pioché* son japonais à fond et sans rien dire.

Il avait appris un tas de mots que j'ignorais naturellement, et qu'il me sortait à chaque instant en me regardant d'un air narquois.

J'étais profondément humilié !...

---

[1] Bain ! bain ! vous baigner !
[2] Je ne sais pas.

Tout s'expliqua bientôt. Elles nous conduisaient dans la grande salle de bains de l'hôtel.

Il n'y a pas au Japon une maison de thé, encore de maigre apparence, qui n'ait sa piscine d'eau chaude. Aussi les habitants, à quelque classe qu'ils appartiennent, sont-ils toujours excessivement propres.

La piscine où nous nous trouvions était très-grande, divisée en deux compartiments : le premier d'eau tiède, le second d'eau presque bouillante.

Nous tirâmes au sort; je tombai sur l'eau bouillante.

Nous nous plongeâmes aussitôt dans cette onde claire et engageante, lui laissant le soin de cacher notre nudité à la curiosité de nos jolies baigneuses.

Elles coururent chercher des draps pour nous sécher; elles nous aidèrent à nous essuyer et à nous habiller, tout cela, en regardant avec la plus grande curiosité les détails de notre toilette et chaque partie de notre costume : pantalon, chemise, cravate... tout était l'objet de quelques réflexions, sans doute fort drôles, car elles riaient comme de petites folles.

Il fait aujourd'hui un temps magnifique.

Le grand Tokaido, que nous suivons depuis Tokio, va, il est vrai, jusqu'à Nikko, mais il devient, à partir d'Utzunomiya, impraticable pour les voitures. Il faut continuer notre voyage en jinrikisha.

Notre caravane est composée de six petites voitures, attelées de deux hommes chacune.

A onze heures précises, Tatzu donne le signal du départ, et nos *jinrikis* partent au trot comme des chevaux.

Les coolies de Tokio sont relativement peu habillés; nos coureurs d'aujourd'hui sont littéralement nus.

Deux d'entre eux portent de courtes blouses; les

autres n'ont qu'un long mouchoir roulé en corde autour de la taille, passant entre les jambes, et venant se nouer derrière les reins.

Quelques-uns sont magnifiquement tatoués. Celui d'Arson est superbe. Il a fait tatouer toute la partie de son individu que voit la personne qui est en jinrikisha, depuis le haut des jambes jusqu'au cou. Le dessin représente un farouche daïmio, deux grands sabres passés à la ceinture, caressant une timide muzumé, qui n'ose pas trop lui résister. Le tout sur un fond de fleurs et de tatouage très-artistement fait.

Nos gaillards parcourent en deux heures et demie les neuf *ris* qui séparent Utzunomiya de Nikko, et cela malgré le mauvais état des chemins, détrempés par la pluie d'hier.

Nous arrivons à Nikko à une heure et demie, et grâce à Tatzu, nous sommes bientôt installés dans la meilleure maison de thé de l'endroit et assis devant un excellent *taberu*[1].

Nous passons l'après-midi à visiter la petite ville, qui consiste en une longue rue bordée de maisons à droite et à gauche, *comme la plupart des rues*.

Nous achetons une quantité de bibelots, d'objets laqués, de dieux en ivoire, etc., etc... dont abonde Nikko.

J'envoie le soir même au bonze du temple de Shinto la lettre du général Saïgo, et il nous fait répondre qu'il nous attendra le lendemain matin à dix heures[2].

Le lendemain vendredi, un peu avant l'heure indiquée par le bonze, nous quittons la maison de thé pour nous diriger vers le temple.

[1] Déjeuner.
[2] Je passe ici plusieurs notes personnelles inutiles.

L'endroit dans lequel Nikko est situé est vraiment de toute beauté. Placé au fond de la vallée qui descend vers Omaji, et qui là s'élargit et s'ouvre sur Utzunomiya, la Ville sainte est entourée de montagnes de tous côtés et se trouve protégée par ces hauteurs couvertes de végétation puissante et forte, qui donnent à ce lieu calme et pittoresque toute la majesté que comporte le sanctuaire de la religion d'un peuple aussi excessif dans ses superstitions que celui au milieu duquel nous nous trouvons.

Nous arrivons, en sortant de Nikko, du côté opposé à celui par lequel nous sommes arrivés, en face de deux ponts jetés sur le Dayagawa, qui, précipitant ses flots tumultueux en un torrent presque à pic, forme une véritable cascade à perte de vue.

Un de ces ponts est en bois rustique et ordinaire.

L'autre est au contraire très-bien travaillé et entièrement peint en rouge.

Ce dernier est le pont sacré de *Mibashi,* ou *pont serpent.* Il est fermé des deux côtés par de hautes barrières en bois, et personne ne peut le traverser.

Autrefois, quand le Shogun[1] venait à Nikko pour y recevoir l'hommage des daïmios et faire ses offrandes aux dieux, il traversait le *pont sacré* pour se rendre au temple.

Le pont est, je l'ai dit, en bois peint en rouge; les têtes des poutres et des traverses sont dorées. Il est soutenu par quatre grands piliers monolithes en granit posés sur le roc.

---

[1] *Shogun,* qui signifie « grand général », était le titre par lequel on désignait anciennement l'Usurpateur de Yedo. Ce ne fut qu'en 1858 que le shogun Yesada se fit appeler *taïkoun,* ce qui équivaut à « grand prince ».

Voici la légende attachée à *Mibashi* :

« Quand le saint Shodo-shonin, visitant Nikko pour la première fois, arriva à cet endroit, il vit le rocher formant un précipice si profond, et l'eau qui bondissait en bas formant un torrent si rapide, qu'il lui parut impossible de pouvoir traverser.

« Alors il tomba à genoux et adressa aux dieux et à Bouddha une fervente prière, les suppliant de venir à son aide.

« A peine avait-il achevé, que la forme du dieu Shinsha-Daïo apparut de l'autre côté du précipice.

« Il tenait dans sa main deux grands serpents, un rouge et un vert, qu'il jeta par-dessus le Dayagawa.

« Au même instant, les deux rives furent réunies par un pont si léger et si haut, qu'on eût dit un arc-en-ciel dominant l'abîme.

« L'étonnement du saint fut si grand qu'il douta d'abord du miracle ; mais il fut pleinement convaincu de l'intervention divine quand il vit le pont se couvrir d'un gazon vert et touffu.

« Il le traversa aussitôt avec tous ses disciples, et quand, arrivé de l'autre côté, il voulut se prosterner devant la divinité, il vit que la figure du dieu Shinsha-Daïo avait disparu. »

Rien de plus magnifiquement imposant que l'immense et large avenue en gradins qui conduit à l'entrée du temple de Shinto.

Les hauts sapins qui bordent cette vaste avenue arrêtent entièrement les rayons du soleil, qui ne pénètrent jamais sous ce dôme de verdure.

Il faudrait une autre plume que la mienne pour décrire la beauté, le grandiose de ce que nous voyons. Moi, j'y renonce : je suis ébloui ; je me sens pygmée en face de Dieu.

Quelle douce tristesse! quel charme ineffable dans ce cadre majestueux de la religion!...

Quel que soit le nom dont nous autres mortels nous appelions la Divinité; que nos cœurs s'élèvent vers le Christ, vers Allah, Bouddha ou Shinto ; quel que soit le prophète au nom duquel ont été glissées dans notre âme les paroles d'amour et d'espérance qui nous disent cette âme immortelle, pour tous, Dieu est grandeur, puissance, bonté infinie et consolation suprême! Pour tous, Dieu est Dieu !

En ce lieu calme et solitaire, loin de tous les bruits du monde, et sous ces géants de végétation séculaire, je me prosternai, moi chrétien, sur le seuil des temples du Dieu qu'adorent les fils de cet extrême Orient, et j'élevai mon cœur vers l'Être suprême!

Devant l'entrée principale du temple nous attendait le bonze, vêtu d'une longue robe de soie jaune qui lui tombait jusqu'aux pieds ; ses bras disparaissaient dans de larges manches blanches ; sur sa tête, entièrement rasée, était posée une haute coiffure en crêpe noir. Derrière lui se tenaient trois bonzes d'un rang inférieur.

Nous nous avançâmes vers lui suivis d'Odoshi, notre interprète.

La lettre du général avait, paraît-il, produit son effet. Après une quantité de saluts et de compliments de bienvenue, il nous conduisit dans une salle qui se trouvait à droite du temple, et là il nous offrit du gâteau et du thé.

Puis il nous dit que tout ce qui était dans le temple

nous serait montré; mais que depuis la dernière révolution bien des choses avaient été enlevées.

Je profitai du bon vouloir du bonze pour le faire questionner par Odoshi sur différents sujets qui m'intéressaient beaucoup, et sur lesquels j'étais absolument ignorant. Ses réponses me servirent, avec d'autres notes que je puisai dans des ouvrages écrits sur le Japon [1], à établir la petite étude très-succincte qu'on va lire plus loin, sur les phases diverses du bouddhisme, du shintoïsme et du catholicisme dans ces contrées.

Après nous avoir consciencieusement fait quitter nos chaussures, nos chapeaux et nos cannes, le bonze nous pria de le suivre, et nous fit visiter dans tous ses moindres détails ce temple magnifique.

Voici à l'entrée une pagode à cinq étages, haute de vingt-cinq mètres, en bois sculpté et peint de mille couleurs.

Tout alentour du temple, de hautes colonnes couvertes d'inscriptions, de grandes lampes de bronze et de pierre.

Les deux plus belles salles se trouvent de chaque côté du sanctuaire.

Ce sont les pièces particulières où le Shogun se reposait quand il venait visiter le temple. Il sortait de là pour aller dans le sanctuaire où officiait le bonze et où se trouvaient réunis les daïmios et tous les grands de la cour [2].

Je demandai au gardien de toutes ces splendeurs de nous montrer ce que je tenais beaucoup à voir : les sabres

---

[1] W. E. GRIFFYS. — Ernest SATOW.

[2] Je renvoie les personnes qui voudraient avoir une description complète des richesses et des beautés de ces temples à des ouvrages plus

authentiques et sacrés des shoguns et des guerriers célèbres, qui sont conservés à Nikko.

Il hésita une seconde, puis il nous fit signe d'attendre, et il disparut.

Après un quart d'heure d'attente, juste le temps d'attraper, sur les dalles froides sur lesquelles nous marchions nu-pieds, le fâcheux coriza, nous vîmes paraître plusieurs prêtres portant une quantité de caisses longues et étroites qu'ils disposèrent par terre et ouvrirent devant nous.

Jamais nous n'avions vu et nous ne vîmes depuis des lames aussi belles, des fourreaux aussi richement laqués, des poignées plus artistement ciselées, plus finement incrustées d'or et d'argent.

Les Japonais, on le sait, font des sabres renommés ; mais toutes les lames que nous avions sous les yeux avaient chacune leur histoire.

Celle-ci a appartenu à Yeyazù, le fondateur de la branche de Tokugawa.

Voici le sabre que portait en 1617 le shogun Hidetada lorsqu'il vint à Nikko recevoir les dépouilles mortelles de son père.

Je ne pus résister au désir de faire comprendre au bonze que je donnerais n'importe quoi pour posséder une de ces armes précieuses. Il me répondit que pour aucune somme il ne consentirait à vendre ces reliques.

Je n'osai pas insister, de peur de l'offenser.

Le tombeau de Yemitsu, troisième shogun de la

---

autorisés et plus sérieux que le mien : M. W. GRIFFYS, M. MITFORD, M. SATOW.

branche de Tokugawa, se trouve situé au-dessus du temple, dans la magnifique forêt de chênes et de sapins qui le domine.

Un long escalier en pierre, posé sur le flanc de la montagne, lequel ne compte pas moins de deux cent quatre marches, nous conduit au lieu de sépulture et de repos du petit-fils de Yeyazu, qui est le seul des Tokugawa qui soit enterré à Nikko, à côté du fondateur de cette dynastie qui fut si puissante.

Les autres Tokugawa reposent à Tokio, dans les cimetières de Sozoji et de Toyezan, dans les quartiers de Shiba et de Uyeno.

Le tombeau de Yeyazu se trouve au-dessus du temple de Bouddha, de l'autre côté du torrent Dayagawa.

C'est là que nous allons, après avoir pris congé du grand prêtre de Shinto.

Il est tard, et nous sommes fatigués. Nous visitons au galop le vaste temple de Bouddha, qui est plus grand que celui que nous venons de voir, mais bien moins riche, et sur lequel pèse comme un air général d'abandon et de tristesse.

Les pauvres bonzes de Bouddha sont aujourd'hui en défaveur, la religion de Shinto étant, depuis la restauration du Mikado, la religion reconnue de l'État.

Nous allons dans l'après-midi jusqu'à la cascade de Kiri-fun-Taki, ce qui signifie en japonais « cascade de brouillard ». C'est une promenade d'un *ri* et demi dans une belle forêt où le gibier foisonne. Nous faisons lever, en marchant, des faisans qui partent à nos pieds.

Et pas de fusil !

Nous ne pouvons pas chasser, du reste. La chasse n'est permise aux Européens qu'aux environs de Yokohama et de Tokio, et cela est bien spécifié sur nos passeports.

Quel dommage !

Nous nous couchons de bonne heure, après nous être plongés dans la piscine d'eau chaude de la maison de thé. Nous avons demain une rude journée.

Samedi 26 *octobre.* — A huit heures du matin, nous nous mettons en route pour le lac de Chiussenjii-Kosui.

Nous remontons le Dayagawa, et, pendant une heure environ, la route n'est pas trop difficile. Nous marchons sur les pelouses d'une très-belle forêt de chênes, et nous traversons de temps à autre de petits villages bien propres dont les habitants, qui nous paraissent parfaitement heureux, nous saluent d'un aimable *ohâio*[1], auquel nous répondons, en parfaits Japonais, par un immédiat *Konnichi-wa*[2] ?

L'aspect du paysage a changé subitement. Nous suivons maintenant le lit même du torrent, et la seconde partie de notre excursion est pénible et fatigante.

A onze heures moins un quart, nous arrivons à la cascade de Kigon-Taki, qui est bien la plus haute que l'on puisse voir. Je suis presque sûr que la pareille n'existe pas en Europe.

Le volume d'eau est considérable, et la hauteur de la chute est de cent cinquante mètres.

Le coup d'œil est saisissant. On domine entièrement le gouffre en avançant sur une petite pointe de rocher qui se trouve en face de la cascade ; mais il faut avoir les nerfs solides pour rester à cette place, et je ne con-

---

[1] Bonjour.
[2] Comment va

seillerais pas à une personne sujette au vertige d'aller jusque-là.

Nous franchissons en un quart d'heure la distance qui nous sépare du lac, et à onze heures un quart nous arrivons à Chiussenjii-Kosui.

Arson et moi sommes rendus. Nous avons fait en un peu plus de trois heures les six *ris* qui nous séparent maintenant de Nikko; et nous ne trouvons qu'une manière de nous refaire, c'est de nous plonger dans l'eau merveilleusement claire de ce beau lac. Puis, nous nous jetons comme de vrais affamés sur le déjeuner que Tatzu a déjà préparé, donnant à tous les diables le propriétaire de la maison où nous sommes, qui n'a jamais voulu nous permettre d'entrer avec nos chaussures dans cette baraque en papier où il fait très-froid. Nous avons dû passer par ses fourches caudines, « ventre affamé n'a pas *de pieds* ».

On nous propose, après déjeuner, de monter encore deux *ris* pour aller voir le temple de je ne sais plus qui. Ah! mais non!

Nous repartons pour Nikko à trois heures, et à quatre heures et demie nous tombons harassés sur nos *ftons*.

Odoshi, l'interprète, est rendu. Tatzu est à moitié mort de fatigue, ce qui ne l'empêche pas de nous dénicher un faisan magnifique, que nous voyons avec la plus vive reconnaissance arriver le soir sur la table, les ailes déployées.

Songez donc! dans ce pays de riz et de saké, un faisan tendre et cuit à point!

Décidément, Tatzu est un grand homme.

J'ai heureusement apporté avec moi l'ouvrage si intéressant sur le Japon, *The Mikado's Empire,* par M. W. E. Griffys, qui me sert à mettre un peu d'ordre dans toutes les dates et dans tout ce que m'a dit mon ami le bonze. J'ai été vivement intéressé par tous les détails et tous les faits que je viens d'apprendre; et comme je veux ne les point oublier, je vais écrire ce soir même dans mon *book* toutes les notes que j'ai prises.

Je passe rapidement sur la mythologie japonaise.

Tout était chaos. Deux esprits régnaient au-dessus des vastes cieux. Un jour ils divisèrent la substance primordiale des cinq éléments : bois, feu, métal, terre et eau. Puis ils descendirent sur la terre, et, se rencontrant loin de leur séjour éthéré, ils se trouvèrent merveilleusement beaux. Ce fut le premier couple, ce fut le premier amour.

De leur union naquirent plusieurs dieux :

Le déesse du jour et du soleil (Tenshô-Daijin);

La déesse de la nuit;

Le dieu de la mer et des tempêtes;

Le dieu du mal et des ténèbres;

Le dieu du fer et du feu.

Après une longue période, pendant laquelle la terre fut le théâtre d'une lutte cruelle entre les dieux, Tenshô-Daijin envoya un de ses fils, Niniji-no-Mikoto, avec mission de régner sur le monde terrestre et de le pacifier.

Le premier empereur du Japon, Jimmu-Tenno, descend en droite ligne de Niniji-no-Mikoto, dont il était le petit-fils; ce qui fait remonter la race des mikados à une origine toute divine, et c'est là la base et l'essence de la religion de Shinto.

Le principe de cette religion, si tant est que le shintoïsme puisse s'appeler une religion, consiste dans les trois commandements suivants :

1° Tu honoreras les dieux et tu aimeras ton pays ;

2° Tu observeras tes devoirs d'homme ;

3° Tu révéreras le Mikado comme ton souverain, et tu obéiras aveuglément à ses lois.

Dans la mythologie japonaise, le Japon était tout l'univers. Toutes les divinités, à de très-rares exceptions près, étaient des personnages historiques, et la conclusion de toute cosmogonie et de toute la généalogie divine était toujours que le Mikado était le descendant direct et le représentant des dieux.

Les bonzes enseignent le culte et la glorification des ancêtres, la déification des empereurs, des héros et des savants.

Les emblèmes qui existent dans les temples sont le miroir [1] et les longues bandes de papier déchiré suspendues à des traverses de bois.

Le shintoïsme ne parle pas de l'immortalité de l'âme ; il n'a pas de code de morale ou d'éthique.

Les principes généraux de ses adhérents sont l'imitation des hommes illustres, des grands héros et des sages. Des ablutions quotidiennes sont ordonnées.

La variété des cérémonies pour la purification du corps

---

[1] D'après la légende, quand Tenshô-Daijin envoya son petit-fils Niniji régner sur la terre, elle lui donna son propre miroir, celui qui lui servait à contempler sa beauté infinie, et elle lui dit : « Considère ce miroir comme mon esprit ; conserve-le toujours avec toi, et adore-le comme tu m'adorerais moi-même. » — Le bonze de Nikko nous montra le grand miroir en acier poli que l'on conserve parmi les objets sacrés du temple

est remarquable. Une fontaine se trouve près de l'entrée du temple, et tous les shintoïstes doivent se laver les mains et se rincer la bouche avant d'en franchir le seuil.

La naissance et la mort portent en elles une souillure.

Anciennement, les femmes nobles en état d'enfantement étaient envoyées dans des maisons écartées qui étaient brûlées après leur délivrance.

Devant tous les temples on peut voir le *gohei*[1] et un immense gong de bronze.

Avant d'entrer pour adresser aux dieux sa prière, le fidèle tire une longue corde qui fait résonner le gong plusieurs fois. Il est censé appeler ainsi l'attention du dieu.

Les prêtres de Shinto ne peuvent point se marier.

Comme il est dit plus haut, la religion de Shinto n'a point de code de morale. Les shintoïstes l'expliquent en disant que les Japonais, agissant toujours selon leur cœur, agissaient bien et n'avaient pas besoin pour cela d'une loi supérieure; c'était bon pour les Chinois ou les autres barbares, qui étaient des peuples immoraux.

Le shintoïsme fut donc la seule religion jusque vers le commencement du sixième siècle; et ce fut à cette époque que le bouddhisme commença à pénétrer au Japon.

Plusieurs écrivains prétendent que déjà au troisième siècle de notre ère des missionnaires bouddhistes traversèrent la mer, venant de Corée.

M. W. E. Griffys, après de sérieuses recherches, dit que de l'avis des savants et des lettrés, et d'après les écrits les

[1] Papier déchiré.

plus dignes de foi, c'est bien au sixième siècle, vers 525, que la nouvelle religion fit son apparition.

S'il y avait au monde un pays où le bouddhisme fût appelé à faire de grands progrès et à se répandre rapidement, c'était certainement le Japon.

La religion de Shinto se dérobait à toutes ces questions que se pose toujours tout être pensant :

D'où venons-nous ?

Où allons-nous ?

Pourquoi vivons-nous ?

La nouvelle religion répondait en quelque sorte à ces premières demandes de l'inquiétude de l'imagination humaine.

Elle expliquait par la métempsycose que toute âme avait passé par plusieurs existences antérieures; que la vie présente était, soit l'expiation des fautes commises, soit le moyen d'arriver, en faisant mieux, à l'absorption de l'âme en l'esprit de Bouddha.

Cette religion, dont la forme et le fond, imagés et poétiques, s'adaptaient absolument à l'imagination ardente des penseurs, des chercheurs de ce pays encore plongé dans les ténèbres, put lutter avec avantage contre l'ancienne religion nationale.

C'est au treizième siècle que le bouddhisme fut dans toute sa puissance.

Il y avait à cette époque sur le sol de l'empire plus de soixante mille temples érigés par les différentes sectes de cette religion.

Quand les Européens foulèrent pour la première fois le sol sacré de l'Empire du *Tenno*, le bouddhisme commençait à être en décadence, et la démoralisation la plus grande s'était glissée chez les bonzes.

Les missionnaires chrétiens suivirent bientôt les traces des marins et des aventuriers portugais; et en 1549, le Père Xavier débarquait à Kagoshima accompagné de deux adeptes japonais qui lui servaient d'interprètes.

Il commença d'abord par prêcher la religion du Christ dans les quelques provinces dont les princes ou daïmios avaient trouvé de grands bénéfices et de grands avantages à entretenir des relations commerciales avec les Européens, et où ceux-ci étaient alors en haute faveur.

Le Père Xavier faisait traduire ses sermons en japonais, puis il les lisait en public; il obtenait ainsi de grands succès et opérait beaucoup de conversions.

Il poussa même en ce temps-là jusqu'à la capitale de l'empire, jusqu'à Kioto; mais les difficultés de la langue le découragèrent, et il quitta le Japon, désespérant de mener à bonne fin la tâche difficile du missionnaire.

L'exemple et le courage du Père Xavier devaient, comme bien l'on pense, porter des fruits. Des missionnaires nombreux, zélés et courageux, vinrent ramasser et relever l'œuvre abandonnée par leur prédécesseur. Leurs succès furent étonnants dès le début.

En 1581, il y avait déjà au Japon deux cents églises catholiques et plus de cent cinquante mille indigènes ayant reçu le baptême. Plusieurs daïmios eux-mêmes avaient embrassé la nouvelle foi.

En 1583, dit M. Griffys, quatre jeunes gens nobles, accompagnés d'une suite nombreuse, allèrent à Rome porter au Saint-Père l'hommage de leur soumission.

Je ne suivrai pas toutes les phases de la lutte qu'eurent à soutenir les apôtres du catholicisme. A ceux qui voudraient en savoir les détails, je mentionnerai : l'*Histoire du Christianisme au Japon,* par le savant Père Charlevoix, de la Compagnie de Jésus.

Avec le succès, la division se mit dans les rangs de nos missionnaires. Jésuites, franciscains, dominicains et autres confréries, commencèrent entre eux une lutte d'autant plus vive que les résultats de leur mission avaient été plus brillants.

Les deux religions opposées unirent alors leurs efforts contre le christianisme; et en 1587, le shogun Hideyoshi édicta un décret de bannissement contre tous les missionnaires catholiques.

Ceux-ci fermèrent ostensiblement leurs églises et leurs chapelles; ils n'en continuèrent pas moins une propagande secrète, mais très-vive, et ils arrivèrent à obtenir plus de dix mille conversions par an; à ce point qu'ils en vinrent jusqu'à défier et à menacer presque ouvertement leurs persécuteurs.

Hideyoshi renouvela ses décrets d'expulsion; en 1596 plusieurs églises furent brûlées, et six jésuites, trois franciscains et plusieurs Japonais convertis furent crucifiés.

Enfin, en 1637, c'est-à-dire un siècle environ après que le christianisme eut pénétré au Japon, les chrétiens persécutés, martyrisés et traqués dans tout l'empire, se levèrent en masse et formèrent une armée de plusieurs milliers de combattants. Ils s'emparèrent du château de Shimabara, et ils tinrent tête pendant deux mois aux armées que le shogun Yeyazu envoya contre eux.

Ils finirent cependant par être cernés et entièrement battus, et on dit que dans cette journée néfaste, plus de vingt-cinq mille d'entre eux furent massacrés.

Quand en 1860 la Mission apostolique française débarqua à Nagazaki, il lui fut facile de se convaincre de la profondeur des racines que le christianisme avait jetées dans le pays, où des milliers d'habitants suivaient encore fidèlement la religion du Christ qu'à travers plus de deux siècles le père avait scrupuleusement transmise au fils.

Nous allons, le lendemain matin dimanche, prendre congé du bonze et jeter un dernier regard sur ces bords enchanteurs que nous ne reverrons probablement jamais.

A midi, nous quittons Nikko et nous partons dans nos jinrikishas pour Utzunomiya, où nous devons passer la nuit. Nous trouvons le lendemain matin la voiture de M. Sakuma, qui nous avait conduits et qui nous attendait; mais cette fois nous ne suivons le Tokaido que jusqu'au petit village de Nakata, au bord du Tunegawa.

Pour ne pas faire la même route une seconde fois, nous descendrons le fleuve jusqu'à Tokio. Tatzu est parti en avant, et il nous attend à notre arrivée à Nakata, sur une de ces grandes barques non pontées qui transportent les marchandises aux différentes localités qui se trouvent sur le parcours du fleuve.

Cette combinaison, qui devait nous conduire tranquillement à Tokio en nous évitant les cahots épouvantables du voyage en voiture, et nous faire redescendre la partie la plus jolie du plus grand fleuve du Nippon, allait au contraire nous causer bien des désagréments.

Nous nous embarquâmes à deux heures de l'après-midi, et nous devions, d'après toutes les prévisions, arriver à Tokio le lendemain à sept ou huit heures du matin.

Tout alla fort bien jusqu'au soir. Nous étions enchantés de notre idée, et je fis même une tentative de pêche des plus infructueuses. Ça, c'est une de mes manies; je ne puis me sentir sur une rivière sans avoir une envie irrésistible de tenir une ligne à la main. Je fus cependant obligé de renoncer à mon entreprise devant le regard que je surpris chez le batelier, regard qui me prouva que je lui inspirais la plus profonde pitié.

De chaque côté du fleuve, de vastes rizières, des champs de cotonniers, et de temps à autre une petite maison dont le toit de chaume se détachait de la ligne unie de l'horizon.

La nuit venue, je suis tout surpris de voir passer tout près de notre barque, presque sur nous, à toute vapeur, le steamer qui fait le service entre Kuriaski et Tokio. Je ne savais pas que les bateaux à vapeur remontaient maintenant le grave et imposant Tunegawa, dont les eaux paisibles devaient être fort choquées de l'attouchement inconnu d'une hélice brutale.

Neuf heures du soir. Je m'étais endormi depuis un quart d'heure, quand je fus réveillé par un choc qui arrêta subitement notre bateau.

Un orage épouvantable venait d'éclater tout à coup, et la violence du vent était telle, que nous venions d'être jetés contre une des rives du fleuve. La pluie tombait à torrents, et notre barque n'étant pas pontée, nous n'étions protégés que par quelques nattes en paille de riz que l'on avait tendues au-dessus de nos têtes.

En quelques minutes, le fleuve ressembla à une petite mer en furie, dont les flots battaient violemment les flancs de notre embarcation.

Ce que nous avions pris d'abord pour un fort coup de vent était bel et bien un typhon qui passait au-dessus de nous.

Avant que les deux hommes qui dirigeaient le bateau eussent eu le temps de l'amarrer, il commença à tournoyer sur lui-même et à remonter le fleuve, poussé par un tourbillon furieux.

Nous pûmes enfin parvenir à nous attacher fortement aux bambous de la rive gauche qui, assez élevée en cet endroit, nous protégeait un peu contre la fureur des éléments déchaînés.

Le typhon dura deux heures, deux grandes heures, pendant lesquelles les bateliers, armés de longues perches de bambou, étaient occupés à maintenir le bateau contre la rive.

La température s'était rapidement abaissée; il faisait froid; nous étions trempés jusqu'aux os; tout faisait rage autour de nous. Un arbre qui depuis un instant pliait sous l'effort de la tempête s'effondra tout à coup à cinquante mètres de l'endroit où nous étions, avec un craquement sinistre que la sauvagerie de la scène et du lieu rendit effroyable.

Puis-je réellement dire qu'en ce moment, perdu au milieu du Tunegawa, à onze heures du soir, par une nuit terrible, je n'aie pas un peu regretté le coin de mon feu de Nice; que je n'aie pas été légèrement désillusionné sur ma manie de courir le monde, et que je n'eusse pas préféré être dans une bonne avant-scène de la Renaissance, à entendre la jolie Granier chanter son couplet du *Petit Duc* :

> Le plus bel officier du monde
> Ne peut donner que ce qu'il a!

Ah! si en ce moment elle avait pu me donner l'hospitalité!

Comment! me dira-t-on, vous ne parlez que de maisons de thé, de jeunes filles sans cesse souriantes, d'impressions nouvelles et charmantes, et vous regrettez la vieille Europe!... Certainement non, je ne regrette rien... mais il pleut, il fait nuit, il fait froid.

C'est à sept heures du matin seulement, quand les premières clartés d'une aurore de plomb nous permettent de reprendre notre voyage, interrompu pendant plus de dix heures, que nous recommençons à descendre lentement le Tunegawa.

Je suis d'une humeur de dogue, furieux de la nuit que j'ai passée. Aussi au premier village que nous rencontrons descendons-nous à terre. Tatzu nous a bientôt trouvé des jinrikishas qui se chargent de nous conduire à Tokio en quelques heures.

Nous abandonnons avec empressement jonque, fleuve et bateliers, et je crois bien que pour ma part on ne me repincera plus à descendre des rivières japonaises.

A quatre heures de l'après-midi, nous faisons notre rentrée solennelle dans notre yashiki, devant les nouveaux serviteurs qu'on nous a procurés pendant notre absence, et dont voici la liste imposante :

1 cuisinier.

2 boys.

2 bettos [1] et *leurs dames*.

Tout cela rangé en bataille et prosterné jusqu'à terre.

Comme notre petite maison de papier nous paraît confortable et chaude après nos aventures de cette nuit!...

Vous croyez peut-être qu'après une journée pareille nous allons nous reposer?... Jamais!

Il y a ce soir grand bal à Yedo.

---

[1] Garçon d'écurie et coureur.

Farewell ball donné par la colonie anglaise[1] à la femme du ministre d'Angleterre, lady Parkes, qui partira bientôt pour l'Europe.

Nous voulons y assister, car tous les hauts personnages japonais y seront, et leurs femmes y viendront en costume national, ce qui promet d'être très-curieux, au moins pour nous.

---

[1] La colonie anglaise se compose de la légation, de quelques négociants habitant la concession de Tsukigi et des résidents de Yokohama.

XIV

Un bal à Tokio. — La clarinette indépendante. — Bal et courses à Yokohama. — Les bidets yokohamois. — La crémaillère à Yoshira-yashiki. — L'histoire de Momô-tarô. — Un poisson mangé vivant. — La jonkina.

Mercredi 30 *octobre*. — La fête d'hier soir était très-bien réussie. Les commissaires du bal, présidés et dirigés par M. Saint-Yrez, avaient tiré tout le parti possible du local qui avait été mis à leur disposition, et qui n'était autre que les anciennes casernes de la garde.

Des drapeaux de toutes les nations garnissaient et dissimulaient le haut plafond; les murs étaient tapissés de riches étoffes japonaises les plus originales, dont la plupart provenaient de la belle collection de M. Saint-Yrez.

La profusion de lustres et de lumières faisait ressortir l'éclat des grandes panoplies qui ornaient la salle de bal, et qui étaient disposées avec beaucoup de goût.

Il y avait, comme je l'espérais, quelques dames japonaises vêtues de leur joli costume. Parmi elles on remarquait surtout madame Tanaka, femme du vice-ministre de l'instruction publique; madame et mademoiselle Sano. Cette dernière est une des plus jolies personnes de Tokio, et certes sa beauté chaude et régulière, dans son type d'une pureté parfaite, soutenait avantageusement la comparaison avec nos beautés européennes.

Celles-ci, je dois le dire, hélas! ne brillaient ce soir-là, pour la plupart du moins, que par la bizarrerie, l'étrangeté, l'*inouïsme* malheureux de leurs toilettes de bal : des Anglaises, vieilles et laides pour la plupart, habillées au Japon, et suivant leur goût!

Je crois qu'il est inutile d'en dire davantage.

L'orchestre!... Non, vrai! avec la meilleure volonté du monde, il m'est difficile de lui faire des compliments.

C'était la musique d'un régiment japonais qui prêtait gracieusement son concours pour la circonstance.

Il était facile de voir que quelques-uns des musiciens regardaient encore les instruments, les gros surtout, avec une certaine méfiance.

Il y avait une petite clarinette qui était absolument brouillée avec tous les autres instruments, avec le ton, la mesure, et aussi, je suppose, avec le malheureux chargé de souffler dedans. Elle lançait en l'air les notes les plus folles, les accords les plus fantastiques!

Cet orchestre trop jeune jouait de la musique trop vieille : *Orphée* et la *Belle Hélène*, deux nouveautés pour ce pays; et une valse toute neuve, *Il Bacio*.

Le buffet était splendidement servi, et à partir de minuit on put voir Européens et Japonais, unis et attendris par de fréquentes libations, se jurer des amitiés éternelles.

Sir Harry Parkes, ministre de la Grande-Bretagne, est un petit homme blond, figure fine et regard très-intelligent; de longs favoris soyeux et indépendants encadrent son visage toujours souriant. *Oh! oh! oh! Yes! yes! yes!* cela dit en riant et en sautillant, est le tic très-connu de sir H. Parkes. Il est d'ailleurs l'homme du monde le plus aimable qu'on puisse voir.

Depuis douze ans déjà, il est ministre d'Angleterre au Japon; il représentait son pays en Chine avant de venir ici. C'est un homme d'un grand courage, d'une grande capacité.

En 1860, au début de la guerre de Chine, il fut pris dans une embuscade et condamné à mort. Son sang-froid lui sauva la vie. Il sut assez imposer aux ennemis pour faire surseoir d'un jour à son exécution; dans la nuit, il s'empara d'un cheval et parvint à s'évader du camp chinois.

Au Japon, il faillit être assassiné, il y a cinq ans, par des samouraï fanatiques; cela ne l'a aucunement intimidé, et il continue à tenir haut et ferme le drapeau de son pays.

On a dansé, tourné, cotillonné jusqu'à cinq heures du matin; et je crois qu'avec un ou deux bals encore les Japonais y prenant goût, finiront aussi par donner des soirées où ils inviteront des dames, ce qu'ils ne font pas encore, et ce qui sera certainement une des meilleures choses qu'ils nous auront empruntées.

Vendredi 1er novembre. — J'ai bien de la peine à ne pas me croire encore au beau milieu de la vieille Europe, et je regrette sincèrement qu'il commence à y avoir tant de similitude entre la vie au premier et au cent trente-cinquième degré de longitude.

Aujourd'hui, grand dîner chez M. Russell [1] et grand

---

[1] M. Russell était l'intelligent et sympathique directeur de la succursale de l'*Oriental Bank*, à Yokohama. J'ai appris, par une lettre que j'ai reçue du Japon, qu'il a depuis succombé à la rupture d'un anévrisme, laissant d'unanimes regrets dans la colonie.

bal d'adieu à lady Parkes, offert par la colonie européenne de Yokohama.

Il y a ici quelques jolies femmes, entre autres madame Diffenger, jeune Anglaise mariée à un négociant américain, et madame Martinès, femme du secrétaire de la légation de Sa Majesté Catholique, dont les beaux yeux noirs font rêver à la lointaine Andalousie.

Il n'y a plus de Japonais! Le lendemain de cette soirée, *courses à Yokohama!* De vraies courses, avec une piste, un starter, des tribunes, etc., etc., des femmes perchées sur des breaks; enfin tout ce que comporte un turf qui se respecte. Il n'y a qu'une chose qui vous rappelle à la réalité : ce sont les chevaux.

Ces malheureux bidets japonais, qui ne peuvent pas se transformer en pur-sang anglais avec la même facilité que leurs maîtres en Européens, sont tout étonnés de se voir sur le dos un bonhomme en casaque bariolée; et, comme ils ont mauvais caractère, ils partent chacun de leur côté, ou bien ils ne partent pas du tout, quand le *starter* baisse son petit drapeau rouge.

Je crois qu'on pourrait déclarer gagnant le dernier arrivé aussi bien que le premier; car il est tout autant difficile de les retenir quand ils veulent partir, que de les faire courir quand ils n'en ont pas envie.

Nous revenons à Tokio à cinq heures du soir. C'est aujourd'hui que nous pendons la crémaillère à Yoshirayashiki.

Nous avons invité pour ce soir tous nos amis des différentes légations, excepté, bien entendu, les deux ministres de France et d'Angleterre, qui sont des personnages âgés et sérieux (pardonnez-moi ce dernier mot, ô nos hôtes!), et il faut absolument que notre petite fête soit d'une gaieté énorme. C'est une superstition.

Nous étions dix tout autour de la grande table ronde, et, je dois le dire, toute modestie d'amphitryon à part, nous avons fait un excellent dîner, grâce à M. *Collard,* le Vatel de Tokio, Français et artiste culinaire éminent au service du baron Bosew.

A dix heures précises, après le dîner, tout le monde retire ses bottes (!), et nous montons au *nikai*[1], où Tatzu nous a organisé une grande soirée japonaise.

Nous y trouvons prosternées, dans l'ordre et d'après le cérémonial voulu, quinze geishas, toutes jeunes, jolies et splendidement habillées.

Elles occupent toute une moitié de la grande salle du *nikai;* nous nous asseyons sur les *tatamis,* en face d'elles, et deux coups frappés sur un petit tambour indiquent que la fête va commencer.

Je reconnais parmi elles deux de nos amies, qui étaient à la petite soirée de M. Saint-Yrez. Ce sont :

Momô-tarô, Fleur de pêcher,

Et *Kuman,* Rêve de poésie.

Avant de commencer les danses, chaque jeune fille doit, c'est la règle, se présenter à nous, nous dire son nom, son âge et son histoire; c'est là que brillent celles d'entre elles qui ont le plus d'esprit et le plus d'instruction; car elles doivent trouver, soit dans leur imagination, soit dans les légendes de leur pays, quelque jolie histoire qui s'adapte à leur nom ou à leur naissance.

Le grand succès, dans cette première partie de la fête,

---

[1] Le nikai est le second étage des maisons japonaises. C'est là que sont généralement les plus belles nattes et les plus belles peintures.

fut pour Momô-tarô, qui raconta, avec toute espèce de gentilles petites grimaces, l'histoire suivante, tirée d'un vieux conte renommé. Je n'aurais certes pas pu la reproduire ici si M. Saint-Yrez, qui s'occupe beaucoup de la littérature japonaise, ne se trouvait connaître ce conte qu'il avait appris par hasard.

Il me l'apporta le lendemain, écrit en japonais, avec la traduction anglaise à côté.

Momô-tarô commença ainsi :

« *Watakuski, né? O Momô-tarô san.* »

(Moi, n'est-ce pas? je suis mademoiselle Momô-tarô.)

Rien de mignon et de gracieux comme sa manière de dire ce *né?* en se montrant elle-même de son petit doigt rose et pointu.

« Il était une fois, il y a bien, bien des années de cela, un pauvre et honnête bûcheron vivant avec sa vieille femme.

« Un beau matin de printemps, le brave homme partit pour aller ramasser des fagots dans la forêt voisine, tandis que de son côté sa femme s'en allait à la rivière pour laver son linge.

« Quand elle y arriva, elle aperçut une belle grosse pêche qui était entraînée par le courant. Vite, elle l'attrapa avec un long bambou et l'apporta à la maison, dans l'intention de la donner à son mari quand il reviendrait fatigué de son travail. Le bûcheron rentra bientôt, et la bonne femme posa la pêche devant lui, en l'invitant à la manger. Au moment où il avançait la main pour le prendre, le fruit s'ouvrit en deux, et un joli, un mignon petit bébé venait de naître en ce monde.

« Les vieux bûcherons adoptèrent le bébé comme s'il était leur propre enfant ; ils l'élevèrent avec soin, et comme il était né dans une pêche, ils l'appelèrent *Momô-tarô*[1].

« *Watakushi Momô-tarô, Watakushi miss Peach*[2] », nous dit en riant la jolie geisha.

« La petite Momô-tarô grandit et devint bientôt forte et brave. Un jour elle dit à ses parents d'adoption : « Je « vais partir pour l'île des Ogres et leur prendre, pour « vous les apporter, toutes les richesses qu'ils y ont « amassées. Veuillez seulement me préparer quelques « gâteaux de riz pour mon voyage. »

« La vieille femme travailla toute la nuit à faire les gâteaux ; la petite Momô-tarô, après avoir bien, bien embrassé le vieux bûcheron et sa femme, partit pour son grand voyage.

« Le lendemain de son départ, elle marchait très-bravement et toute seule, quand elle rencontra un singe qui s'approcha d'elle et qui lui dit : — Kia ! kia ! kia ! où allez-vous donc, Momô-tarô ?

« — Je vais à l'île des Ogres pour leur prendre leurs trésors, répondit celle-ci.

« — Et que portez-vous là à votre ceinture ?

« — Je porte les meilleurs gâteaux de riz de tout le Japon.

« — *Hitotzu bakari, otome mooshimashio*[3], dit le singe.

« Momô-tarô donna aussitôt un gâteau au singe, qui le mangea et qui suivit sa nouvelle maîtresse.

---

[1] Momô signifie « pêche » ; momô-tarô, « fils de pêche » et aussi « fleur de pêcher ».

[2] Je suis Momô-tarô, « je suis mademoiselle Pêche ».

[3] « Si vous voulez m'en donner un, ma belle amie, j'irai avec vous. » Cette phrase, dite à une jeune geisha, a toujours le don de la faire rire. Pourquoi ?

« Après avoir marché un peu plus loin, elle entendit un faisan qui l'appelait.

« — Ken! ken! ken! où va *O Momô-tarô San?*

« — Je vais, répondit-elle, dépouiller les ogres des richesses qu'ils ont amassées dans leur île.

« — Si vous voulez me donner un des beaux gâteaux que vous avez là, je m'engage à vous accompagner, dit le faisan.

« — Oh! de grand cœur, dit la petite voyageuse; et elle lui donna un gâteau.

« — Bow! wow! wow! où allez-vous, belle Momô-tarô? dit un gros chien qui venait de bondir sur la route.

« Elle fit au chien la réponse qu'elle avait faite au faisan.

« Ayant demandé et obtenu un gâteau, il entra au service de Momô-tarô. Celle-ci continua alors son chemin, suivie du singe, du faisan et du chien.

« Quand ils arrivèrent à l'île des Ogres, le faisan vola par-dessus les grilles du château; le singe en escalada les murailles; et Momô-tarô, aidée du gros chien, en enfonça les portes et pénétra dans l'intérieur. Alors ils livrèrent aux ogres une grande bataille, les mirent en déroute, et firent leur roi prisonnier. Tous furent obligés de venir rendre hommage à Momô-tarô et d'apporter devant elle leurs richesses.

« Il y avait là des manteaux et des armures qui rendaient invisibles ceux qui les portaient; des bagues magiques qui avaient le don de commander aux flots en courroux; du corail, du musc, des rubis, des émeraudes, de l'ambre et une quantité d'or et d'argent.

« La petite Momô-tarô revint chez ses chers parents chargée d'innombrables richesses, et elle leur procura ainsi le moyen de ne plus travailler et de vivre jusqu'à la fin de leurs jours dans le bonheur et l'opulence. »

Quand la jolie Momô-tarô eut terminé, elle regagna bien vite sa place à côté de ses compagnes, qui vinrent tour à tour nous dire une histoire. Comme il serait beaucoup trop long de les rapporter toutes, je m'en tiendrai à celle de « miss Peach ».

Tatzu, l'ordonnateur de la fête, fit alors commencer les apprêts du festin. Il devait y avoir grand souper et grand buffet pour ces dames.

On apporta les mille petits objets, plateaux, tabourets, tasses de laque, etc., etc., nécessaires aux Japonais pour mettre leurs différents mets.

Le souper se composait de riz, de poissons crus ou cuits accommodés de différentes manières, de gâteaux de toutes les formes et de toutes les couleurs, et de fruits.

La pièce montée du milieu mérite une mention spéciale.

C'était un grand poisson appelé *taï*, long d'un mètre environ, entouré de fleurs et de fruits, entièrement et artistement découpé.

Quelle ne fut pas ma surprise de voir tout à coup le monstre faire de petits soubresauts sur son plat, respirer, ouvrir et fermer sa hure! Je croyais à quelque mécanisme ingénieux, quand je pus me convaincre tout à mon aise que ce poisson tout taillardé n'était pas encore mort. Il vivait, il respirait, il agonisait.

Les Japonais, qui sont très-adroits, découpent complétement la chair, qu'ils détachent presque de l'arête principale sans cependant toucher à aucune des parties vitales de l'animal.

Ils garnissent le tout de fleurs, versent dessus une

espèce de sauce glacée, et sans se préoccuper le moins du monde des souffrances de la pauvre bête, ils servent la pièce montée.

Après avoir grignoté quelques hors-d'œuvre, toutes les jolies geishas, armées de petits bâtonnets en guise de fourchettes, attaquèrent le poisson agonisant dont, un instant après, il ne restait plus que la tête et la longue arête.

Je pourrais dire que le poisson toujours vivant, ainsi débarrassé de sa chair, fit sur sa queue un bond prodigieux ; qu'il alla retomber à cent mètres de là dans le fossé du château impérial, et qu'il regagna la mer en descendant le Tunegawa ; mais ceci serait sortir de la vérité stricte, et cette vérité est que, malgré toute la délicatesse avec laquelle les jolies filles arrachaient les parcelles de chair crue, quand l'opération fut terminée, le malheureux *taï* avait vécu.

Après une longue série de chants, de musique et de danses très-piquantes et très-jolies, la soirée se termina par une grande *jonkina*.

La *jonkina* est ce que je pourrais appeler la danse nationale des geishas ; mais elles l'exécutent très-rarement devant les Européens, qui voient ce qu'elles font innocemment et sans malice avec tout autre œil que les Japonais.

Voici en quoi consiste la *jonkina*.

La base de cette danse est un jeu qui ressemble tout à fait à celui qu'on appelle la *mourre*, et que le peuple joue en France et en Italie. Les deux joueurs lancent la main en avant en même temps, et il s'agit de deviner le nombre de doigts que lèvera l'adversaire.

Or voici comment cela se pratique pour la *jonkina*.

Le poing fermé représente une pierre ; la main ouverte, une feuille de papier ; et enfin si les deux doigts, index et médium, sont allongés et forment un V, cela représente une paire de ciseaux.

Or la *pierre* gagne contre les *ciseaux*, puisque les ciseaux ne peuvent pas couper la pierre ; mais elle perd contre la *feuille de papier*, qui peut l'envelopper. La feuille de papier perd contre les ciseaux, qui peuvent la couper.

Si les deux mains représentent la même figure, il n'y a rien de fait, et l'on recommence.

Lorsque les deux geishas avancent leur main, l'une représente par exemple la *pierre*, et l'autre les *ciseaux* ; cette dernière a perdu, et elle est obligée de donner comme gage quelque partie de son costume ou de sa toilette : une épingle à cheveux, une bague, une ceinture.

Et cela continue ainsi jusqu'à ce qu'une des deux danseuses, perdant son dernier gage, soit déclarée battue et se sauve honteusement, poursuivie des huées de ses camarades.

Pendant toute la durée de cette partie étrange, les geishas ne cessent de danser, de chanter des airs sauvagement rhythmés, accompagnés par les *samisen* des autres musiciennes.

Un quadrille composé de Momô-tarô et Kuman, et de O Sei et O Iji Sam, s'avança sur les nattes fines et blanches.

Elles commencèrent assez froidement et avec calme ; puis bientôt, l'amour-propre s'en mêlant et la musique devenant plus animée, elles précipitèrent les mouvements.

Quand l'une d'elles avait perdu un coup, elle laissait tomber un gage sans arrêter le jeu.

Au bout d'un quart d'heure environ, O Iji Sam était battue par O Seï; la lutte continuait entre Momô-tarô et Kuman ; n'ayant plus sur leur joli corps que les plus extrêmes vêtements, elles les défendaient à outrance.

Tout à coup Momô-tarô poussa un cri de désespoir, et laissant tomber le dernier lambeau de soie qui la couvrait, elle disparut en courant, tandis que Kuman, victorieuse, nous regardait avec orgueil, tout heureuse de la victoire qu'elle venait de remporter.

Il ne faudrait pas conclure de ce que je viens d'écrire que nous avons fait là une folle orgie et passé une soirée extraordinaire. Je l'ai dit plus haut, les geishas sont des danseuses, des musiciennes vertueuses, et souvent les Japonais les font venir au milieu de leur famille et de leurs invités pour danser et faire de la musique.

C'est dans les habitudes du pays. Ils ne leur font peut-être pas toujours danser la *jonkina;* mais nous l'avons fait dans une bonne intention. C'était pour nous... instruire.

A une heure, tout le monde nous quitta; les jolies geishas, emmitouflées outre mesure, partirent en jinrikishas en nous envoyant mille *sayonara*[1] gracieux. Quelques instants après, le Yoshira-yashiki était plongé dans le sommeil.

---

[1] Au revoir!...

XV

S. M. Mutsushito, empereur du Japon. — Revue des troupes de Tokio. — Nous essayons de nous casser le cou. — Soirée au ministère des affaires étrangères. — L'entrée de S. M. le Tennô dans sa bonne ville de Tokio. — Cortége fantaisiste. — Nous retrouvons un ami.

Je suis réveillé le lendemain, dimanche 3 novembre, à huit heures du matin, par cent un coups de canon tirés à l'occasion de l'anniversaire de la naissance du Mikado.

S. M. Mutsushito, cent vingt et unième empereur du Japon, est né le 3 novembre 1850 ; il succéda à son père, Komei-Tennô, le 3 février 1867 (né en l'année 2510 et monté sur le trône en 2527 de l'ère japonaise [1]).

En 1868, le Mikado épousait la fille du prince Tadaka, aujourd'hui impératrice, qui est de six mois plus âgée que l'empereur.

A huit heures et demie précises le capitaine Iwashita vient me chercher de la part du général Saïgo. Il est suivi d'un *betto* qui conduit à la main un poney plein de feu, que je dois monter pour assister à la revue.

---

[1] L'ère ancienne japonaise commence avec le premier empereur du Japon, Jimmû-Tennô, vers l'an 660 avant J. C.

Après la restauration du Mikado, l'année 1868 fut appelée *première année de Meiji*. On adopta même le calendrier grégorien tout en conservant le nom de *meiji* aux années.

Je suis prêt en cinq minutes, et nous nous dirigeons vers le grand terrain de manœuvre de *Hibiya*, où les troupes arrivent de tous côtés.

Nous trouvons là le ministre de la guerre qui me présente aussitôt au maréchal prince Arisouyawa-no-Miya, oncle de l'empereur. Il représente Sa Majesté qui n'est pas à Tokio en ce moment, et c'est lui qui passe la revue.

Les troupes, sous le commandement du général Noudzou, comprennent les deux bataillons des *Kiododans* [1], l'infanterie, la cavalerie, le génie et l'artillerie de la garde, et deux régiments de ligne.

En tout dix mille hommes.

On croirait voir dix mille Français, tellement les uniformes, l'équipement et tous les mouvements ressemblent aux nôtres.

Ce petit corps d'armée a parfaitement manœuvré ; le défilé surtout a été admirable de régularité.

On voyait dans les yeux du ministre, dans le regard de tous les officiers de l'état-major, qu'ils étaient fiers des résultats obtenus et heureux de pouvoir montrer une vaillante petite armée qui ne demande qu'à faire ses preuves.

Nous sommes maintenant tout à fait installés à Yoshirayashiki, où nous pouvons, si nous voulons, rester jusqu'à la fin de nos jours.

Les écuries elles-mêmes sont organisées.

Nous avons fait venir de Yokohama un charmant petit *cart* à deux roues ; nos *bettos* [2] sont habillés et prêts à

---

[1] École des sous-officiers.
[2] Le *betto*, ou groom coureur, ne monte pas sur la voiture. Il court toujours à vingt pas en avant des chevaux, faisant garer les jinrikishas, les personnes et les enfants. Autrefois la plupart des bettos étaient nus,

courir, et nous avons acheté aujourd'hui deux petits chevaux, un cheval de trait et un cheval de selle, qui piaffent en ce moment dans l'écurie.

Nous avons même failli, en les essayant, nous casser un peu le cou; voici comment :

Il s'agissait de savoir s'ils s'attelaient. Tout alla bien avec le cheval de voiture; mais quand nous voulûmes atteler le cheval de selle, la chose devint plus *mudshashii*[1].

C'était un jeune étalon de cinq ans qui avait même été très-peu monté. Il ne bougea pas trop quand on le mit dans les brancards; nous pûmes même sortir du jardin sans encombre. Je conduisais, Arson était à côté de moi, les deux bettos couraient en avant. Nous n'avions pas fait cent mètres dans la rue, que le jeune *uma*[2], que cela ennuyait probablement de nous traîner plus longtemps, se mit à appuyer sur la gauche malgré tous les efforts que je faisais pour le maintenir droit.

Je voulus crier aux bettos de venir le prendre par la bride; mais voilà qui n'était pas aussi facile qu'on pourrait le croire. Nos deux coureurs ne comprenaient que le japonais, et ils trottaient en avant sans se douter de la situation fâcheuse où nous nous trouvions. Je ne pus en japonais que leur crier : *Betto! uma! hayaku*[3] !

Ces mots produisirent leur effet, mais, hélas! un effet tout contraire à celui que nous attendions; sans se retourner, les bettos partirent en avant comme deux flèches.

---

ce qui leur permettait de courir mieux; aujourd'hui une ordonnance de police les oblige à se vêtir.

[1] Difficile.
[2] Cheval.
[3] Betto! cheval! vite!

Ils avaient compris que je leur criais de courir plus vite !

Six secondes après, cheval, voiture et nous-mêmes dégringolions pêle-mêle dans le grand fossé qui longe le mur de la légation de Russie.

Arson put aussitôt sauter hors du fossé ; mais je me trouvais pris sous la voiture, impossible d'en sortir. Je sentais à chaque instant le pied du cheval qui se débattait passer à quelques lignes de ma tête. On nous tira tous de là sains et saufs. Le cheval était intact, j'étais légèrement contusionné, Arson n'avait rien.

Ce petit accident avait naturellement attroupé les quelques passants qui avaient vu notre cabriole. Trente Japonais nous regardaient ! il fallait donc sauver l'honneur du pavillon. Nous remontâmes en voiture, mais seulement pour rentrer chez nous avec les honneurs de la guerre, et pour ne pas laisser le dernier mot à l'étalon satzumien.

Le soir, grand dîner au ministère des affaires étrangères, dit le Yenrio-Kwan, offert par le ministre, M. Terashima, à tout le corps diplomatique.

Les appartements du ministère sont les plus beaux que j'aie vus et qui, je crois, existent à Tokio. C'est là que demeurèrent le grand-duc Alexis et le duc d'Édimbourg lors de leur passage au Japon.

Sir Harry Parkes, le doyen du corps diplomatique, a porté un toast au Mikado ; et M. Terashima a répondu en buvant aux souverains et aux chefs de République de tous les États en rapport d'amitié avec le Japon.

Après le dîner, grande réception officielle dans le palais et les splendides jardins de Hamagoten. Habits noirs, uniformes chamarrés, costumes japonais, dames japonaises, dames européennes, tout cela se croisant, se souriant, causant.

Ceux qui veulent avoir une idée de ce qu'était jadis le Japon feront bien de se dépêcher, car tout s'y européanise terriblement.

Samedi, 9 novembre, la ville de Tokio est en émoi; on voit qu'il s'y passe quelque chose d'insolite; dans la rue règne une animation extraordinaire. Dès huit heures du matin on ne peut plus circuler devant notre maison; de longues haies de soldats bordent la grande avenue qui vient à Toranomon.

Voici la cause de tout ce remue-ménage : Le Mikado, qui, voulant imiter ses *collègues* d'Europe, avait entrepris un grand voyage dans l'intérieur de l'empire, fait aujourd'hui sa rentrée solennelle dans sa bonne ville de Tokio.

M. Okuma-Shinegobu, ministre des finances, accompagnait l'Empereur dans cette tournée qui avait un peu pour but inavoué de réchauffer l'enthousiasme et le dévouement de la population des villes intérieures et des campagnes, population surchargée d'impôts écrasants, et qui de temps à autre se prend à regretter les jours de la domination des Shôguns.

(Je commets ici une grosse indiscrétion. Mais, bah! ce ne sont point ces notes qui amèneront jamais des révolutions dans le bienheureux Nippon [1].)

Aujourd'hui l'Empereur revient. Tous les fonctionnaires, quels qu'ils soient, grands et petits, courent effarés, les uns pour aller attendre l'Empereur à la gare, les autres pour se trouver sur son passage, d'autres enfin pour le saluer à son arrivée au palais. Toutes les troupes

---

[1] Note ultérieure de l'auteur.

de Tokio sont sur pied. A midi le canon tonne. Le mikado Mutsushito Tennô, souverain chef spirituel et temporel de l'empire du Soleil levant, descendant en ligne directe de Jimmu Tennô, l'arrière-petit-fils des dieux... vient de quitter son compartiment réservé pour monter en voiture.

Et quelle voiture! Et quel cortége! Et quels habits!... Et quels chapeaux!...

Voyons, mes bons amis les Japonais, il faut me pardonner si je n'ai pas été aussi émerveillé que j'aurais dû l'être de la splendeur et du réussi de votre fête.

Je vous jure que personne mieux que moi n'aime votre adorable pays, et ne vous trouve plus accueillants, plus aimables, plus intelligents.

Et c'est là précisément ce qui m'attriste; c'est qu'alors que vous pourriez faire, en revenant à vos anciens costumes, à vos usages, à votre ancien cérémonial, vous pourriez, dis-je, faire des choses très-belles et très-imposantes, vous teniez absolument à nous emprunter nos coutumes, non-seulement quand elles peuvent vous être utiles et avantageuses, mais aussi quand elles doivent vous rendre un peu ridicules!

Quel est celui d'entre nous, *Barbares de l'Ouest*, qui n'eût pas été charmé, je dirais même émerveillé, à la vue d'un de ces imposants cortéges de Daïmios suivant le Tokaïdo, et allant à Nikko rendre hommage aux Shôguns?

J'ai vu bien des peintures représentant une scène pareille à celle dont je parle, et certes ce devait être très-beau. Appelez cela l'ancienne barbarie ou l'ancienne civilisation de l'extrême Orient, le mot n'y fait rien. Tout était adapté au pays, aux princes, au peuple.

Tandis que ce que nous avons vu aujourd'hui!...

Le Mikado, vu de loin, pouvait passer à la rigueur.

Son costume était un composé de plusieurs uniformes, la fusion des uniformes : pantalon blanc; tunique foncée recouverte de cordons et d'aiguillettes d'or; des épaulettes d'amiral; un chapeau bicorne surmonté d'une plume blanche en tire-bouchon.

Roide, absolument immobile pour paraître plus majestueux, les mains posées sur les genoux, le regard fixe, le souverain du Japon ressemblait quelque peu à un mikado en sucre.

Il était traîné par deux petits bidets du cru, attelés à un ancien *norimono*[1], aux dimensions colossales, qu'on avait monté sur quatre grosses roues. Il y a deux spécimens de véhicules de ce genre au musée de Tokio.

J'oubliais de parler du cocher de cet étrange équipage.

L'automédon à qui était confiée la tâche de conduire le souverain avait conservé ses vêtements japonais, mais son costume et lui-même disparaissaient complétement sous l'immense manteau de cavalerie dont on avait recouvert cet homme d'un mètre quarante-cinq. Il était coiffé d'un chapeau à très-haute forme, râpé jusqu'à la corde, noir autrefois, alezan aujourd'hui, et entouré d'un large galon en or; la tête du Japonais disparaissait jusqu'au menton dans ce monument de la chapellerie, qui venait certainement d'Europe et qui avait dû figurer, en l'an de grâce 1825, au sacre de Charles X.

Tout le cortége était à l'avenant, sinon plus bizarre encore. On dirait que Tokio est le rendez-vous de toutes les carrioles réformées dans les deux mondes. Nous

---

[1] Sorte de chaise à porteurs, ou kangoo, dont on se servait anciennement avant l'introduction des jinrikishas. On trouvera plus loin une description du kangoo.

avons pu contempler l'ancienne et vaste berline, le vieux mylord, l'antique cart à deux roues massives, ressemblant aux vieilles voitures de la poste en France, la voiture américaine aux roues hautes et fines, où le monsieur qui conduit a l'air d'être tombé au beau milieu d'une toile d'araignée. Un char romain n'aurait pas mal fait dans le paysage.

Comme ils étaient tous gênés, disgracieux et laids dans leur habit noir, dans leurs pantalons qui dessinaient les façons capricieuses de leurs jambes, dans leurs gants de fil d'Écosse, dans leurs beaux souliers vernis qui leur faisaient un mal !

O Littré !!!

Ils ont tous une préférence bien marquée pour le chapeau gibus en satin. Seulement comme ces chapeaux ont généralement fourni une ou deux campagnes en Europe avant de venir au Japon, les ressorts en sont très-fatigués, et pas un couvre-chef n'est droit.

Un gros personnage, sérieux comme un bonze, avait l'air de porter en équilibre sur la tête une réduction de la tour de Pise.

Ce qui ne prêtait pas à rire et ce qui était au contraire fort bien, c'étaient les petits soldats formant la haie dans les rues où passait l'Empereur. Très-bonne tenue et très-crânes. Très-bien aussi l'escadron de cavalerie qui escortait la voiture impériale ; sabre au poing, bien en selle, bien en ordre, les cavaliers de la garde faisaient plaisir à voir.

Une chose que j'ai remarquée et qui est bonne à noter, c'est l'ordre parfait et le silence profond que gardait toute cette foule immense.

En France, je puis dire en Europe, l'admiration et

l'enthousiasme se manifestent par des cris, des battements de mains, par des démonstrations extérieures quelconques.

Il en est tout autrement ici, où la foule prouve son admiration pour son souverain en se tenant muette et respectueuse sur son passage.

Laquelle des deux manières préférez-vous? Moi, j'aime mieux la seconde.

Le soir, la ville de Tokio était illuminée. Les lampions sont venus jusqu'ici. Tout va bien!

Voir tomber à l'improviste devant vous, à cinq mille lieues de votre pays, un ami qui vient vous demander à déjeuner alors que vous le croyez en Europe, n'est pas une chose commune. C'est pourtant ce qui nous est arrivé aujourd'hui.

Arson et moi allions nous mettre à table, quand Tatzu vint nous dire qu'un monsieur demandait à nous voir.

Je passe au salon, et qui vois-je? Mon cher ami Martin Lauciarez, que j'ai quitté à Nice il y a quatre mois, et que je retrouve à Tokio!

Lauciarez a été nommé premier secrétaire de la légation italienne au Japon; il est parti, il arrive, il vient nous demander à déjeuner en passant!

On comprend notre joie! retrouver si loin un excellent ami, un charmant camarade!

La légation d'Italie est en pleine réparation; le ministre est en ce moment à Yokohama, où Lauciarez compte demeurer lui-même. Nous ne le laissons partir qu'après avoir obtenu de lui la promesse formelle qu'il viendrait dès le lendemain habiter notre yashiki.

Le temple de Shiba, qu'Arson et moi avons été visiter

aujourd'hui, est une reproduction en petit des splendeurs de Nikko, moins toutefois la beauté et le grandiose du site.

Le musée de Tokio (Tokio a depuis cinq ou six ans un musée installé dans l'ancien palais du prince de Satzuma) est curieux et intéressant à visiter. Les collections d'anciens costumes et de vieilles armes sont très-complètes. Il y a de très-beaux bronzes anciens, des porcelaines de Kiga, des faïences de Satzuma, des étoffes de Kioto de toute beauté. Mais on voit à côté de cela de drôles de choses, telles que deux tableaux en chromo-lithographie, représentant : l'un, *Faust et Marguerite;* l'autre, le *Black Horse;* et ces tableaux, qui peuvent bien valoir dix francs, sont montés et encadrés comme des chefs-d'œuvre.

Il y a, à côté du musée, un commencement de jardin zoologique, dont le principal pensionnaire est un mignon petit ours noir, pas farouche du tout. Enfin dans quelque temps Yedo sera sous ce rapport aussi mal monté que nos chefs-lieux de département.

XVI

Visite à la fabrique de papier-monnaie. — Aperçu des finances et de la nouvelle organisation du gouvernement japonais. — Le sénateur Sano Tsunetami. — Charmant concert. — Le théâtre de Shimabara. — Un drame.

S'il se trouve à cette place une longue lacune dans mon journal, c'est que j'ai été occupé ces derniers jours à étudier l'organisation nouvelle de ce pays, en ce qui concerne surtout les finances et le nouveau système de gouvernement.

Nous avons visité il y a quelques jours la grande fabrique de papier-monnaie de Tokio, la seule qui existe dans tout le Japon ; le directeur général est M. Tokuno, beau-père du ministre de la guerre. Le général Saïgo ayant bien voulu nous accompagner, on nous a montré jusqu'aux moindres détails.

L'usage du papier-monnaie n'existe au Japon que depuis quelques années, et il a pris une extension très-grande.

Il y a deux sortes de papier-monnaie : celui émis directement par le gouvernement et garanti par des réserves métalliques ; et celui émis par les banques nationales, autorisées par l'État (elles sont au nombre de cent cinquante environ), qui doivent, avant de faire l'émission du papier, verser un cautionnement équivalent.

Le système employé pour la reproduction des planches

gravées en taille-douce est la galvanoplastie. M. Chiozzone, l'éminent graveur italien que le ministre des finances s'est attaché, est un artiste de premier mérite; et les gravures qui sont reproduites sur les billets de banque sont encore plus jolies que celles des « bank-notes » américaines, qui sont pourtant bien belles.

Il serait fastidieux de faire ici une description détaillée de la fabrique de papier-monnaie de Tokio, qui, ayant été montée par des Américains, marche aussi bien que tout ce que nous avons en Europe.

Cela marche même *beaucoup plus,* car la fabrique, travaillant jour et nuit, inonde le Nippon de ses jolies vignettes.

Pour moi, je souhaite de tout mon cœur à ce pays heureux, à ce peuple sympathique, de pouvoir fermer bientôt une si belle fabrique où l'on fait de si beau papier, pour en ouvrir une autre où jour et nuit on frappera des pièces d'or et d'argent.

Voici le tableau exact de l'état des finances du Japon, à la fin de l'année 1878. Je donne en regard les chiffres de l'année 1876, pour que l'on puisse se rendre compte des différences.

TABLEAU COMPARATIF DES RECETTES ET DES DÉPENSES.

	ANNÉE 1876.		ANNÉE 1878.		DIMINUTIONS.	
	Yens.	Francs.	Yens.	Francs.	Yens.	Francs.
Recettes en chiffres ronds...	68.500.000	342.500.000	51.250.000	256.250.000	17.250.000	86.250.000
Dépenses............	68.400.000	342.000.000	51.200.000	256.000.000	17.200.000	86.000.000

TABLEAU DE LA DETTE INTÉRIEURE.

	JUILLET 1876.		DÉCEMBRE 1878.	
	Yens.	Francs.	Yens.	Francs.
Sommes portant intérêt variant de 4 à 10 p. 100.	30.682.150	153.410.750	218.903.465	1.094.517.325
Sommes ne portant pas intérêt.............	10.032.720	50.136.600	9.868.565	49.342.825
Papier-monnaie en circulation.............	94.054.731	470.273.655	121.054.731	605.273.655
Total......	134.769.601	673.821.005	349.826.761	1.749.133.805

La dette extérieure est relativement très-peu élevée. Elle monte à 13,399,016 yens (66,995,080 francs), empruntés en Angleterre, moitié à 9 et moitié à 7 pour 100.

	Yens.	Francs.
Fonds de réserve du gouvernement, en 1878.........	39.031.538	195.157.690
Sommes dues au gouvernement................	8.067.285	40.336.425
Total du fonds de réserve....	47.098.823	234.495.115

En regardant le tableau de la dette intérieure, on est frappé de l'accroissement prodigieux survenu depuis 1876.

En défalquant, en effet, la somme de la première année, soit 134,769,601 yens, du chiffre atteint en 1878, soit 349,626,761 yens, on trouve la différence énorme de 215,057,160 yens (soit un milliard soixante-quinze millions deux cent quatre-vingt-cinq mille huit cents francs!).

Mais il ne faut pas oublier que c'est pendant 1876 et 1877 que le gouvernement prit des arrangements avec les daïmios et les samouraï, à qui il devait servir des pensions et des rentes annuelles [1].

Cette augmentation de 215,057,160 yens se décompose comme il suit :

	Yens.
Pensions et rentes capitalisées.............	172.948.600
Dette, dite « ancienne et nouvelle », résultant d'accords pris pour satisfaire à des réclamations pendantes contre le gouvernement (daimios, samouraï)................	108.560
Emprunt à la banque des nobles..........	15.000.000
Papier-monnaie nouvellement émis.........	27.000.000
Total.................	215.057.160

[1] Voir chapitre XVIII.

Comment le Japon arrivera-t-il à éteindre sa dette intérieure et à retirer de la circulation (ou tout au moins à en maintenir la valeur) tout le papier-monnaie qu'il a été obligé d'émettre? C'est là un problème dont j'espère sincèrement que M. Okuma Shinegobu, ministre des finances, a la clef.

Quant à la dette extérieure, elle est minime, et le service en est garanti, et au delà, par les recettes des douanes.

Après bien des modifications et des changements, voici quelle est la forme de gouvernement qui a été adoptée par l'empereur Mutsushito :

1° Le *Daïjo kwan* ou Conseil suprême, composé du *Daïjo-daïjin,* sorte de vice-empereur (cette haute charge est aujourd'hui confiée à M. Sanjo Saneyoshi); de l'*Oudaïjin,* qui est un peu moins que le Daijo-daijin (aujourd'hui M. Iwakura), et de dix *sanghis* ou ministres.

2° Le *Gen-lo-in,* ou Sénat.

3° Le *Daïshin-in,* ou Cour suprême.

Les sénateurs sont nommés par l'Empereur.

Le *Daïshin-in* correspond à une Chambre des députés, avec cette différence qu'il est composé des gouverneurs des provinces, qui eux-mêmes sont nommés à ce poste par l'Empereur.

Les dix ministères sont :

Guerre, Instruction publique, Affaires étrangères, Intérieur, Marine, Justice, Finances, Colonies, Travaux publics, Maison de l'Empereur.

Le ministère de la justice a été réorganisé d'après les conseils de M. de Boissonade, qui est occupé en ce moment à préparer au gouvernement japonais un code de lois adapté au pays, mais basé sur le Code Napoléon.

Telle est l'organisation actuelle du gouvernement. Les affaires importantes sont discutées et décidées en conseil suprême; et si les Japonais ne sont pas contents de ses décisions, la presse, qui jouit en ce pays d'une très-grande liberté (il y a cent vingt journaux qui se publient en japonais), tape sur les *daïjins* et sur les *sanghis,* qui ne s'en portent pas plus mal pour cela.

M. Sano Tsunetami est le plus aimable des Pères Conscrits de l'empire. En 1872, il était commissaire général de l'exposition japonaise à Vienne. A son retour, il fut nommé sénateur, et il vit maintenant retiré dans sa charmante propriété, à Tokio, s'occupant tout doucement des affaires de l'État.

Je me suis trouvé, il y a quelques jours, placé à côté de lui dans un dîner, et notre conversation tomba sur l'art musical au Japon.

La flatterie n'ayant jamais été un de mes défauts, je ne pus lui cacher que je trouvais la musique japonaise, sinon exécrable, du moins fort peu harmonieuse pour nos oreilles européennes.

« Eh bien, me dit M. Sano, je veux, avant que vous emportiez dans vos contrées lointaines une idée aussi peu flatteuse de la vraie musique japonaise, je veux vous la faire entendre une fois, telle qu'on la comprenait anciennement, et telle qu'on l'entend bien rarement aujourd'hui. Ma femme et ma fille font beaucoup de musique; vous viendrez chez moi un jour, et elles vous chanteront les vieilles mélodies si harmonieuses de notre vieux Nippon. »

C'était aujourd'hui que devait avoir lieu chez M. Sano

Tsunetami le concert intime qu'il m'avait promis. Arson, M. de Siebold et moi, nous rendîmes chez lui à trois heures de l'après-midi. Sa maison, située tout à côté de la nôtre, est le palais d'un ancien daïmio, une habitation toute japonaise.

Après nous avoir fait le plus aimablement du monde les honneurs de chez lui, nous avoir promenés dans le parc qui entoure sa maison et nous avoir fait avaler pas mal de thé et de gâteaux, il nous demanda la permission de nous présenter madame et mademoiselle Sano : *Watakushi no musumé*[1], dit-il dans cette charmante langue japonaise.

Les portes du salon glissèrent dans les rainures, et sur le seuil madame et mademoiselle Sano apparurent agenouillées et prosternées jusqu'à terre.

Puis, sur un signe de M. Sano, elles entrèrent et vinrent se prosterner devant lui, le maître, puis devant nous.

Alors elles s'agenouillèrent par terre, et commencèrent à grignoter des gâteaux en buvant du thé.

C'était la première fois que je voyais *chez elles* des dames japonaises. Très-rarement les femmes sont admises en présence des étrangers. Les Japonais sont charmants; ils sont ravis de vous recevoir chez eux; ils vous invitent à des dîners somptueux, mais jamais leurs femmes ne vous sont présentées.

Depuis quelques années, et notre visite d'aujourd'hui en est la preuve, ceux d'entre eux qui ont été en Europe ou en Amérique commencent à adopter nos idées, mais ils sont l'infime minorité.

Une des plus importantes maximes de Confucius dit :

[1] Ma fille.

« La femme est un champ que l'homme doit ensemencer »; et les Japonais, interprétant cela absolument à la lettre, considèrent la femme comme une propriété qui leur appartient et qu'ils peuvent aliéner, comme un champ qui rend des fruits après avoir reçu la semence, mais qui n'a droit en retour à aucune affection, à aucune reconnaissance.

Aussi combien les tragédies de l'amour, suicides et autres drames provoqués par cette passion entraînante, qui font le plus bel ornement de la troisième page de nos journaux; combien ces histoires émouvantes, qui provoquent toujours au plus haut point l'intérêt et la sympathie, sont-elles rares dans ce pays!

Les fils du Nippon sont chevaleresques et braves; la plus légère injure entraîne presque toujours la mort de deux hommes; mais ils ne comprennent pas le suicide pour une femme. A leurs yeux, au contraire, ce serait une preuve inexcusable de faiblesse, d'abaissement du sentiment du devoir et de l'honneur. Et si l'on vous raconte des histoires dans le genre de celle des *quarante-sept samouraï* s'ouvrant le ventre après avoir vengé la mort de leur maître, vous n'entendrez jamais une histoire de suicide ou de duel ayant la femme pour mobile.

Celles-ci, au contraire, ont fourni des exemples surprenants de leur amour pour leur mari, de leur fidélité à leur amant, de leur attachement à leur maître.

Mais ceci ne prouve qu'une fois de plus une chose que tout le monde sait : c'est qu'en tout pays la femme est femme, c'est-à-dire un être de dévouement, d'amour et d'abnégation.

Me voilà un peu loin de mon concert; j'y reviens. Madame Sano, qui peut avoir environ trente-cinq ans, a dû être très-belle; malheureusement, la beauté des femmes passe vite dans ce pays, où elles se marient presque toujours à quinze ou seize ans; et puis elle a les dents laquées en noir, et je n'ai pas encore pu me faire à ce genre de coquetterie.

Mademoiselle Sano, que j'avais déjà rencontrée au bal de lady Parkes, est, je l'ai dit, une des plus jolies personnes de Tokio. Je la trouvai encore plus belle le jour que le soir. Elle a seize ans. Un peu plus grande que ne le sont d'ordinaire les Japonaises, sa taille se dessine légèrement sous sa grande robe de soie grise. La figure est d'un ovale parfait; son teint, un peu pâle; sa peau, très-blanche. Ses yeux, quoique un peu rapprochés, sont grands, très-beaux, et brillent d'un vif éclat sous de longs cils soyeux; sa bouche est d'une délicatesse exquise, et l'on aperçoit entre ses jolies lèvres rouges une double rangée de jolies dents très-blanches et parfaitement égales; le nez est aquilin, les sourcils bien arqués, et ses longs cheveux noirs sont très-soigneusement coiffés. Elle parle en vous regardant bien franchement dans les yeux, et quand elle sourit, deux adorables petites fossettes apparaissent sur ses joues. Son père l'élève un peu à l'européenne; il lui fait apprendre l'anglais, la laisse venir dans son salon quand il reçoit, et je crois bien qu'il finira par la marier à quelque Européen.

On avait apporté deux grands *kotos*, devant lesquels ces dames s'étaient agenouillées, et qu'elles commencèrent à accorder après avoir assujetti à leurs doigts des ongles postiches, pour ne pas abîmer leurs mains, qu'elles ont très-belles.

Le *koto* est un instrument à cordes, long de deux mètres environ et large de trente centimètres, en bois creux à l'intérieur, comme une contre-basse; il ressemble à première vue à une grosse planche convexe, épaisse de dix centimètres, sur laquelle on aurait tendu des cordes.

Caché derrière un paravent, se trouvait un professeur de musique, célèbre à Tokio, qui, tout en battant la mesure, jouait dans une espèce de longue clarinette rendant un son doux et bizarre qui semblait sortir d'un tuyau d'orgue.

A un signal du professeur commença une musique assez étrange, je dois le dire, mais pas trop désagréable.

Tous les trois chantaient en s'accompagnant; les cordes du *koto*, très-vibrantes et très-longues, donnaient des sons graves bien plus doux que ceux qu'on tire du samisen des geishas. La mélodie, très-difficile à saisir, était parfois vive et animée, mais le plus souvent grave et imposante, et avait peut-être une vague ressemblance avec notre musique sacrée.

Je crois que si les mêmes airs étaient chantés par des chœurs et exécutés par un orchestre de quinze à vingt *kotos*, l'effet en serait beau et majestueux.

Après deux ou trois morceaux, nous exprimâmes à madame Sano toute notre gratitude et tous nos remercîments pour ce qu'elle avait bien voulu faire pour nous, et lui annonçâmes que ce concert était bien ce que nous avions entendu de plus beau depuis que nous étions au Japon.

C'était vrai; mais, malgré cela, je n'en suis pas tout à fait revenu de mes idées sur la musique japonaise. Les chanteuses ne se servent jamais de la voix de tête : on dirait la voix indécise et chevrotante d'un enfant. Les hommes chantent de la gorge par cris et saccades; enfin la mélodie n'est pas faite pour nos oreilles occidentales et n'a aucune espèce d'analogie avec l'idée que nous nous en faisons.

Il est possible que, de leur côté, des Japonais assistant à une représentation d'*Aïda* trouvent cela exécrable... *De gustibus*...

Nous avions commencé par un concert; nous décidâmes d'aller le soir au théâtre et de partager ainsi notre journée entre l'art musical et l'art dramatique.

Le théâtre (*shibaya*) de Shimabara est le plus grand de Tokio; c'est aussi le plus nouveau, car il vient d'être inauguré il y a deux mois à peine.

L'édifice est entièrement en bois et sans aucune décoration spéciale extérieure. Contrairement à l'usage existant en Europe, qui veut que toutes les salles de théâtre soient en forme de fer à cheval, celle de Shimabara est carrée, et on y voit tout aussi bien. Le plafond est un tour de force de charpenterie : trente mètres de largeur sur quarante de profondeur, sans être appuyé sur aucune colonne.

Il n'y a au parterre ni fauteuils, ni sièges d'aucune sorte; il est divisé en compartiments carrés d'un mètre cinquante environ : sortes de loges sans meubles, dans lesquelles les familles viennent s'accroupir.

Deux longs tréteaux en bois traversent parallèlement la salle, de l'entrée à la scène; et c'est en marchant là-dessus qu'on arrive à son compartiment.

Le prix de ces loges varie de un à trois yens, suivant le rang où elles sont.

Au-dessus de l'entrée, en face de la scène, est situé l'amphithéâtre, dont les gradins s'élèvent à une grande hauteur. Ce sont là les places bon marché.

De chaque côté de la salle, sur deux longs balcons, se trouve une rangée de loges découvertes, dont l'unique mobilier est toujours la natte épaisse sur laquelle on vient s'agenouiller. Le prix de ces loges est de trois yens.

La scène est très-large et très-vaste ; les couloirs sont à peu près installés comme les nôtres.

Le principal, et je dirai même le seul truc de la scène est très-ingénieux : le plancher repose sur un seul et immense pivot, et peut ainsi tourner à volonté.

Aux changements d'actes et de décors, au lieu de baisser le rideau, comme cela a lieu dans nos théâtres, et de monter alors la scène suivante, les changements se font derrière, pendant que les acteurs jouent. Quand un acte est fini, on fait pivoter la scène, et le décor existant disparaît d'un côté, tandis que le nouveau apparaît de l'autre.

Une autre particularité est que les acteurs, au lieu d'entrer et de sortir toujours par les coulisses, passent quelquefois sur les longs tréteaux qui traversent la salle, et ils paraissent et disparaissent par le fond du théâtre, là où est l'entrée du public.

Il n'y a pas d'actrices au théâtre de Shimahara. Les rôles de femmes sont tenus par des hommes travestis, lesquels, étant destinés à cette profession depuis leur tendre enfance, sont élevés par des femmes et prennent la démarche et la tournure féminines. Ils se griment et se costument si bien, qu'on les prendrait certainement pour de jolies actrices, si l'on n'était pas prévenu.

Le spectacle commence à midi et finit à minuit. Il est même parfois de longs mélodrames ou des pièces historiques qui durent deux ou trois jours.

Les Japonais, qui adorent le théâtre et qui payent leurs places fort cher, y viennent à midi et ne bougent plus jusqu'au soir. Ils boivent et mangent dans les loges, où on leur apporte, sur de petits plateaux de laque, des *taberu* ou lunchs, composés de riz, poissons et gâteaux ; ils écoutent la pièce en fumant leur *kiseru* et en prenant des quantités de tasses de thé.

Dans chaque loge se trouve un *kama,* sorte de chaufferette en cuivre pleine de charbons ardents, qui leur sert à se chauffer les mains. De tous ces kamas se dégage une telle quantité d'acide carbonique, que les personnes qui n'y sont pas habituées sortent invariablement avec un épouvantable mal de tête et à moitié asphyxiées.

Le théâtre de Shimabara peut contenir environ deux mille cinq cents personnes.

La salle était comble quand nous sommes entrés. Le drame qu'on joue aujourd'hui est une nouveauté, *a great attraction,* et il faut retenir ses places plusieurs jours à l'avance.

Voici en quelques mots le résumé de la pièce, qui a été tirée d'un épisode historique du temps des Shoguns :

« **Sujino-Suke,** daïmio riche et puissant, avait reçu et caché chez lui le fils de son ami Kumuno-miya, prince qui, après s'être révolté contre le shogun, avait été forcé de fuir et de s'exiler.

« Trahi par un de ses samouraï, il est un jour appelé au palais du souverain et sommé de livrer mort ou vif le fils du rebelle.

« Sujino-Suke revient chez lui tout bouleversé ; il dit à sa femme que leur secret est découvert, et qu'il faut trouver un moyen pour sauver leur protégé.

« Résister aux ordres du Shogun est impossible ; ce serait s'exposer à se voir banni et ruiné, sans pouvoir, même en tout sacrifiant, sauver le fils de son ami, cette tête sacrée dont il répond sur son honneur.

« Tout à coup, une idée aussi héroïque que terrible traverse son esprit : il tuera son propre fils pour tromper la colère du Shogun.

« En cet instant, conduits par les femmes qui les élevaient, et se tenant par la main, deux enfants de dix ans apparaissent au fond de la scène.

« Sujino-Suke ordonne qu'on le laisse seul avec son fils.

« Alors, le prenant sur ses genoux et le couvrant de baisers et de larmes, le père dit à son enfant pourquoi il faut qu'il meure, pourquoi il va mourir.

(C'est la plus belle scène du drame, celle qui émut le plus les spectateurs.)

« Quelque endurci que soit le cœur de ce prince guerrier, il ne peut sans une immense douleur, sans un cruel désespoir, immoler son propre fils.

« Un moment même il hésite et le repousse avec angoisse.

« Mais l'enfant, à qui il a dit ce qu'il attendait de lui; ce jeune être dans les veines duquel coule le sang d'une race vaillante et forte, revient doucement sécher les larmes de son père, et, prenant délicatement dans ses mains le sabre qui doit faire tomber sa tête, il le présente à Sujino-Suke en se prosternant devant lui.

« A ce moment, on entend au dehors un bruit confus : ce sont les gardes du Shogun, qui viennent pour s'emparer du fils du proscrit.

« Sujino-Suke, fou de douleur et de rage, plonge son épée dans la gorge de son enfant, dont il livre le cadavre sanglant et défiguré à la place de celui qu'on venait chercher. »

Comme scène d'expression, comme jeu de physionomie, les acteurs que nous avons vus aujourd'hui sont vraiment supérieurs. M. de Siebold était venu au théâtre avec nous, et il avait l'amabilité de nous expliquer chaque scène, que les acteurs, du reste, rendaient si bien, qu'on eût presque compris rien qu'à leur pantomime.

Il n'y a pas d'orchestre. Deux musiciens seulement sont dissimulés dans une loge, tout près de la scène, et dans les moments pathétiques, quand le traître va commettre un crime ou lorsque quelqu'un va être tué, ils chantent des airs lugubres en s'accompagnant sur les samisens.

Il était dix heures quand nous quittâmes le théâtre ; la pièce ne finissait pas avec la mort du fils de Sujino-Suke, et l'action reprenait je ne sais trop comment.

Il n'y a au Japon aucun théâtre européen, et le champ est ouvert, du moins dans les concessions, aux impresarii assez audacieux pour tenter l'affaire. Je me garderai bien, par exemple, de prendre des actions dans leur entreprise.

XVII

Lettre à mon ami E. de M. — Chasse au faucon. — Un mot sur la fabrication des laques, bronzes et cloisonnés. — Visite à une fabrique de papier. — Différents usages du papier au Japon. — Déjeuner à Oji. — Le 31 décembre.

Lettre à mon ami E. de M., mon compagnon d'armes pendant la guerre de 1870, aujourd'hui Père Étienne en religion.

« Tokio, le 11 décembre 1878.

« Mon cher ami,

« C'est du bout du monde que je te tends la main, c'est du bout du monde que cette lettre t'est adressée. Toi qui me reprochais jadis de ne pas être d'humeur assez voyageuse, tu dois être content de moi aujourd'hui.

« Oui, mon cher Tiennet, après une traversée de quarante-cinq jours, agrémentée d'aventures plus ou moins intéressantes, j'ai fini par poser le pied sur cette terre bénie du Nippon, la plus vieille du monde, à ce que prétendent ses habitants, dont la plupart croient encore que le soleil part tous les jours de chez eux pour aller voir si rien n'est changé chez les Barbares de l'Occident et si les hommes y ont toujours autant de haines et de vices et aussi peu de vertus.

« Je suis ici depuis deux mois, et si je ne t'ai pas écrit

souvent pendant mon voyage, c'est qu'au milieu de tant de choses si nouvelles pour moi, que je rencontrais à chaque pas, je voulais laisser toutes mes idées, toutes mes pensées flotter paresseusement d'enchantement en enchantement.

« Je n'ai pas écrit trois lettres au vieux continent européen, et si j'avais fait part de mes impressions à quelqu'un, c'eût été certes à toi, mon cher Étienne, à toi qui comprends si bien les émotions du voyageur.

« Je trouve les Japonais tout à fait adorables, et grâce aux quelques lettres de présentation dont j'ai eu la précaution de me munir, il n'y a pas d'amabilités qu'ils n'inventent pour nous être agréables; nos jours ressemblent à une longue série de fêtes.

« Et maintenant je te dirai, à toi qui étais si grand chasseur : « Pends-toi, brave Crillon, nous avons chassé « sans toi! » Hier, en effet, le prince Kuroda, ancien daïmio de Chikusen, nous avait invités à une grande chasse au faucon.

« Tu as bien lu? Une chasse au faucon dans le vieux Nippon!

« L'art de la fauconnerie, en honneur autrefois dans ce pays qu'on osait croire barbare, est presque perdu aujourd'hui.

« Le prince Kuroda était jadis un riche daïmio. Ses rentes s'élevaient, avant l'abolition de la féodalité, à cinq cent vingt mille *kokous* de riz, et comme le *kokou* vaut 177 litres 48 centilitres, tu vois que cela représentait une jolie fortune. Aujourd'hui le gouvernement, qui lui a pris ses terres et ses châteaux, lui a donné des indemnités qui lui permettent de vivre très-largement à Tokio.

« Il n'a pas renoncé à son grand train de maison, et il

n'y a plus aujourd'hui que lui et M. Kawamoura, ministre de la marine, qui cherchent à conserver les traditions de l'ancienne fauconnerie japonaise.

« Le prince possède une immense propriété au centre même de Tokio, et sa jolie maison, bâtie sur une petite colline, domine toute la ville.

« Dans un des recoins les plus tranquilles de cette propriété, le prince a fait creuser un immense étang, qui est entouré de hautes berges plantées de bambous; de telle sorte que rien ne peut effrayer les canards sauvages qui viennent s'abattre en cet endroit.

« Des canaux, larges de 1^m,50 et profonds d'environ 2 mètres, rayonnent tout autour de l'étang et sont bordés par des talus couverts de gazon qui permettent de s'approcher tout près sans effrayer le gibier.

« Chaque jour, les gardes-chasse jettent une quantité de millet dans tous ces canaux, et les canards s'y engagent pour venir avaler le grain.

« Voici comment se pratique la chasse :

« Chacun tient de la main droite un grand filet très-léger, monté sur un long bambou, et a le faucon sur le poing gauche.

« Une petite hutte, établie au bout de chaque canal, permet de voir combien d'oiseaux s'y sont engagés.

« Quand le nombre est suffisant, les chasseurs s'approchent à pas de loup; les canards, se voyant subitement entourés, s'élèvent tous à la fois; si l'on n'est pas trop maladroit, on les prend dans les filets, et on lâche les faucons sur ceux qui ont pu s'échapper. Tout cela se fait sans bruit, et sans que les oiseaux qui sont dans l'étang puissent se douter du sort de leurs malheureux camarades.

« Après un canal, un autre; et l'on fait ainsi le tour de l'étang.

« On va après cela attendre dans un charmant petit kiosque parfaitement aménagé, que le gibier soit revenu, ce que les gardes vous annoncent au moyen d'une petite sonnerie électrique.

« Nous avons pris dans la matinée trois cent sept pièces; cela à cinq chasseurs, et en deux heures de temps. Deux huttes dissimulées dans les hautes berges permettent de voir dans l'étang. Le prince nous y conduisit et nous dit de regarder sans bruit les vingt mille canards qui s'y trouvaient réunis en ce moment. Je n'eus pas le temps de vérifier s'il y avait bien les vingt mille; mais ce que je puis dire, c'est que je n'ai jamais vu une aussi prodigieuse quantité d'oiseaux réunis ensemble.

« Poussant l'amabilité jusqu'à l'excès, le prince nous dit qu'il allait nous montrer l'effet que produisent en l'air vingt mille volatiles; et sur son ordre, nous parûmes tous en même temps sur la partie la plus élevée du talus.

« Au même instant, et en moins d'une minute, tous les habitants de l'étang s'envolèrent effrayés, formant sur nos têtes un immense nuage noir et serré, dont nous pûmes suivre longtemps de l'œil les gigantesques zigzags.

« — Ils seront de retour avant trois jours, dit le prince; car, ajouta-t-il avec une nuance d'orgueil, il n'y a pas un étang pareil au mien dans toute la province de Tokio.

« Une heure après avoir pris congé de notre hôte, nous recevions à notre yashiki les trois cent sept canards, élégamment noués par le cou, par paquets de quinze ou vingt.

« Ce que tous nos amis et nous-mêmes en avons mangé pendant une semaine, tu peux te l'imaginer!

« Bref, je te réserve pour mon retour en France toutes mes histoires et impressions de voyage. Cent pages n'y suffiraient pas maintenant.

« Je quitterai vers la fin du mois de janvier ce pays enchanteur; je traverserai le Pacifique et les États-Unis, et je te serrerai la main à Paris au mois de mai.

« Adieu, mon cher et vieil ami; nous sommes bien loin l'un de l'autre, et depuis longtemps nous ne nous sommes pas vus! Mais il y a entre nous, tu le sais, un lien d'amitié bien vive, que nous avons scellé sur le champ de bataille; et je te prie de penser quelquefois, des hauteurs de la grande solitude où tu t'es volontairement retiré, à ton ami, brebis un peu égarée, je l'avoue, qui court le monde maintenant.

« A toi de cœur. »

M. Sano Tsunetami, qui veut décidément nous faire voir le plus de choses possible, ce dont je lui suis infiniment reconnaissant, nous a fait visiter aujourd'hui la grande fabrique de laques, cloisonnés et autres objets d'art de la maison de Kocho-Kouaicha, une des plus importantes de Tokio.

J'avoue humblement que je ne savais pas comment se faisaient les laques, et je n'avais qu'une idée assez vague de la fabrication des cloisonnés. Je suis maintenant très-fort là-dessus; pour un rien j'en ferais.

Nous arrivâmes donc, en compagnie de M. Sano, et nous dûmes tout d'abord avaler une certaine quantité de tasses de thé, que nous offrit M. Kocho-Kouaicha; nous passâmes ensuite à la visite de la fabrique, en commençant par la section des bronzes.

Dans une première salle, des ouvriers très-habiles, de véritables artistes, font en cire les modèles qui doivent être ensuite reproduits en bronze : feuilles, fleurs, monstres, etc. Ces modèles sont recouverts d'argile, puis soumis à l'action du feu. La cire fond, et dans le moule creux on verse le métal incandescent. Puis quand on veut, outre les ornements en relief obtenus par le coulage, avoir des objets incrustés, on fouille le bronze au burin, en reproduisant en creux les dessins que des artistes spéciaux ont préparés ; on remplit ces creux avec des lames d'or et d'argent, que l'on fait entrer et parfaitement adhérer en les martelant.

On obtient, grâce à l'adresse des Japonais, à la petitesse de leurs mains et à leur patience, une grande finesse d'exécution, un fini parfait.

Nous passâmes, en sortant de là, dans le département des laques, qui était ce qui m'intéressait le plus.

Les boîtes et pièces diverses destinées à être laquées doivent être faites et finies avec le plus grand soin ; les ébénistes les plus adroits sont recherchés pour ce travail. Les bois doivent être très-secs, de manière à ne pas se tordre ni à se disjoindre.

Le vernis servant à faire la laque est composé avec la séve de l'arbre appelé *sumac au vernis* (*Rhus vernicifera*) ; cette séve est, paraît-il, vénéneuse, puisqu'il est bien recommandé aux ouvriers de ne point porter à leur bouche les spatules dont ils se servent pour étendre le vernis sur les objets laqués. Je croyais jusqu'à ce jour (*ô ignorance !*) que c'était simplement un vernis spécial que l'on passait sur le bois ; j'ai pu me convaincre de la difficulté qu'il y a à obtenir de jolies laques.

On commence par recouvrir l'objet devant être laqué

d'une toile très-fine qu'on applique au moyen d'une épaisse couche de vernis. On laisse sécher, puis on polit en frottant fortement et longtemps avec de la pierre à repasser ; on passe ensuite une nouvelle couche de vernis mêlé à de la pierre à aiguiser pulvérisée et à de la poudre de charbon de bois. Quand c'est bien sec, on polit avec du charbon; on étend sur cela une couche d'encre de Chine, une nouvelle couche de vernis que l'on laisse bien sécher ; on polit ensuite à plusieurs reprises en frottant avec de l'eau et du charbon de bois ; mais cette fois on prend la poudre de charbon à la main et l'on polit avec les doigts.

On fait plusieurs fois cette opération, c'est-à-dire vernir, laisser sécher et polir avec du charbon. On se sert pour les deux derniers polissages de corne de cerf pulvérisée.

On ne soumet jamais les laques à l'action du feu ; mais, suivant la qualité, on fait sécher les objets au soleil, ou bien dans de grandes armoires obscures où on les enferme pour les y laisser pendant quatre ou cinq jours.

On voit, d'après cela, tout ce qu'il faut pour obtenir un objet bien fini.

Je ne puis certes donner ici qu'une explication très-succincte de la manière de faire la laque ; mais il m'était très-difficile de comprendre ce que les ouvriers et ce que M. Kocho-Kouaicha me disaient dans leur diablesse de langue japonaise, et je ne voulais pas trop abuser de l'amabilité de M. Sanô.

Pour les laques rouges, on met un mélange composé de vernis et de vermillon sur les premières couches déjà polies ; puis, sur ce mélange, il est procédé aux derniers polissages comme pour les autres laques ; seulement on met des couches de vernis très-minces.

Il en est de même pour les laques d'or ; après avoir poli trois ou quatre fois, on applique de la poudre d'or sur une couche de vernis, puis on laisse sécher dans l'armoire obscure ; après quelques jours, on passe de très-légères couches de vernis, qu'on polit successivement avec de la corne de cerf pulvérisée.

Nous terminâmes notre visite par les ateliers des émaux cloisonnés, et cette partie de la grande fabrique n'était pas moins intéressante que les autres.

C'était merveille, en effet, que de voir ces petits Japonais, accroupis sur leurs genoux, tordre avec une adresse infinie les petites lames de laiton, et reproduire sur d'immenses vases en cuivre les dessins les plus compliqués.

On commençait justement un grand plat cloisonné. Un ouvrier appliquait sur champ de petites lames de laiton, en suivant le dessin qui représentait un immense dragon. Quand ces lames seront fixées sur le plat au moyen d'une pâte gommeuse, on remplira toutes les petites cases séparées par les cloisons en métal (de là le nom de cloisonnés) avec des émaux de différentes couleurs, suivant le dessin.

On cuira le tout, en se servant comme combustible de charbon de bois, et quand on aura mis assez de couches d'émail pour obtenir l'épaisseur voulue, on polira, soit avec du sable fin, soit avec de la poudre de charbon.

Ça n'est pas plus malin que ça ; et c'est pourtant difficile, paraît-il, puisque jusqu'à ce jour nous n'avons pas pu imiter les cloisonnés chinois ou japonais.

Comment voir tant de jolies choses sans avoir envie d'en acheter le plus possible ?

Je sortis de la maison de M. Kocho-Kouaicha aussi enchanté que *décavé;* mais, bah! je ne le regrette pas, car j'ai rarement passé une journée plus intéressante.

Nous sommes invités aujourd'hui lundi, 23 décembre, à une partie de campagne qui nous promet une bonne journée.

M. Tokuno, directeur de la fabrique de papier-monnaie, nous a priés, Lanciarez, Arson et moi, à déjeuner à Oji, petit village situé à trois *ris* au nord de Tokio; nous devons visiter avec lui la grande fabrique de papier que le gouvernement y a installée et y fait marcher à ses frais.

M. Sano est de la partie, ainsi que deux interprètes, M. Shiroyama et M. Magaki, interprète de la légation d'Italie. Ces deux messieurs ont fort à faire, attendu que M. Tokuno ne parle pas un mot de français, et que notre japonais est encore plus qu'incertain. Nous sommes très-forts quand nous parlons à des jinrikis ou à des geishas; mais sortez-nous de là, et nous sommes perdus. Pour ma part, je suis tellement fait à me servir d'un interprète, que ça me gêne de parler directement à quelqu'un.

Nous partons dans des voitures fermées, le froid étant excessivement vif, et nous voyons dans les rues et dans les maisons qui sont ouvertes à tous les vents, les petits *Tokioïens* grelotter sous leurs légers vêtements.

Nous mettons une heure environ pour aller de Tokio à Oji. Le sous-directeur de la fabrique nous attendait entouré de tout son personnel.

Après avoir pris la tasse de thé obligatoire, nous commençons notre promenade à travers des morceaux de papier et d'écorce d'arbres.

La discipline et les costumes sont les mêmes qu'à la

fabrique de papier-monnaie de Tokio. Le nombre des femmes employées est bien supérieur à celui des hommes ; il y a trois cents ouvrières et soixante ouvriers seulement. Ceux-ci ne sont employés que pour le service des machines à vapeur, et pour ce qui exige de la force. Tous les autres travaux, tels que le grattage et le nettoyage des écorces servant à faire le papier, le puisage, le pliage, tout cela est fait par des femmes. Le puisage est l'opération la plus délicate et la plus difficile, et demande des ouvrières très-expérimentées.

Dans de grandes cuves en bois se trouve, presque à l'état liquide, la pâte de papier que l'on a pétrie avec de la fleur de riz et diverses substances gommeuses.

L'ouvrière puise dans la cuve, au moyen d'un petit tamis carré dont le fond est formé par des fils de soie très-rapprochés et montés sur des petites lattes de bambou.

Il faut alors, par de petits mouvements saccadés, répandre également la pâte sur ce tamis, tandis que l'eau s'écoule au travers.

Rien de plus gracieux que ces petites ouvrières toutes de blanc vêtues et les cheveux relevés sur le haut de la tête, plongeant leurs jolis bras nus et potelés dans ces immenses cuves, et travaillant, attentives et muettes, sous le regard des surveillantes qui ne leur permettent ni de dire un seul mot ni de se reposer une minute pendant les heures de travail. Ah ! par exemple, on ne peut pas les empêcher de rire quand on les regarde ! Les Japonaises sont essentiellement rieuses, et leurs petites figures sont mille fois plus jolies quand elles sont éclairées par leur gracieux sourire.

Je me hasardai à demander à M. Tokuno comment il

se faisait que sur une si grande quantité d'ouvrières il y en eût à peine une dizaine qui fussent vieilles ou laides.

« C'est, me répondit-il, la règle que j'ai établie. Ne trouvez-vous pas qu'il est beaucoup plus agréable d'avoir sous les yeux de jolis minois, que de contempler des mines ridées et des cheveux gris ? »

Rien à répliquer ; j'étais absolument de son avis.

On fait usage à la fabrique d'Oji de l'écorce de cinq arbres différents. Voici les noms japonais :

Le *gampi,*   Wickstraemia canescens.
Le *mitsu-mata,* Edgeworthia papyrifera.
Le *kosô,*   Broussonetia papyrifera.
L'*ama,*   Linum usitatissimum.
Le *kuma,*   Morus Japonica.

C'est avec le *gampi* que l'on fait le papier le plus fin et le meilleur pour la copie.

Le papier résistant et solide se fait avec le *mitsu-mata.*

Cet arbre mérite une mention spéciale. Le nom, qui vient de *mitsu, trois,* et *mata, fourche,* le décrit déjà. En effet, de chaque nouvelle pousse, partent trois branches égales, lesquelles grossissent également pour se diviser encore en trois, et ainsi de suite, et toujours ; de telle sorte que l'arbre conserve en grandissant une régularité parfaite.

Le *kosô,* l'*ama* et le *kuma* servent à faire les qualités inférieures.

Que ne fait-on au Japon avec le papier ?

Outre tous les usages auxquels nous l'employons en Europe, il sert encore ici à remplacer les vitres pour les fenêtres ; on en fait, après l'avoir huilé, des manteaux imperméables, des parapluies, des parasols, des éventails, des fleurs artificielles et enfin des cordes. Tous les petits paquets sont attachés avec de la ficelle de papier. Bien tordues et roulées ensemble, ces ficelles forment une corde qu'il est impossible de rompre.

On fait encore de très-belles imitations de cuir pour tapisseries, des cannes, des plateaux, etc., etc.

Quand, après avoir tout visité, nous fûmes remontés dans le salon du directeur pour prendre du thé, Lanciarez tira de sa poche un porte-cigares en imitation de bois de palissandre verni, qu'il avait acheté à Yokohama quelques jours auparavant. Il demanda à M. Tokuno la permission de lui offrir ce porte-cigares, qu'il avait apporté d'Europe, disait-il; mais celui-ci aurait l'amabilité de dire de quel bois il était.

Après l'avoir tourné et retourné dans tous les sens, et l'avoir bien examiné, il répondit que ce devait être en palissandre, ou peut-être en ébène.

« Il est en papier durci, mon cher monsieur, lui dit Lanciarez, et je l'ai acheté à Yokohama il y a trois jours ! »

A midi nous nous dirigeâmes vers la maison de thé d'Oji, où M. Tokuno avait fait préparer un magnifique déjeuner, européen heureusement; car, par la faim qu'il faisait, nous nous serions difficilement accommodés de riz et de poisson. C'est avec un vif sentiment de satisfaction que nous aperçûmes de superbes chauds-froids, et des côtelettes trônant sur des montagnes de pommes de terre frites ; le saké était remplacé par du bordeaux et du champagne.

L'endroit où nous déjeunions était des plus pittoresques que l'on pût imaginer. La maison de thé, construction japonaise tellement légère qu'on eût dit un grand joujou d'enfant, était située, et pour ainsi dire suspendue, sur le bord de la petite rivière qui traverse le village d'Oji et dont j'ai oublié le nom. En face de nous, et comme s'élançant du feuillage des chênes et des hauts cryptomérias séculaires, tombait une charmante cascade haute d'au moins trente pieds, fournie par un torrent aux allures irrégulières. Un petit pont de bambou, merveille d'audace et de légèreté, jeté juste au-dessous de la cascade, achevait de donner à cet endroit pittoresque une couleur locale délicieuse.

Trottant au milieu de tout cela, les jolies muzumés de la maison de thé, qui avaient mis, pour servir le déjeuner du grand chef de la fabrique, tous leurs plus beaux atours et leurs robes les plus riches.

Je défie bien n'importe quel maître d'hôtel de servir avec plus d'intelligence et plus de rapidité. Pas de bruit, pas un mot; de temps à autre, un petit éclat de rire aussitôt étouffé par le respect et la crainte.

Après le déjeuner, elles apportent les petites pipes, qu'elles bourrent d'une pincée de tabac; et si, les trouvant très-gentilles, on les prie d'allumer elles-mêmes le *kiseru de paix*, elles s'y prêtent de fort bonne grâce.

M. Tokuno nous fit goûter du *mirin*, qui est une variété du saké; mais au lieu d'avoir la saveur âcre et fade de ce dernier, le *mirin* est doux et beaucoup plus agréable au goût.

Nous rentrâmes à Tokio vers deux heures de l'après-midi, et, ma foi, je le dis, nous avons un peu dormi dans la voiture. Je crois que c'est la faute du *mirin*.

31 *décembre* 1878. — Tous nos amis et nous, passons cette dernière soirée chez le baron de Gutschmid, chargé d'affaires d'Allemagne. Certes, je n'éprouve pour les

Allemands aucune sympathie, et généralement même je ne les aime pas. Mais le baron de Gutschmid est une exception : c'est un charmant et très-aimable homme. Je n'avais pas voulu, tout d'abord, faire sa connaissance : un Allemand : c'était inutile. Lui se tenait enfermé dans sa dignité de chargé d'affaires, moi dans mon indépendance de *globe-trotter*. Mais c'était parfois gênant, car nous nous rencontrions à chaque instant chez de nos amis communs, et cela jetait un *froid* dans la conversation.

Ce fut sir Harry Parkes qui arrangea la chose.

Un jour, sans nous prévenir ni l'un ni l'autre, il nous avait invités à dîner. Je fus naturellement obligé, pour ne pas avoir l'air boudeur, et peut-être même quelque chose de plus, de demander à être présenté au chargé d'affaires d'Allemagne. Sir Harry Parkes nous présenta aussitôt l'un à l'autre.

Une fois la glace rompue, je fus très-content de ce qui était arrivé, car je trouvai le baron de Gutschmid charmant et très-bon camarade.

XVIII

Promenade dans les rues de Yedo le premier jour de l'an. — Petit résumé social et historique. — Une fête chez un prince de la finance. — Tokio la nuit.

1ᵉʳ *janvier* 1879. — Une année vient de finir ; une année de plus qui va peu à peu disparaître sous la poussière de l'oubli et du passé ! J'étais à Nice il y a deux ans, à Naples l'année dernière ; je suis au Japon aujourd'hui ; où serai-je l'an prochain ? Voilà ce dont je n'ai pas idée. J'ai mis en tête de ce cahier : *Notes d'un vagabond*. Je crois qu'il est difficile de trouver quelqu'un plus vagabond que moi.

Je suis aujourd'hui dans mes idées noires ; Arson lui-même est de mauvaise humeur ; Lanciarez est chez son ministre depuis le matin.

Pour se distraire, Arson fait atteler et part pour faire des visites à tort et à travers. Je l'accompagne.

L'usage de se porter des petits papiers au premier jour de l'an remonte ici aux temps les plus reculés. C'est peut-être bien du Japon que l'habitude s'en est introduite en Europe.

Autrefois, à pareille époque, les daïmios traversaient en grande pompe les rues de Yedo, suivis d'un cortége de mille ou deux mille samouraï.

Aujourd'hui on ne rencontre que gens affairés, pressés, harassés ; des gens en habit, en cravate blanche, en chapeau haut.

Le général Oyama a eu une idée assez originale. Devant sa porte fermée se trouvent appuyés son sabre des batailles et son beau ceinturon des cérémonies ; par terre, posé à côté du sabre, est un vaste plateau dans lequel chaque visiteur dépose sa carte.

A étudier !

Faisant contraste à l'excitation des esclaves de l'étiquette, j'admire les braves travailleurs et boutiquiers qui, se souciant peu des visites à faire ou à recevoir, jouissent des quelques jours de repos que leur procure la fête du nouvel an. C'est plaisir que de voir la joie et la satisfaction de vivre s'épanouir sur toutes ces figures safran.

Au Japon, il n'y a qu'une fête, et cette fête est maintenant. A part cela on travaille toute l'année, et même le repos du septième jour est inconnu.

Cependant, depuis quelque temps, l'habitude de chômer le dimanche s'acclimate. Cela commença par l'armée, pour qui ce fut un jour de repos et de sortie. Puis les ministères et les grandes administrations appliquèrent cet usage, qui tend à se généraliser.

Mais si les Japonais n'ont qu'une fête dans l'année, par contre ils la prolongent autant que possible. Depuis le 30 décembre jusqu'au 7 janvier inclusivement, tout est fermé ; les affaires sont arrêtées ; on ne pense plus qu'à s'amuser et à se reposer.

Devant toutes les maisons sont plantés de hauts mâts de bambou enguirlandés de fleurs. De longues tresses de feuillage attachées à ces mâts courent tout le long des rues; les fenêtres sont pavoisées aux couleurs nationales; des couronnes de fleurs sont clouées au-dessus des portes; les temples sont en fête, et la foule s'y porte pour assister aux cérémonies religieuses.

On voit passer dans les rues d'immenses chars à bancs couverts de drapeaux et montés par trois fois plus de monde qu'ils ne peuvent en contenir. Les hommes ont des masques sur la figure, et ils ont, le plus souvent, bu beaucoup plus de saké que la sainte sobriété ne le comporte.

Un autre divertissement, inoffensif s'il en est un, consiste à s'atteler, à trente ou quarante, à une longue charrette chargée de caisses et de futailles vides, et à la traîner sur le Ghinza [1] en poussant des cris cadencés et en ayant l'air de faire les plus grands efforts. Sur tout son passage, ce cortége excite l'enthousiasme des populations. Peut-être y a-t-il là quelque légende que je ne connais pas.

Toutes les jeunes filles de Tokio ont revêtu leurs plus beaux *kimonos*[2] : elles ont piqué dans leurs cheveux des fleurs artificielles et de longues épingles en écaille; le cou et les joues sont soigneusement blanchis avec de l'encens mêlé de poudre de riz; leurs lèvres sont carminées, quelquefois même dorées.

Elles passent toute la journée dans la rue à jouer avec d'autres enfants un jeu particulièrement de saison à cette époque de l'année.

Voici la chose :

Chacun d'entre eux est muni d'une large raquette en

---

[1] Rue principale de Tokio.
[2] Vêtements.

bois sur laquelle est peint un monstre, un dragon ou une tête quelconque. Avec cela ils s'envoient de l'un à l'autre un petit volant en bois, gros comme un dé à coudre, qui n'est pas du tout facile à attraper. Quand l'un d'eux manque le volant qu'on lui a envoyé, ce sont aussitôt des cris de joie à n'en plus finir. Le maladroit est obligé de se retourner, et de se laisser appliquer par chaque joueur un coup de raquette là où le dos perd son nom.

Il n'est pas rare de voir des hommes et des femmes de tout âge se mêler à ce jeu, et la joie des enfants est à son comble quand c'est un *grand* qui a manqué le volant.

Parfois le maladroit se sauve ; c'est alors une course au clocher, une chasse à travers les rues : tout le monde se met à sa poursuite, et quand on l'a atteint, c'est deux coups de raquette au lieu d'un qu'on lui administre.

Trouvez-moi dans le monde entier un peuple comme celui-là !

En rentrant, nous trouvons une cinquantaine de cartes de visite, dont un bon tiers ne porte que le nom écrit en japonais. Voilà qui est commode pour nous !

Nous dînons le soir chez madame de Geoffroy, heureux de passer la première soirée de l'année dans la maison du ministre de France.

En aucun pays le principe de la féodalité ne fut plus profondément enraciné qu'en ce coin de la terre perdu au bout du monde ; et partant, en aucun pays, la division qui sépare la noblesse et la classe des samouraï de la classe bourgeoise ou ouvrière n'était et n'est encore plus grande et plus nettement établie qu'au Japon.

La société était divisée en classes bien distinctes et que l'on peut désigner ainsi : la noblesse, qui comprenait elle-même plusieurs rangs : nobles de premier et de deuxième rang ; daïmios plus ou moins riches et puissants, vassaux du Mikado ou du Shogun.

Les *samouraï* ou hommes à deux sabres, nobles de rang inférieur, étaient au service d'un prince dont ils recevaient une pension de riz pour eux et leur famille. Les devoirs des samouraï consistaient à faire bonne garde autour du château de leur maître, à paraître en costume de cérémonie dans les occasions officielles, et enfin à se faire tuer en défendant leur prince.

Un samouraï considérait comme déshonorant d'entreprendre un travail manuel, une spéculation ou une affaire quelconque.

Les bonzes ou prêtres, les étudiants et les lettrés, sortaient généralement de la classe des samouraï, et souvent aussi des rangs de la haute noblesse.

Venaient ensuite les propriétaires de terres et les paysans, qui formaient une classe à part, roturiers, bien entendu, mais riches et honorés.

Enfin, les marchands, boutiquiers, négociants et ouvriers ; en un mot, le peuple.

C'est sur ces bases que la société japonaise était organisée, quand en 1853 l'amiral Perry montra pour la première fois aux Japonais étonnés des navires de guerre américains, ancrés devant les côtes du Nippon sacré.

A la suite de l'amiral Perry, arrivèrent les flottes de presque tous les pays d'Europe. Des traités, imposés aux Japonais, ouvrirent bientôt aux Européens les ports de Yokohama, de Nagazaki, de Hakodaté.

Le vent de la civilisation occidentale commençait à

souffler sur cette île immense, qui jusque-là avait su si bien se suffire à elle-même.

En 1867, le Mikado écrasait et destituait le Taïkoun.

Le Mikado avait toujours été le vrai, le seul empereur et souverain maître légitime du Japon : personne ne contestait ses droits. Mais il y a environ trois siècles, le chef de la famille des Tokugawa, l'immortel Yeyazû, fut assez adroit et assez audacieux pour s'emparer du pouvoir suprême, et ne pouvant être lui-même mikado, puisqu'il fallait pour cela descendre en droite ligne de Jimmu Tennô, le fils des dieux, il se nomma *seï-taï-shogun,* titre dont la traduction littérale équivaudrait à *grand maître militaire.*

Depuis cette époque, les mikados, bien que choisis parmi les descendants directs du premier Tenno, ne furent plus que des sortes de rois fainéants, tenus sous tutelle à Kioto par les shoguns tout-puissants.

La famille des Tokugawa fournit seize maires du palais, princes hardis et habiles, qui fixèrent à Yedo le siége de leur gouvernement, et qui furent les véritables maîtres du Japon depuis 1603 jusqu'en 1868.

Pendant cette période, plusieurs mikados essayèrent en vain de ressaisir le pouvoir, et de se débarrasser de leurs tuteurs gênants.

En 1867, Mutsushito, l'empereur actuel, venait de succéder à son père. Il résolut de tenter un effort désespéré pour reprendre les rênes du gouvernement.

Il appela à lui tous les mécontents qu'avait faits le shogunat, et il exploita habilement la haine des Japonais pour les *Barbares* que le Taïkoun avait accueillis sur la terre sacrée. Il le déclara *ennemi public,* et, aidé des provinces du Sud et de plusieurs daïmios puissants, parmi lesquels les princes de Satzuma, d'Échizen et de Tosa, il marcha sur Yedo.

Ceci se passait en janvier 1868.

Il serait trop long de relater ici toutes les péripéties de la résistance désespérée que firent les partisans de Kei-ki, le dernier Taïkoun. Cernés, traqués partout, ils finirent par être complétement battus, et Yedo tomba entre les mains des vainqueurs.

L'empereur, abandonnant alors Kioto, fit de Yedo sa capitale; il en changea le nom et l'appela *Tokio*, ce qui signifie capitale de l'Est.

Après trois années de pourparlers et de difficultés paraissant tellement insurmontables qu'il fallut, pour en venir à bout, toute la patience et toute l'adresse des conseillers du Mikado, celui-ci finit par abolir la féodalité.

Les provinces et les châteaux des daïmios firent retour à l'État, contre une forte indemnité que reçurent ces princes. Les clans mêmes furent dissous, et les samouraï reçurent directement du gouvernement les pensions que leur faisaient leurs maîtres respectifs.

Plus tard, on finit par en venir avec eux aussi à un arrangement par lequel ils abandonnaient la pension que le gouvernement devait leur servir annuellement, contre la remise de titres de rentes; quelques-uns mêmes, contre une somme fixe qui devait leur être payée en plusieurs annuités.

Cette dette est une de celles qui grèvent aujourd'hui le plus fortement le budget japonais [1].

Tout cela ne se passa pas sans tiraillements et sans

---

[1] Voir le petit tableau des finances du Japon donné aux pages 192, 193.

difficultés. Plusieurs princes durent être réduits par les armes; plusieurs clans furent dispersés par la force.

Or, qu'arriva-t-il? Quand les daïmios dépossédés et les samouraï sans emploi se virent à la tête d'une somme d'argent dont ils pouvaient disposer à leur gré, une idée malheureuse leur vint.

Les premiers voulaient décupler leur fortune, pour pouvoir reprendre la vie large et opulente qu'ils avaient toujours menée, et que la somme très-inférieure que le gouvernement leur avait donnée ne leur permettait plus maintenant.

Les samouraï, livrés à eux-mêmes, rêvèrent de devenir très-riches, pour pouvoir continuer à vivre dans l'oisiveté à laquelle ils étaient habitués.

Tous jetèrent leur argent dans des entreprises plus ou moins hasardeuses que leur proposèrent des négociants rusés. Ignorants qu'ils étaient dans la pratique des affaires, ils ne pouvaient discerner par eux-mêmes celles qui étaient bonnes de celles qui étaient mauvaises.

Leur caractère chevaleresque et imprévoyant les empêchait de surveiller les agents auxquels ils se fiaient aveuglément.

En fort peu de temps, la plus grande partie des daïmios était entièrement ruinée, et les samouraï, à bout de ressources, étaient obligés de faire du commerce ou de travailler.

Bien peu de princes conservèrent leur fortune; plusieurs se trouvèrent dans le dénûment le plus absolu.

Il en est un, bien connu à Yedo, qui a été pendant quelque temps traîneur de jinrikisha. C'était jadis un des puissants! Il a fini, à force de sollicitations, par obtenir du gouvernement une pension minime, qui lui permet de ne pas mourir de faim, et d'attendre son dernier jour sans être obligé de faire le métier d'un cheval.

Parmi les nombreuses spéculations qui engloutirent l'argent des pauvres dépossédés, il faut citer la grande société financière qui s'installa à Tokio, sous le nom de *Banque des nobles*.

Un samouraï rusé, très-adroit, très-intelligent, M. ***, proposa à plusieurs daïmios, qui jusque-là s'étaient tenus cois, de lui confier leurs capitaux. Ce titre de *Banque des nobles* leur allait ; il leur semblait qu'ils dérogeaient moins en se mettant dans une affaire qui avait une si jolie raison sociale. Ce devait être une espèce de Crédit foncier, de Comptoir, de Société de crédit et d'escompte ; enfin, on devait gagner des millions.

M. *** dit à ses actionnaires : « Laissez-moi faire, et tout ira bien. »

On le laissa faire, et tout alla mal.

Du reste, M. *** s'est tiré de là aussi bien que possible ; il est aujourd'hui propriétaire d'une des plus riches mines de charbon de la province de Hisen, et en procès avec la puissante maison Jardine et Matheson, de Yokohama.

Il n'est pas étonnant, après tous ces événements et toutes ces débâcles, que la haute barrière de préjugés qui sépare les différentes castes tende à s'abaisser.

Le gouvernement, de son côté, verrait avec plaisir la fusion de la noblesse avec une bourgeoisie aristocratique ; et c'est pour tenter un premier rapprochement qu'a eu lieu hier soir, 3 janvier, une grande, très-grande fête chez le banquier Musui, le prince de la finance de Tokio, le Rothschild du Japon.

Cette fête étant donnée sous le patronage du gouverneur du *fu* de Tokio[1], on avait pu inviter non-seulement tous les hauts fonctionnaires de l'empire, *daijins* et *sanghis*, mais encore tout le corps diplomatique ; et ici la question était délicate.

Les ministres étrangers viendraient-ils ou ne viendraient-ils pas ? *That was the question!*

Il y eut bien des pourparlers parmi ces derniers : « Nous irons » ; — « nous n'irons pas » ; ils ne savaient trop que faire.

Bref, quand j'arrivai vers dix heures et demie chez M. Musui, je pus m'assurer que tout le corps diplomatique au grand complet avait répondu à l'invitation du gouverneur, et que tel qui avait juré ses grands dieux qu'il n'y mettrait pas les pieds, était solidement installé à une place d'honneur.

C'est que toujours MM. les diplomates, sous les apparences de la plus exquise courtoisie, se font une guerre sourde, sans trêve ni relâche. Ils sont si contents quand ils ont joué un bon tour à un collègue, et qu'ils peuvent dire au gouvernement auprès duquel ils sont accrédités : « Vous voyez, le ministre de... n'est pas venu. Tandis que moi, je fais tout ce que je peux pour vous être agréable ! »

Puis ils écrivent à leur gouvernement : « Grande fête tel jour chez M. un tel. J'y étais ; les ministres tel et tel n'y étaient pas ; M. Terashima, ministre des affaires étrangères, est furieux après eux, tandis qu'il est tout miel avec moi... etc., etc., etc. »

---

[1] D'après la nouvelle organisation, le Japon est divisé en quatre-vingt-cinq provinces ou « fu », qui se subdivisent en sept cent dix-sept districts.

Mon Dieu, les hommes sont partout les mêmes!

La fête a admirablement réussi, et je crois que le but qu'on poursuit sera facilement atteint. Tous les ministres, y compris MM. Sanjo et Iwakura, étaient présents. Oh! par exemple, pas de femmes! non! pas de femmes; rien que des hommes.

Dame, écoutez, ce n'est qu'un commencement; mais je suis sûr que si cela continue, on recevra bientôt à Tokio des cartes sur lesquelles on lira :

La Comtesse Sê DEGOZARIMASKA
restera chez elle
les mokuiobi du premier et second getsû
de la treizième année de meiji [1].

Je dis comtesse, car du moment que les Japonais imitent l'Europe, ils voudront faire des comtes et des marquis, tout comme nous.

La maison de M. Musui était littéralement couverte de lanternes vénitiennes rouges, du faîte à la base; et comme c'est une construction en pierre à trois étages, qui dépasse de presque toute sa hauteur les maisons qui l'environnent, on apercevait de très-loin ce dôme de feu au milieu de la ville.

La soirée, qui avait commencé par une grande représentation donnée par les meilleurs acteurs du théâtre de Shimabara, finit dans les vastes salons où avait été dressé un buffet monstre.

Une gaieté franche et de bon aloi, une grande cordialité régnait partout. Le vin de Champagne ne fut pas pour

---

[1] La comtesse Sodegozarimaska restera chez elle les jeudis de janvier et février 1880.

peu de chose dans le succès qu'obtint la première fête donnée par la haute banque.

Les négociants, les banquiers, les commerçants pouvaient donc coudoyer à leur aise des ministres et des plénipotentiaires!

Mais ce n'était pas cela qui les occupait le plus; le buffet les intéressait bien davantage! Il y en avait qui faisaient le tour de toutes les tables, et qui goûtaient à tout; d'autres qui, s'étant attaqués aux grandes pièces montées, semblaient avoir juré d'en voir la fin.

Puis, quand à minuit tous les gros bonnets, les *gêneurs* furent partis, on se rua sérieusement sur les victuailles; les uns armés de petites baguettes qui avec leur air inoffensif faisaient d'épouvantables ravages; les autres pourvus de l'occidentale fourchette. On buvait dans les verres, dans les tasses; on buvait à même la bouteille. Bref, quand je quittai la fête, à une heure du matin, il restait une centaine de Japonais qui achevaient d'apprendre à se griser à l'européenne.

Décidément c'était une fête réussie!

Connaissez-vous rien de plus poétiquement beau que Tokio la nuit?

Non; d'abord vous ne connaissez pas Tokio, et il n'y a qu'un Tokio au monde.

Je sortis donc de chez M. Musui à une heure, en compagnie du baron Bosew, qui, comme moi, était resté un peu tard à la fête pour voir comment finiraient les invités livrés à eux-mêmes.

Il faisait la plus belle nuit que l'on puisse rêver. Le temps était sec. Voulant marcher, nous renvoyâmes nos voitures, décidés à regagner en nous promenant la butte de Toranomon.

Il y a loin de chez le Crésus japonais à la légation de Russie. Mais, je l'ai dit, la nuit était superbe, et la lune qui inondait les cieux de sa lumière dorée laissait tomber sur la terre des rayons si clairs et si doux, qu'on eût dit un astre tout différent de celui qui éclaire nos nuits occidentales.

Je me plais parfois à penser que cette île longue et verdoyante qui est la première barrière que l'Orient oppose au vaste Pacifique, est à notre globe ce que le printemps est à l'année ; que tout ce qui y vit, tout ce qui y passe, tout ce qui y brille, a plus de vie, plus de force, plus d'éclat que partout ailleurs.

La terre est volcanique et ardente ; les tempêtes y sont effroyables, et les typhons dévastent des provinces entières.

Les astres, retrempés par les reflets verdâtres, par l'évaporation humide de ces mers immenses, doivent avoir, en passant sur le sacré Nippon, un éclat qu'ils perdent à mesure qu'ils brillent sur des déserts arides et sur des continents éclairés au gaz.

Le baron Bosew et moi suivions depuis un moment le large fossé qui entoure la troisième enceinte du château de l'ancien Taïkoun.

L'air était froid, mais sec et transparent : pas le moindre nuage, pas le plus léger brouillard.

Tout à coup nous aperçûmes devant nous, perdu dans les cieux, à une distance que nous ne pouvions définir, quelque chose de grand, de lumineux, d'incompréhensible ; quelque chose qui avait l'air d'être suspendu entre le ciel et la terre, car on ne voyait rien sous le point lumineux.

C'était la cime neigeuse du Fujiyama, qui, frappée par

les rayons de l'astre des nuits, apparaissait au loin dans l'espace.

La base de la montagne sacrée se perdait dans les ombres, et le faîte seul brillait d'une clarté sourde et puissante en même temps.

Sur notre droite, les hauts remparts et les jardins du Siro [1]; à notre gauche et à perte de vue, la ville de Yedo tranquille et endormie; et de ci, de là, s'élançant au-dessus du niveau uniforme des maisons, les hautes échelles et les postes élevés où montent les habitants, en cas d'alarme, pour voir quel danger les menace.

Personne dans les rues. De temps à autre un veilleur de nuit, sa lanterne à la main, nous regarde passer, immobile comme une statue.

Pour moi, qui ai toujours adoré m'en aller de nuit, errant seul et sans but au milieu du silence de la nature recueillie en elle-même, cette promenade a un charme infini.

J'ai vu les belles nuits d'Italie. Un soir je restai jusqu'à minuit dans Pompéi, à regarder fumer le Vésuve; vingt fois j'ai erré à l'aventure dans la campagne de Rome, foulant du pied cette terre classique où il n'est pas une pierre qui ne soit un souvenir. Assis rêveur au milieu du Colisée qui tombe, ou sur un pan de mur du palais des Césars, j'ai vu monter à l'horizon la pâle Isis. Parfois encore, couché sur le pont d'un navire, je restais par une nuit claire, bercé par les flots, à regarder briller les myriades de mondes perdus au zénith.

Est-ce parce que je suis loin de tout ce qu'encore je connaissais; parce que tout ici est nouveau pour moi,

---

[1] Nom du château du Taïkoun.

que je trouve dans cette nuit d'Orient des sensations inconnues?

Je sens mes pensées s'élargir; je suis heureux de vivre, heureux de respirer!

Après avoir quitté le baron Bosew, j'erre pendant une heure encore à l'aventure, et, rentré chez moi, je ne puis m'endormir qu'après avoir écrit sur ces pages la belle nuit que je viens de passer.

XIX

Nous portons des toasts en japonais. — Excursion à Odawara, Myonoshita, Kiga. — Les Kangos. — Histoire des amours de Gompachi et de Komurasaki. — Étude des mœurs et de la moralité des Japonais. — Le Yoshiwara. — Hakoné, Atami. — En visite nu-pieds. — Yoshiyama. — Les enfants du Nippon aiment la chartreuse. — Marchand d'oranges et dessinateur. — L'ancien château des daïmios d'Odawara. — Quelques paragraphes sévères dans nos passe-ports. — Retour à Tokio.

Le général Oyama, chef du grand état-major général, m'a envoyé en présent, ce matin, une collection de douze grandes gravures représentant des épisodes de la guerre de 1876, contre les provinces du Sud révoltées.

Ces gravures, dont il n'existe que peu d'exemplaires, sont d'un grand prix pour moi : d'abord parce que je les conserverai en souvenir de M. Oyama, et aussi parce qu'elles sont d'un artiste japonais.

Le général Saïgo, à qui nous avions annoncé notre intention de quitter bientôt le Japon, nous avait invités à un déjeuner d'adieu dans sa belle habitation qui est tout près de notre yashiki.

MM. Okuma, ministre des finances; Ori (?), ministre de la justice, et Kawamoura, ministre de la marine, s'y trouvaient avec quelques autres personnages de nos amis.

C'était la première fois que nous rencontrions M. Kawamoura, qui n'était que depuis quelques jours de retour d'un voyage d'expérimentations sur les côtes du Japon.

M. Kawamoura est Satzumien, cela se voit aisément sur sa figure; les Japonais du Sud ont dans le visage beaucoup plus d'énergie et d'expression que ceux des autres provinces.

Il ne manqua pas de nous demander si nous avions vu en Europe un navire de guerre qu'il avait envoyé faire le tour du monde. Je me préparais à dire un gros mensonge, quand Lanciarez, qui avait visité ce bateau à Marseille, s'empressa de lui en donner des nouvelles.

Après le déjeuner, je me lançai, ma foi, dans un toast que je portai moi-même en japonais! Comment, en effet, faire un speech au moyen d'un interprète? J'eus la bonne précaution de prévenir que j'allais parler du japonais de cuisine; mais tous ces messieurs s'étant levés le verre en main, il n'y avait plus à reculer.

Je me levai à mon tour, et m'adressant au général: « Général Saïgo, lui dis-je, *cono coppou Nippon ni nomimasû! Watakushi wa Nippon wo takusan horemasu, Watakushi anata ni okü arigato degozarimasu! Sayonara, General, dozo France ni hayaku oide kudasaï*[1]! »

Et, ma foi, ils comprirent! ou, ce qui est plus probable, ils firent semblant de comprendre, car tous crièrent: Bravo! hurrah!

Le général me répondit aussitôt quelque chose que moi, par exemple, je ne compris pas; mais je bus tout de même.

---

[1] « Général Saïgo, je vide ce verre au Japon que j'aime! je vous remercie mille fois de vos bontés. Adieu, général! venez bientôt nous voir en France. » (C'est du moins ce que j'ai cru dire!)

A trois heures nous quittâmes notre hôte et ses charmants convives, et nous rentrâmes chez nous donner les derniers ordres pour notre expédition de demain.

Nous avons organisé, avec M. de Siebold, une course dans les environs du Fujiyama; Lanciarez ne pourra malheureusement pas nous accompagner : il est retenu à sa légation. Et puis il a tout le temps de faire des excursions, tandis que nous approchons du moment de notre départ.

Le 5 janvier, M. de Siebold arrive chez nous de très-bonne heure. Nous quittons Shimbasi par le premier train, et nous venons en chemin de fer jusqu'à la station de Kanagawa. Nous y retrouvons Tatzu, qui, parti la veille pour préparer les provisions, nous attendait, monté sur un immense break qu'il a frété à Yokohama, et qu'il a tellement encombré de boîtes de conserves, de bouteilles et de provisions, que nous trouvons à peine la place de nous y caser.

Il fait très-froid; la route est absolument gelée, et toute la campagne est couverte d'une couche épaisse de givre blanc, sur lequel les premiers rayons du soleil levant mettent des milliers d'arcs-en-ciel.

Nous filons rapidement sur Odawara. Devant nous se dresse, orgueilleux et magnifique, le Fuji-Sam, qui semble, par ses puissantes proportions, défier les faibles mortels.

Odawara se trouve à treize kilomètres de Kanagawa.

Nos quatre petits bidets, vigoureux comme des diables, sont menés de main de maître par un cocher japonais qui conduit dans la perfection. Rien ne l'arrête. Il prend les tournants les plus difficiles au grand trot, et passe à fond de train au bord des précipices.

Nous filons comme le vent. Nous sommes très-mal assis. Tout va bien!...

Après nous être arrêtés pour déjeuner dans une maison de thé du village d'Oiisô, où l'on change les chevaux, nous repartons, toujours à la même allure, et à deux heures de l'après-midi nous arrivons à Odawara, où nous ne restons qu'une heure, car nous comptons nous y arrêter au retour.

Là s'arrête la route carrossable, et Tatzu est déjà en train de chercher des *kangôs* pour continuer notre voyage. Nous coucherons à Mionoshita ou dans les environs.

Nous repartons bientôt, les uns portés, les autres à pied. Quant à moi, je préfère marcher que de chercher, pour le moment, à résoudre le problème qui consiste à tenir dans un *kangô*.

Figurez-vous, en effet, une espèce de corbeille à dossier de bambou, dans laquelle on a jeté deux coussins, et qui est suspendue par le haut à une longue traverse en bois. Cette corbeille est large de soixante centimètres et longue de quatre-vingts tout au plus; de telle sorte qu'il faut croiser vos jambes à outrance, les rentrer dans votre corps, les mettre dans votre bouche, enfin les fourrer où vous pouvez. Vous ne pouvez non plus vous tenir sur votre séant : vous devez vous mettre presque sur le dos, car la traverse en bois à laquelle est fixée une claie de bambou tressé, qui doit vous garantir contre le soleil, n'est pas à plus de quatre-vingts centimètres de hauteur, et si vous vous relevez imprudemment, un bon coup sur la tête vous rappelle à l'ordre. Ajoutez qu'il faut se tenir bien au milieu du *kangô* et ne pas bouger, car autrement toute la machine se renverse, et les deux hommes qui vous portent par les deux bouts de la longue traverse à laquelle est suspendu l'appareil âchent tout et vous étalent par terre.

Les Japonais, qui sont presque tous disloqués et qui ont un talent spécial pour faire disparaître leurs jambes, se trouvent admirablement là dedans, où ils peuvent rester des journées entières sans se fatiguer.

Après trois heures de marche par des sentiers à peine battus, dans de magnifiques forêts de hêtres et de chênes, nous arrivâmes au joli village de Mionoshita, une des stations balnéaires les plus courues en été par le *high-life* de Tokio.

Il y a quelques jolies maisons de thé; mais c'est en somme un tout petit village, dont toute la beauté est dans sa belle situation.

A mi-hauteur d'une profonde vallée, et comme accroché aux flancs de la montagne bien boisée et bien ombreuse, Mionoshita doit être une retraite charmante contre les fortes chaleurs. De tous côtés, des torrents, des cascades, des sites pittoresques. A tout cela il faut ajouter les sources d'eau sulfureuse, très-abondantes et très-efficaces, qui feront certainement la fortune de ce petit Luchon japonais.

Nous avions encore une heure de jour devant nous, et nous décidâmes de pousser jusqu'au prochain village.

Me sentant un peu fatigué par la longue ascension que je venais de faire, je voulus essayer de mon kangô, qui depuis Odawara me suivait comme mon ombre. Les deux porteurs étaient très-étonnés, et je crois même quelque peu humiliés, d'être payés pour ne rien faire; peut-être aussi craignaient-ils que je ne leur fisse faire quelque diminution sur leur salaire. Aussi ne me lâchaient-ils pas d'une semelle : je courais, ils couraient; je m'arrêtais, ils s'arrêtaient; je..., ils...

Je m'introduisis à grand'peine dans ce panier à salade, où je finis par me caser tant bien que mal, me mettant entièrement sur le dos et croisant mes jambes *sur* moi.

Puis au bout d'un moment, bercé par le mouvement régulier que les porteurs imprimaient à la boîte, je commençai à m'assoupir.

Quand un quart d'heure après je voulus me remettre sur mes pattes, ce me fut tout à fait impossible. Une crampe générale s'était emparée de tous mes membres, qui, échauffés par la fatigue, s'étaient roidis dans une, dans dix fausses positions. Les porteurs furent obligés de me tirer de là dedans, noué comme un paquet de cordages.

A six heures, nous nous arrêtions à Kiga, qui est une autre petite station thermale, sœur de Mionoshita, mais moins importante. Il y a aussi des sources sulfureuses. La plus chaude, celle qui jaillit à côté de la maison où nous sommes logés, a quarante-cinq degrés de chaleur.

Il n'y a, ni à Mionoshita ni à Kiga, aucun établissement thermal proprement dit.

Chaque maison de thé a fait faire une, deux, dix petites piscines en bois, selon son importance. L'eau, qui appartient au village, est partagée de manière que chaque habitant puisse en avoir, et comme elle est en grande abondance, on la fait passer dans les piscines, où les baigneurs viennent se plonger pendant vingt ou trente minutes pour prendre leur bain.

Ça n'est pas plus compliqué que cela, et un bain ne coûte que quatre sous.

Rien à faire le soir à Kiga. Après un petit dîner où Tatzu s'est réellement distingué, nous nous étendons sur les ftons, entre trois ou quatre hibashis (dans ces montagnes il ne fait pas chaud du tout); nous fumons des *kiseru,* nous buvons du saké, et nous finissons par jouer au jeu des *ciseaux, pierre et papier,* sans toutefois payer des gages, comme dans la *jonkina,* ce qui serait bien moins drôle qu'avec les geishas.

Au moment de disparaître sous une montagne de ftons, M. de Siebold me prête un livre qu'il a apporté pour me le faire lire.

Ce sont les *Tales of old Japan,* publiés il y a bien longtemps déjà, où M. Mitford a recueilli toutes les vieilles légendes et les vieilles histoires de ce pays, et dont il a fait un volume très-intéressant.

Je vais profiter de cette soirée pour traduire dans mon cahier de notes l'histoire des amours de Gompachi et de Komurasaki; elle servira, mieux que toutes les descriptions possibles, à faire connaître les anciennes mœurs des Japonais et leur manière de vivre avant le frottement et le contact de la civilisation occidentale.

Il y a environ deux cent trente ans, vivait au service d'un daïmio de la province d'Inaba un jeune homme du nom de Shirai Gompachi, lequel, à l'âge de seize ans, avait déjà acquis une grande réputation de beauté et de courage, et était renommé pour son adresse dans le maniement des armes.

Il arriva qu'un jour un chien qui lui appartenait se battit avec celui d'un samouraï du même clan. Ce fut là la cause d'une querelle très-vive entre les jeunes gens, tous deux ardents et batailleurs; ils tirèrent leurs sabres, et Gompachi tua son adversaire.

La conséquence de cette affaire fut de forcer Gompachi à fuir au plus vite son pays et à se diriger vers Yedo.

C'est alors que commencèrent ses aventures.

Un soir, il arriva, mourant de faim, dans une maison qui se trouvait sur le bord de la route et qu'il prit pour une auberge. Il demanda quelques rafraîchissements, et, comme il était brisé de fatigue, il alla bientôt se coucher, se doutant peu du danger qui le menaçait.

Cette maison n'était autre chose que le repaire d'une bande de voleurs et d'assassins, dans les mains desquels il venait de tomber involontairement.

La bourse de Gompachi était, il est vrai, très-légèrement garnie; mais ses sabres et sa ceinture valaient bien trois cents onces d'argent, et c'est sur ces objets que les voleurs (ils étaient au nombre de dix) avaient jeté les yeux. Ils décidèrent de tuer Gompachi et de le dépouiller.

Celui-ci, ne se doutant de rien, s'endormit dans la plus grande sécurité.

Vers le milieu de la nuit, il fut tiré de son sommeil par un bruit léger; quelqu'un essayait d'ouvrir doucement les portes à rainures qui conduisaient dans sa chambre; se levant subitement sur son séant, il aperçut une ravissante jeune fille de quinze ans, qui lui fit signe de ne pas bouger, et qui, étant venue s'agenouiller tout près de lui, lui glissa ces mots à l'oreille :

« Le maître de cette maison est le chef d'une bande de malfaiteurs qui ont décidé de vous assassiner cette nuit pour vous prendre vos sabres et vos habillements. Je suis moi-même la fille d'un riche marchand de Mikawa. L'année dernière, ces voleurs, étant venus chez nous, m'emmenèrent prisonnière, emportant avec eux tout l'argent de mon père. Oh! je vous en prie, prenez-moi avec vous et fuyons au plus vite. »

Les yeux de la belle enfant étaient pleins de larmes, et Gompachi fut tellement surpris qu'il ne sut d'abord que répondre; mais comme c'était un garçon d'un grand courage et maître dans l'art de se battre, il recouvra bientôt sa présence d'esprit, et il décida de tuer les voleurs et de délivrer la jeune fille. Il lui dit alors : « Puisqu'il en est ainsi et que vous le voulez, je vais tuer ces hommes et vous sauver cette nuit même. Sitôt que je commencerai la bataille, courez vite hors de la maison, pour être ainsi à l'abri de tout danger, et attendez que je vienne vous rejoindre. »

Obéissant à cet ordre, la jeune fille le laissa seul. Gompachi attendit tranquillement, immobile et retenant son souffle. Quand les voleurs essayèrent de se glisser furtivement dans sa chambre, le croyant profondément endormi, il bondit sur le premier qui se présenta devant lui et l'étendit roide mort à ses pieds. Les neuf autres, voyant cela, se jetèrent sur lui le sabre à la main; mais Gompachi, luttant en désespéré, les mit hors de combat, et finalement leur trancha la tête à tous.

Alors il sortit de la maison et appela la jeune fille. Celle-ci accourut aussitôt à ses côtés, et ils partirent ensemble pour aller retrouver le père de celle qu'il venait de délivrer.

Arrivés à Mikawa, ils se rendirent chez le riche marchand que les voleurs avaient autrefois dépouillé. Gompachi lui raconta comment, étant tombé dans un repaire de bandits, sa fille était venue à son secours à l'heure du danger; comment elle l'avait sauvé et comment, en retour de ce grand service, il avait voulu ramener la jeune fille à son père.

Quand les vieux parents revirent l'enfant qu'ils croyaient perdue, ils furent dans une grande joie et versèrent des larmes de bonheur. Ils prièrent instamment Gompachi de ne pas partir, de rester avec eux; ils préparèrent pour lui de grandes fêtes et lui donnèrent la plus large hospitalité.

La jeune fille, de son côté, était devenue éperdument amoureuse de son sauveur. Elle l'aimait pour sa beauté et pour son courage; elle passait toutes ses journées à penser à lui, rien qu'à lui.

Le jeune homme, au contraire, en dépit de toutes les bontés du marchand, qui voulait l'adopter comme fils et le garder auprès de lui, brûlait du désir d'aller à Yedo et de reprendre du service, comme officier, dans le clan de quelque seigneur. Il sut résister aux prières du père, aux douces et tendres paroles de la jeune fille, et il leur annonça son intention bien arrêtée de les quitter.

Quand le vieux marchand vit qu'il était impossible de le retenir, il lui fit cadeau de deux cents onces d'argent, et, les yeux pleins de larmes, il lui souhaita un bon voyage.

Mais la pauvre fille ne pouvait se décider, elle, à le laisser partir! Son cœur sanglotait à l'idée de se séparer de son amant!

Gompachi, qui avait bien plus d'idées ambitieuses dans la tête que d'amour dans le cœur, s'approcha d'elle pour la consoler, et lui dit : « Séchez vos jolis yeux, ma douce amie, et ne pleurez plus, car bientôt je serai de retour. Soyez-moi fidèle pendant ma courte absence, et ayez bien soin de vos parents. »

L'espoir de revoir bientôt son amoureux ramena le sourire sur le joli visage de la belle jeune fille, et Gompachi put la quitter et reprendre sa course vers Yedo.

Quelques jours après, il approchait de la grande ville; mais il n'en avait pas fini avec les dangers de toutes sortes qui le menaçaient.

Un soir qu'il arrivait à un village du nom de Suzuyamon, qui se trouve dans les environs de Yedo, il fut attaqué par une bande de six écumeurs de grands chemins, qui croyaient que c'était chose facile que de le tuer et de le dévaliser.

Gompachi, ne se laissant pas intimider par le nombre de ses assaillants, tira son sabre et en tua deux sur-le-champ. Mais il venait de faire une longue journée de marche, il était exténué de fatigue; les quatre bandits le serraient de près, et il se défendait avec peine. Il commençait même à faiblir, quand un *chônin* [1] qui voyageait en voiture vint à passer par là. Voyant la bagarre, il sauta à terre, tira son sabre et vint au secours de Gompachi. Les voleurs, surpris de cette intervention subite, à laquelle ils étaient loin de s'attendre, prirent la fuite. Gompachi était sauvé.

Or, il se trouva que le brave marchand qui était si heureusement venu à son secours, n'était autre que Chobei de Baudzuin, chef de l'*Okodaté* ou société de l'amitié des citoyens de Yedo; un homme fameux dans les annales de la cité et dont la vie, les exploits et les aventures forment le sujet de plusieurs contes.

---

[1] Les villes japonaises sont divisées en *chô* ou arrondissements, et chaque artisan ou négociant est sous l'autorité du chef du chô dans lequel il réside. Le mot de *chônin* est généralement employé pour désigner un citoyen qui n'est pas samouraï.

Quand les voleurs eurent disparu, Gompachi, se tournant vers son sauveur, lui dit : « J'ignore qui vous pouvez être, mais je dois vous remercier de m'avoir délivré d'un grand danger. »

Comme il continuait à lui exprimer sa gratitude, Chobei répliqua : « Je ne suis qu'un pauvre chônin, un homme bien humble et bien tranquille, et nous devons la fuite des voleurs bien plus à un heureux hasard qu'à mon propre mérite. Mais je suis moi-même plein d'admiration pour la manière dont vous avez combattu; vous avez déployé une adresse et un courage qui sont au-dessus de tout éloge.

— Vraiment, dit le jeune homme tout fier de s'entendre complimenter ainsi, je suis encore jeune et inexpérimenté, et je suis honteux de ma maladresse à me servir d'un sabre.

— Et maintenant, puis-je vous demander où vous allez?

— Vous m'en demandez là plus que je n'en sais moi-même, répondit Gompachi, car je suis un *rônin* [1], et je n'ai pas de but bien arrêté.

— Voilà une mauvaise affaire, dit Chobei, se sentant pris de compassion pour le jeune aventurier. Toutefois, si vous voulez bien excuser la hardiesse de l'offre que je vais vous faire, moi, qui ne suis qu'un humble chônin, je me permettrai de mettre ma maison à votre disposition, en vous priant d'y demeurer jusqu'à ce que vous ayez pris du service auprès de quelque grand seigneur. »

Gompachi accepta avec plaisir l'offre de son nouvel ami, et Chobei l'emmena avec lui dans sa maison de

---

[1] Un *rônin* est un samouraï qui a quitté le service de son seigneur et qui n'appartient plus à aucun clan.

Yedo, où il l'hébergea et le garda pendant plusieurs mois.

Après quelque temps de cette vie douce et facile, Gompachi s'habitua à la paresse et à l'oisiveté. Il prit bientôt les plus déplorables habitudes et commença à mener une vie dissolue, ne pensant plus qu'à satisfaire toutes ses fantaisies et toutes ses passions. Il fréquentait tous les jours le Yoshiwara, ce quartier écarté de Yedo, où se trouvent les maisons de thé borgnes et les lieux mal famés, rendez-vous des jeunes gens débauchés. Sa jolie figure et sa bonne tournure attirèrent bientôt l'attention, et il devint en peu de temps le favori de toutes les beautés de ce quartier.

Vers ce temps-là, tous ses camarades et compagnons de débauche commencèrent à vanter hautement les charmes de Komurasaki, ou « *Petite Pourpre* », jeune fille nouvellement arrivée au Yoshiwara, et dont la beauté parfaite surpassait celle de toutes les autres filles du quartier. Gompachi entendit tellement parler de sa beauté incomparable et de ses charmes, qu'il décida d'aller à la maison des *Trois Flots bleus* où elle était, pour voir si vraiment elle méritait tout le tapage qu'on faisait à propos d'elle.

Il partit donc un soir pour le Yoshiwara, et, arrivé aux *Trois Flots bleus*, il demanda à voir Komurasaki. Ayant été introduit dans la chambre où elle était assise, il s'avança vers elle. Quand elle se retourna, un cri d'étonnement s'échappa de sa poitrine.

Cette Komurasaki, la perle du Yoshiwara, n'était autre que cette même jeune fille que Gompachi avait délivrée des mains des voleurs et qu'il avait quittée à Mikawa, au milieu de sa famille! Il l'avait laissée dans la richesse et dans l'opulence, enfant chérie d'un père riche et considéré; ils avaient échangé, avant de se séparer, des promesses d'amour et de fidélité, et ils se retrouvaient maintenant au Yoshiwara de Yedo!

Quel changement! quel contraste!

La fortune s'était donc envolée? les serments d'amour n'étaient donc que mensonges?

« Qu'est ceci? s'écria Gompachi quand il fut revenu de sa surprise. Comment se fait-il que je vous retrouve ici, dans ce lieu de perdition, dans ce Yoshiwara? Je vous en prie, expliquez-moi bien vite ce mystère que je suis incapable de comprendre. »

Komurasaki, qui venait de retrouver d'une manière si imprévue l'amant qu'elle avait tant regretté et tant pleuré, fut longtemps avant de pouvoir parler. Elle rougissait de plaisir et de honte à la fois, n'osant lever les yeux sur celui qui l'interrogeait.

Elle répondit en pleurant : « Hélas! l'histoire de mes malheurs est bien triste, et serait longue à raconter. Après que vous nous eûtes quittés, des calamités et des revers de toutes sortes s'abattirent sur notre maison. Quand mes parents, frappés par la plus affreuse misère, eurent épuisé leurs dernières ressources, j'étais moi-même à bout de forces, et mon travail ne suffisait plus pour les faire vivre.

« Alors, ne sachant plus que faire pour leur venir en aide, je vendis ce misérable corps au maître de cette maison, et j'envoyai à mes parents l'argent qu'il me donna. Mais en dépit de cela, le malheur et l'infortune s'acharnèrent contre eux, et ils finirent par mourir de faim et de douleur.

« Oh! y a-t-il dans ce monde un être vivant aussi misérable, aussi malheureux que moi?

« Mais maintenant je vous ai revu; vous qui êtes si fort, ne m'abandonnez pas, moi qui suis si faible!

« Vous m'avez sauvée une fois; oh! je vous implore à genoux, je vous en supplie, ne m'abandonnez pas maintenant! »

En disant cela, la malheureuse enfant se roulait aux pieds du rônin, et de ses beaux yeux coulaient des torrents de larmes.

« C'est en vérité une bien triste histoire, dit Gompachi profondément ému par le récit qu'il venait d'entendre, et l'adversité a dû bien réellement s'acharner après votre maison qui, naguère encore, était si prospère. Mais maintenant ne pleurez plus, car je suis là, et je ne vous abandonnerai certainement pas. Je suis trop pauvre, il est vrai, pour vous racheter et vous tirer de cet esclavage; mais je saurai m'arranger pour que vous ne soyez plus malheureuse. Aimez-moi et ayez foi en votre ami! »

Komurasaki, entendant ces bonnes paroles, se leva toute radieuse, et, essuyant ses grands yeux pleins de larmes, elle se serra dans les bras de son bien-aimé, oubliant, dans la joie et le bonheur de se retrouver avec lui, tous ses malheurs passés et toutes ses peines.

Quand vint le moment de se séparer, Gompachi la pressa tendrement sur son cœur en lui promettant de revenir bientôt. Il retourna à la maison de Chobei; mais toute la journée il ne fit que rêver à Komurasaki, dont il ne pouvait chasser de sa pensée l'image chérie.

Or il advint que chaque jour il allait la voir au Yoshiwara; et si quelque affaire ou quelque accident l'empêchait de venir à l'heure habituelle, son amante, aussitôt inquiète et désappointée de ne pas le voir, lui écrivait pour s'informer de la cause de son absence.

Après quelque temps de cette vie d'oisiveté et de débauche, les ressources de Gompachi se trouvèrent épuisées, et, comme il était rônin, il n'avait aucun moyen de les renouveler.

Il fut bientôt honteux de se montrer sans argent aux *Trois Flots bleus,* et ce fut alors qu'une idée funeste s'empara de lui. Il sortit dans la nuit, tua un homme et lui vola son argent qu'il courut porter au Yoshiwara.

Quand une fois le tigre a goûté du sang, il devient terrible. Notre héros était sur une pente fatale. Aveuglé par sa passion et pressé par le besoin, Gompachi continua d'assassiner et de voler la nuit dans les rues. Ce corps élégant et fin, cette jolie figure, cachaient une âme noire et scélérate; la vie qu'il menait devint un tel sujet de scandale dans la maison du chônin Chobei, que celui-ci se vit forcé de le mettre hors de chez lui.

Comme toujours la vertu ou le vice trouvent tôt ou tard leur récompense ou leur punition, il arriva que les crimes de Gompachi ne furent bientôt plus un secret pour personne; le gouvernement ayant mis des espions à ses trousses, il fut pris en flagrant délit de meurtre, et arrêté.

Tous ses méfaits et tous ses crimes ayant été amplement prouvés, il fut condamné à mort; on le conduisit sur la place d'exécution de Suzuyamon, et il fut décapité comme un vulgaire malfaiteur.

Gompachi mort, la vieille affection que Chobei avait pour lui se réveilla; et comme le chônin était pieux et bon, il alla réclamer la tête et le corps du supplicié, qu'il enterra à Méguro, dans les jardins du temple de Boronji.

Quand Komurasaki apprit par les cancans du Yoshiwara la fin tragique de son amant, sa douleur ne connut plus de bornes. Elle s'enfuit secrètement des *Trois Flots bleus,* et vint à Méguro se jeter éplorée sur la tombe de Gompachi.

Longtemps elle pria et pleura sur le tombeau de celui que, malgré toutes ses fautes, elle avait tant aimé! Puis elle tira une dague de sa ceinture et la plongea tout entière dans sa poitrine...

M. Mitford fait suivre cette histoire émouvante de réflexions très-justes et très-intéressantes; et je ne puis résister au plaisir de les lui emprunter.

Quand Komurasaki s'en alla vendre son corps pour venir en aide à ses parents ruinés, elle ne faisait rien, d'après elle, qui fût contraire aux devoirs d'une fille vertueuse. Elle ne pouvait même, pensait-elle, accomplir un plus grand acte de piété filiale; et bien loin de lui mériter les reproches et la réprobation des honnêtes gens, ce sacrifice de sa propre personne était digne à leurs yeux, des plus grands éloges et de la plus grande sympathie.

Des histoires dans le genre de celle qu'on vient de lire furent cause que les Européens, arrivant au Japon, eurent les idées les plus fausses sur la vie et les habitudes de ce peuple qu'ils ne connaissaient pas, et qu'ils ne pouvaient voir que dans un ou deux ports, sans pouvoir l'étudier chez lui.

J'ai entendu affirmer, et j'ai vu maintes fois imprimé, que ce n'est point une honte, pour un Japonais respectable, de vendre sa fille; que des personnes de haute situation et de grande famille choisissaient souvent leurs épouses dans des maisons semblables à celle des *Trois Flots bleus;* et enfin, que la conduite d'une jeune fille avant son mariage n'avait aucune influence sur son avenir.

Rien n'est plus injuste et moins vrai.

Il n'y a que les familles absolument dénuées de ressources qui vendent leurs filles pour être servantes, chanteuses ou prostituées.

Certes, il peut arriver parfois que la fille d'un noble, d'un samouraï, soit trouvée dans une maison du Yoshiwara; mais cela est une chose très-rare, tout à fait exceptionnelle, et qui ne peut arriver que lorsque les parents de la jeune fille sont morts ou ruinés. Des investigations officielles qui ont été faites à ce sujet ont prouvé que le cas était tellement rare, que la présence d'une demoiselle noble dans un de ces endroits était une immense attraction, une grande réclame pour la maison qui la possédait. Quant aux mariages entre jeunes gens riches et nobles, et ces femmes déchues, est-ce que cela ne se voit pas journellement en Europe? Est-ce que les dames du demi-monde ne font jamais de grands mariages, des mariages invraisemblables?

Les mésalliances sont plus rares au Japon que chez nous; et si parfois de telles aventures arrivent dans la population des grandes villes, elles sont très-certainement inconnues dans l'intérieur et dans les campagnes.

Une jeune fille n'est ni conspuée ni honnie, si, pour sauver et secourir ses parents, elle se vend et se condamne à mener pour le restant de ses jours une vie tellement infâme et tellement misérable que, lorsqu'un Japonais entre dans une de ces maisons, il est obligé de déposer ses sabres à l'entrée; ceci pour deux motifs : le premier, pour éviter et prévenir les rixes; et le second, parce qu'il est avéré que quelques-unes de ces femmes qui sont enfermées dans les yoshiwaras sont tellement abandonnées de tous et tellement malheureuses, et que parfois elles haïssent tellement la vie qu'elles mènent, que si elles pouvaient avoir sous la main une arme quelconque, elles mettraient certainement fin à leur triste carrière, et frustreraient ainsi les intérêts de celui qui les a achetées.

Il y a un fait à noter : c'est que dans toutes les villes dépendant des châteaux de daïmios, à l'exception de quelques-unes qui étaient des ports de mer, la prostitution publique était strictement prohibée, bien que, si les rapports faits là-dessus étaient exacts, la moralité eût plus à souffrir de cette mesure qu'à y gagner.

Toutes les erreurs et toutes les faussetés qui ont été racontées au sujet de la prostitution au Japon, par les écrivains et les voyageurs qui ont visité ce pays, proviennent certainement de ce qu'ils ont basé leur jugement sur ce qu'ils voyaient se passer dans les ports ouverts; et ils n'ont pas hésité à déclarer que la chasteté était un sentiment inconnu des femmes japonaises.

Un Japonais pourrait alors tout aussi bien, s'il écrivait sur l'Angleterre, juger les femmes et les sœurs de ces mêmes auteurs, qui ont écrit tant de faussetés sur le Japon, d'après la conduite des gourgandines et des filles qu'il aurait rencontrées dans les rues de Portsmouth et de Plymouth.

La distinction qui existe entre le vice et la vertu est en quelque sorte bien plus palpable et plus évidente au Japon qu'en Europe. La courtisane orientale est obligée de vivre dans un certain quartier de la ville ; elle est bien et toujours reconnaissable à son costume extravagant et surtout à sa coiffure, qui consiste à piquer dans ses cheveux de minces et longues épingles d'écaille, qui forment au-dessus de sa tête comme une auréole..., auréole de honte et de déshonneur, qu'une honnête femme ne consentirait jamais à porter.

Le vice narguant la vertu sur toutes les places publiques ; la vertu cherchant à suivre le plus exactement possible les modes implantées par le vice ; voilà un phénomène social inconnu dans l'extrême Orient.

L'habitude qui existe ici, parmi les basses classes de la société, de se baigner en commun dans les maisons de bains, sans aucune distinction de sexe, est une autre circonstance qui a contribué à faire croire aux nouveaux arrivants que la femme japonaise n'avait aucune pudeur. Chaque voyageur est surpris la première fois qu'il voit une maison de bains, et il n'est pas un écrivain ayant traversé le Japon qui n'ait écrit à ce sujet quelque piquante description.

Ce ne sont pourtant que les gens pauvres (et ils doivent l'être bien réellement pour ne pas avoir une piscine chez eux) qui vont à la fin de la journée, et quand leur travail est fini, reposer et rafraîchir leurs membres fatigués dans une maison de bains, avant d'aller s'asseoir devant leur repas du soir. Ayant été habitués dès leur enfance à cette promiscuité des sexes, ils ne voient là aucune indécence : c'est une affaire d'habitude, et *honni soit qui mal y pense!*

Un jour que je parlais avec un Japonais de cette coutume bizarre, je lui dis que nous autres étrangers, nous considérions comme un acte d'indécence de se mettre hommes et femmes dans la même piscine. Il me répondit en haussant les épaules : « C'est que vous autres Occidentaux, vous avez des imaginations corrompues ! »

Il y a quelque temps, le gouvernement japonais défendit dans la ville de Yokohama les bains publics où hommes et femmes pouvaient se baigner ensemble, et cela, à cause de la présence des étrangers. Nul doute que ce ne soit le premier pas vers la suppression complète de cette coutume.

Maintenant, quant à la vie et à la conduite des jeunes filles avant leur mariage — je parle de l'époque antérieure à la nouvelle civilisation et au contact des étrangers — elles différaient suivant que les jeunes filles appartenaient à la noblesse ou qu'elles étaient nées et vivaient dans les rangs du peuple.

Dans ce dernier cas, il pouvait arriver qu'une jeune femme répudiée par son mari ou trompée par un amant revenait à sa famille, et trouvait, peu de temps après, à se remarier. Le peuple japonais, même les marchands, n'était pas riche, et la pauvreté est mauvaise conseillère.

Mais les choses étaient bien différentes dans les hautes classes de la société. Personne n'aurait osé approcher ou insulter la fille d'un noble; on apprenait aux jeunes patriciennes à se servir du poignard qu'elles portaient gentiment passé à la ceinture, et qui était non-seulement un insigne et une marque de leur rang, mais aussi une arme qui devait servir à les faire respecter.

Il y a quelques années, une tragédie, qui se termina par du sang, se passa dans la maison d'un noble daïmio, à Yedo. Une des demoiselles de compagnie de la princesse, jeune fille de sang noble, douée d'une rare beauté, avait enflammé la passion d'un des employés du palais; ce malheureux en était devenu éperdument amoureux. Pendant longtemps il domina son amour, n'osant s'approcher de la jeune fille, que protégeaient les lois sévères de l'étiquette. Un jour pourtant, il parvint à s'introduire auprès d'elle dans les appartements réservés aux demoiselles d'honneur, et il s'oublia au point de lui déclarer sa coupable passion. Alors, comme il tentait de la saisir par le bras, elle tira son poignard et le lui enfonça dans l'œil si violemment qu'il fut tué sur le coup et qu'il tomba pour ne plus se relever.

La jeune fille déclara simplement que cet homme l'avait insultée, et cela suffit pour sa pleine justification. Au lieu d'être blâmée pour ce qu'elle avait fait, elle fut au contraire hautement félicitée sur son courage et sa chasteté.

Comme toute cette affaire s'était passée entre les quatre murs du yashiki d'un homme puissant, il n'y eut d'autre instruction que celle des autorités qui dépendaient elles-mêmes du daïmio.

Cette histoire est absolument véridique; elle est entièrement dans les idées de l'aristocratie japonaise; et il semble en effet bien plus juste de voir Lucrèce tuer Tarquin que se tuer elle-même.

Puisque je suis sur ce chapitre, je vais essayer de donner quelques détails sur le fameux Yoshiwara de Yedo, dont il a été question dans l'histoire des amours de Gompachi et de Komurasaki.

A la fin du seizième siècle, les courtisanes de Yedo habitaient dans trois quartiers différents. C'étaient la rue Kajémachi, dans laquelle vivaient les femmes venant de Kiôto; la rue Kamakura, et une autre rue située en face du Grand-Pont. Dans ces deux endroits vivaient les femmes venues de Suruga. Plus tard vinrent des femmes de Fushinié et de Nara, qui habitaient un peu partout dans la ville.

Un beau jour tout ceci scandalisa, paraît-il, un réformateur du nom de Shoji-Jinyémon, qui, en l'an 1612, adressa au gouvernement un mémoire, dans lequel il demandait que toutes les courtisanes de Yedo fussent réunies dans un endroit spécial qu'on appellerait le *quartier des Fleurs*. Sa pétition fut prise en considération, et en l'an 1617 un édit désigna pour cela le quartier de Fujiyachô qu'on nommait, à cause de la grande quantité de joncs qui poussaient en cet endroit, le *Yoshi-wara* ou *Marais des joncs*.

Plus tard, par un calembour sur le mot *yoshi*, qui, écrit en caractères chinois, signifie *bon* ou *heureux*, on appelait parfois ce quartier l'*Heureux Marécage!*

En 1655, Yedo devenant une grande ville et prenant plus d'extension, le quartier fut transporté en bloc à la place qu'il occupe maintenant à l'extrémité nord de la ville; mais le nom de *Yoshiwara* était consacré, et le suivit.

Le *Guide officiel* du Yoshiwara donnait, en 1869, une statistique évaluant à trois mille deux cent quatre-vingt-neuf le nombre des courtisanes de toutes classes, depuis l'*Orian*, ou *Fière Beauté*, qui par ses splendides toilettes brodées d'or et d'argent, sa figure peinte et ses lèvres dorées, ses dents soigneusement laquées et noircies, tient toute la jeunesse élégante de Tokio à ses pieds, jusqu'à l'humble *shinzô*, ou femme aux dents blanches, qui s'en va traînant sa misère de maison en maison. En ajoutant au chiffre donné ci-dessus un millier de belles de nuit, appelées ici *jigoku-onna*, la prostitution de Yedo se trouve encore dans des proportions très-restreintes, vu la grandeur de cette ville qui a près d'un million d'habitants.

Il y a dans le Yoshiwara trois cent quatre-vingt-quatorze maisons de thé, dans lesquelles les jeunes viveurs viennent dîner et souper, et où il est de la dernière mode de donner des fêtes de nuit. Il y a à cet effet des jongleurs très-habiles et des geishas que l'on invite à ces soirées et qui, par leurs tours, leur musique et leurs danses, égayent et animent ces réunions.

Il ne faut pas confondre les musiciennes avec les courtisanes. Celles-là sont généralement vertueuses, et on ne les envoie jamais dans les maisons de thé que par deux, ou par bandes, de manière qu'elles puissent toujours se surveiller mutuellement.

Il y aurait encore bien des détails à donner pour compléter cette étude, et la description d'une promenade dans les rues du Yoshiwara ne manquerait pas de piquant. Mais je ne me suis que trop appesanti déjà sur ce sujet épineux, et j'aime mieux revenir au récit de notre excursion, récit dont je me suis fort éloigné, grâce à l'histoire de M. Gompachi et de mademoiselle Komurasaki.

Il n'y a guère moyen de dormir la grasse matinée dans les maisons de thé de Kiga. Dès sept heures et demie on vient retirer les volets de bois qui, la nuit, ferment le *nikaï*, et cela avec un fracas de tous les diables. Les volets retirés, l'air et le froid pénètrent à leur aise dans les chambres, et c'est comme si l'on était couché au milieu du torrent que l'on entend gronder juste au-dessous de la chaya.

Nous allons tous les trois nous plonger dans des bains sulfureux et bouillants, et à neuf heures nous sommes tout équipés et prêts à nous mettre en marche. Nos six kangos sont rangés en bataille devant la maison de thé, où tout le village est rassemblé pour nous voir partir.

M. de Siebold, qui, je l'ai dit, habite depuis longtemps le Japon et parle admirablement le japonais, harangue les populations. Épatement de ces montagnards de voir un Européen qui parle si bien leur langue. Ils se figurent alors que nous sommes tous aussi forts, et ils nous entourent en nous adressant mille questions auxquelles je me dérobe pour ma part en emboîtant le pas derrière les kangos qui venaient de s'ébranler.

Nous continuons à escalader par des chemins assez difficiles les montagnes qui dominent le grand lac de Hakoné.

Après une demi-heure de marche, nous sortons de la forêt; la montagne devient plus aride, mais elle est pourtant couverte de très-bonne terre, et si l'on défrichait tous les terrains perdus sur ces hauteurs et sur lesquels il ne se trouve maintenant que des ajoncs et des bambous sauvages, on pourrait les rendre très-fertiles et très-productifs.

On me répond à cela que toute cette région avait été laissée inculte exprès, car c'est ici que les shoguns venaient jadis chasser l'ours, le sanglier et le cerf.

Nous montons encore jusqu'à un tout petit lac qui est entièrement gelé et sur lequel on pourrait admirablement patiner. On l'appelle le lac de Chojô-ga-ika; le nom lui vient d'un temple qui se trouve à cinquante mètres de là et qui est fort curieusement adossé à un rocher énorme. Dans ce rocher même on a taillé, dans les proportions du lion commémoratif de Lucerne, une immense statue de Bouddha. Le dieu est représenté assis, les jambes repliées sous lui et les mains jointes. La tête seule de la statue a un mètre vingt centimètres de hauteur.

A partir de cet endroit nous commençons à redescendre

rapidement le versant sud de la montagne. Après une heure de marche nous retrouvons la grande route du Tokaïdo, qui traverse la fameuse passe de Hakoné, célèbre par les combats qui s'y livrèrent lors de la guerre de la restauration en 1868. C'est en ce lieu que les troupes du Taïkoun attendaient l'armée du Mikado. L'endroit se prête admirablement à toute espèce d'embuscade et de fortification. La passe de Hakoné est la clef stratégique de Yedo, et quand les troupes du Mikado l'eurent franchie, le Taïkoun se sentit perdu dans son palais du Siro.

Le Tokaïdo, qui en cet endroit n'est plus carrossable, nous conduit en quelques minutes sur les bords du lac de Hakoné, qui se trouve à deux mille deux cents pieds environ au-dessus du niveau de la mer. Ce grand lac miniature, qui peut avoir une demi-lieue de largeur, est à peu près ovale ; le fond est encaissé dans de hautes montagnes avec le Fujiyama au dernier plan, tandis que sur la gauche l'horizon se dégage complétement.

Le temps est magnifique ; il fait froid, il est vrai, mais un beau soleil de janvier, tel qu'on n'en connaît pas sur les bords de la Seine, éclaire et réchauffe ce ravissant paysage.

Tatzu et les kangos nous avaient précédés au *Hafuya-Inn*, maison de thé de Hakoné. Aussi trouvons-nous en arrivant une omelette frémissante et deux jeunes poulets rôtis qui nous tendaient les bras.

Pendant le déjeuner on nous apporta le livre des voyageurs réservé aux Européens. Le premier qui y a écrit sa pensée est un Calino anglais, qui vous recommande de choisir un beau temps et un beau soleil pour visiter Hakoné. Il est bien temps de profiter de ce conseil quand on le lit !

Au-dessus de la signature de M. J. F. Stevenson, un cousin probablement de M. Perrichon, nous lisons :

« *O world, how small thou art!* [1]... »

Après avoir vainement cherché quelque chose de spirituel à écrire, je rendis le livre au maître de l'auberge.

Hakoné est une petite ville d'un millier d'habitants, qui doit son existence à son heureuse situation. Tous les voyageurs et pèlerins qui suivent le Tokaïdo s'arrêtent à Hakoné, soit pour y passer la nuit, soit pour y prendre des provisions. Le lac est très-poissonneux, et les habitants vivent en grande partie du produit de la pêche.

En route à deux heures, nous avons encore cinq ris à faire, et ce ne serait pas drôle du tout de nous trouver dans ces mauvais chemins au milieu de l'obscurité.

La promenade de Hakoné à Atami est une des plus belles qu'on puisse faire. On suit presque continuellement la crête de la montagne qui descend se perdre dans la mer, en formant un petit promontoire vert au milieu des flots bleus. A droite et à gauche, on aperçoit, à plus de mille pieds au-dessous de soi, la mer se glissant de tous côtés dans les échancrures de ces côtes déchirées qu'elle vient lécher de ses baisers amers.

J'ai fini par trouver une position à peu près confortable pour tenir en kango. Je me mets entièrement sur le dos, et je croise mes jambes sur la traverse en bois qui passe au-dessus de moi.

Atami, où nous arrivons à cinq heures, est une station d'hiver très-heureusement située sur le bord de la mer au fond d'une petite baie garantie des vents du nord par les hautes montagnes de Hakoné. Atami est au Japon ce

---

[1] Monde, que tu es petit!

que Cannes ou Menton sont en France. C'est une ville très-tranquille, très-ennuyeuse, jouissant d'un climat incomparable; une retraite où les Japonais aisés viennent parfois passer les mois d'hiver.

Les maisons de thé y sont beaucoup plus grandes et plus belles que celles que nous avons vues jusqu'à présent, et sont aménagées pour recevoir les riches citadins de Yedo.

Il y a de gros personnages à Atami en ce moment. M. Ito, ministre de l'intérieur, est ici avec toute sa famille. Il a loué une grande maison autour de laquelle veillent continuellement cinquante policemen.

M. Mori, vice-ministre des affaires étrangères, et le général Oyama, chef de l'état-major général, sont aussi dans la ville.

Ces messieurs sont ici en congé. M. Ito vient faire une cure d'eau minérale, car il y a à Atami des sources thermales intermittentes très-efficaces et très-curieuses. La source principale coule pendant vingt à trente minutes, puis s'arrête pour une ou deux heures, et toujours ainsi.

Dans la soirée nous faisons passer nos cartes de visite à ces messieurs, en leur faisant dire que nous irions les voir le lendemain. Très-fatigués de notre journée, nous ne tardons pas à nous étendre sur des piles de ftons, qui sont aussi bien faits pour se reposer que les kangos pour voyager.

Nous avons encore aujourd'hui, 7 janvier, une rude journée à faire. On est matinal à Atami. C'est ce qui nous permet d'aller voir M. Ito à neuf heures du matin. La ville, que je n'ai fait qu'entrevoir hier au soir, est bien plutôt un gros bourg. Les rues sont étroites et mal pavées. Ce ne doit pas être très-folichon de passer un hiver là dedans.

Nous reconnaissons la maison habitée par le ministre à la quantité de *razotsus*[1] qui se tiennent sur la porte. Ces policemen nous en barrent l'entrée en nous demandant assez brusquement ce que nous désirons. Ils se radoucissent un peu quand nous leur disons que le ministre nous attend.

Quelques minutes après nous avoir annoncés, on vient nous chercher, et nous emboîtons le pas derrière deux jeunes samouraï de la plus belle eau. Tout à coup ils s'arrêtent, et restent immobiles en regardant nos chaussures. Ah! cette fois, par exemple, c'est désagréable! J'ai pour ma part de gros souliers ferrés pour la marche, lacés jusqu'à mi-jambe, et je demande s'il n'y aurait pas moyen, pour cette fois seulement, de passer outre. Mais non! il faut nous résigner, et nous voilà assis par terre (il n'y a jamais de siéges) et défaisant nos grosses bottes.

Ma foi, je nous trouvai l'air un peu ridicule quand je nous vis tous les trois, l'un à la suite de l'autre, grimpant nu-pieds l'escalier du premier étage pour aller faire une visite à un ministre!

A Tokio, ces messieurs habitent dans des maisons européennes, et vous êtes dispensés de la formalité *de la botte*. Et puis, quelle contenance voulez-vous avoir quand vous entrez dans un salon, votre chapeau à la main, mais vos simples chaussettes blanches aux pieds?

Je lisais dans les journaux dernièrement arrivés d'Europe qu'un monsieur avait surpris sa femme causant très-intimement avec un jeune officier de dragons qui se

---

[1] Policemen.

trouvait dans un costume injustifiable. Ce dernier, pris à l'improviste, avait fui lâchement et s'était caché dans les appartements. Eh bien, je suis sûr que les choses se seraient passées tout autrement si l'officier, au lieu d'être *en bannière,* avait eu simplement... ses bottes aux pieds.

M. Ito est l'homme charmant dont j'ai déjà parlé dans ces notes. Il nous reçoit dans une grande salle dénudée, au milieu de laquelle il est assis par terre, en face d'un hibashi et d'une tasse de thé. C'est la première fois que je le vois en Japonais, et il est bien mieux qu'en redingote. C'est une visite d'adieu que nous lui faisons, car il passera ici tout le mois de janvier, et quand il rentrera à Tokio, nous voguerons probablement sur le Pacifique. Mais, bast! Tokio n'est pas si loin de Paris, et ce n'est pas un adieu, mais bien un *au revoir* en Europe.

Après être rentrés dans nos bottes, nous allons chez M. Oyama. Ici je déclare formellement que j'entrerai chez lui comme Louis XIV au parlement, ou que je n'entrerai pas. Je ferai pourtant la concession du chapeau, mais c'est tout.

Je n'avais jamais vu M. Oyama qu'en costume de général, qu'il ne quitte jamais à Tokio. Je ne pus m'empêcher, en le voyant paraître aujourd'hui, de penser à l'ombre du grand Cincinnatus! Nous ne venions pas le prier de se mettre à la tête des armées japonaises, et il ne poussait pas la plus petite charrue devant lui; mais le guerrier, si brillant à Yedo, habitait ici une petite bicoque de campagne et se présentait devant nous vêtu, avec une certaine négligence, d'une longue robe d'étoffe bleue et un vaste chapeau de paille sur la tête. L'accueil qu'il nous fit n'en fut pas pour cela moins gracieux ni moins empressé. M. Oyama, je l'ai dit, est un homme qui joint la plus exquise amabilité au charme de ses hautes connaissances.

Thé, bordeaux, vermouth, champagne, nous dûmes boire de tout, et nous quittâmes le général en emportant la promesse formelle qu'il viendrait au moins une fois dîner chez nous à Tokio aussitôt qu'il y serait rentré.

La route que nous suivons maintenant longe le bord de la mer et nous rappelle tout à fait le chemin de la Corniche et de la rivière de Gênes. On traverse des petits torrents, des villages de pêcheurs pittoresquement bâtis au bord de la mer, et on a devant les yeux une nappe d'eau aussi bleue que la Méditerranée.

Il est impossible d'avoir un compagnon de voyage plus charmant et plus intéressant que M. de Siebold, qui parle également bien le français, l'allemand et le japonais. Il peut répondre à toutes nos questions, car il connaît à fond le Japon et ses habitants. Avec cela gai, toujours en train, et une passion pour le kango! Il n'en sort qu'au moment d'arriver dans quelque village, pour avoir l'air d'avoir fait la route à pied!

Les habitants et les pêcheurs que nous rencontrons sur le chemin sont très-polis, et toujours ils accompagnent leur *ohâio* d'un profond salut ou d'un sourire.

Nous nous arrêtons pour déjeuner à Yoshiyama, où nous tombons en plein remue-ménage. Pas moyen d'avoir un compartiment dans la boîte de bois qui représente la maison de thé du pays. Nous y avons été devancés par une famille de riches *Tokioïens* qui vont à Atami et qui sont en train de *tabérouter*. Assis en rond autour d'une infinité de petits plateaux, ils piquent, au moyen de leurs deux baguettes, des grains de riz et des morceaux de poisson. Grands parents, adultes, enfants et servantes, tout cela picote dans la même gamelle.

Nous nous casons tant bien que mal à côté d'eux et nous déjeunons. Mais la fusion ne tarde pas à se faire, et la curiosité de nous voir manger, jointe à l'envie de goûter un peu à nos mets, les amène bientôt tous autour de nous.

Siebold leur présente ses compliments; il leur dit de prendre et de goûter tout ce qui leur plairait, et un quart d'heure après nous trinquons tous ensemble, Orientaux et Occidentaux, vidant notre dernière bouteille de chartreuse ! Les hommes opinaient du *kabouri*[1], mais les jeunes filles surtout trouvaient la chartreuse délicieuse. Elles eurent l'imprudence d'en boire deux ou trois verres, et, quand toute cette smala nous quitta, leurs yeux brillaient d'un éclat inaccoutumé, et elles riaient aux éclats sous les premiers effets d'une ébriété qui dut finir dans le sommeil du kango.

Après avoir marché au *kangoté* toute l'après-midi, nous arrivons le soir à Odawara, que nous avons quitté il y a trois jours et où nous attend notre voiture.

Grande difficulté pour trouver à nous loger. La ville entière, toutes les maisons de thé, la plupart des maisons particulières sont envahies par une quantité de pèlerins se rendant à un temple dont j'oublie le nom, qui est situé près de la ville d'Ishié, à moitié chemin de Tokio à Kioto.

Ce temple est dédié au dieu de la prospérité et des

---

[1] La tête.

récoltes, et, au commencement de chaque année, des paysans partent de toutes les provinces du Japon pour aller présenter à ce dieu leurs offrandes et leurs prières. Tous ces pèlerins portent sur leurs épaules le *fton* dans lequel ils coucheront la nuit, et sur la tête un immense chapeau de paille de riz où l'on voit écrit en gros caractères le nom du village auquel ils appartiennent.

Après une demi-heure de recherches, Tatzu finit par trouver à nous loger chez un marchand d'oranges en gros qui consent à nous céder deux chambres et qui nous reçoit non en étrangers, mais en amis.

Tout le monde se met en quatre pour nous servir, et, après nous avoir laissé le temps de nous baigner et de faire un brin de toilette, tous viennent s'asseoir à côté de nous pour assister à notre dîner : le père et le mari de la femme qui nous avait reçus; sa sœur, vieille Japonaise aux dents noires, et deux jeunes muzumés assez gentilles. Soirée intime dans le sein de cette honnête famille qui nous raconte toute son histoire. Le marchand d'oranges est en même temps architecte et dessinateur. Il nous montre avec un certain orgueil plusieurs plans de maisons et une carte des environs d'Odawara. Impossible de voir rien de plus bizarre que cet essai de tableau topographique où les villes d'Odawara, Atami et Hakoné sont groupées au premier plan et échelonnées sur le lac de Hakoné, qui, en tenant compte des proportions, deviendrait aussi grand que toute la mer du Japon.

Au deuxième plan de ce chef-d'œuvre surgit le Fujiyama, qui, ne pouvant s'élancer assez haut, faute de toile, se courbe peu à peu, et, par une idée lumineuse de l'auteur, suit les contours du cadre jusqu'à ce que, se trouvant suffisamment long, il vienne se perdre dans un petit groupe de nuages qui se trouve là fort à propos! Toute la famille nous regarde attentivement pour voir quel effet produit sur nous ce travail que, d'un commun accord, du reste, nous déclarons *étonnant*.

Ces braves gens, pleins de sollicitude, ne consentent à sortir de nos chambres qu'après s'être assurés que nous dormons profondément.

Odawara, qui n'a plus aujourd'hui que deux ou trois mille habitants, était autrefois une ville importante.

Le prince d'Odawara, un des plus puissants daïmios du Japon, y avait un château magnifique qui a été détruit il y a dix ans et dont on peut encore voir les ruines. Ce château, situé au sommet d'une petite colline qui domine Odawara et la mer, était entouré de trois vastes enceintes superposées. Dans la première, qui ne mesure pas moins de quatre kilomètres de circuit, se trouvaient les maisons et les yaskikis des dignitaires et fonctionnaires de la cour du daïmio avec leurs dépendances. Les fossés entourant cette enceinte étaient tellement larges (25 mètres) qu'on y cultivait, en temps de paix, le riz nécessaire pour la provision particulière du château.

Dans la seconde étaient les écuries du prince, les maisons des samouraï et des hommes d'armes, des bettos et des serviteurs.

Enfin, pour pénétrer dans la troisième enceinte, il fallait traverser un pont de bois, de construction très-légère, jeté sur le dernier fossé profond de vingt mètres. On arrivait alors à l'emplacement où était le château.

C'est aujourd'hui un vaste plateau couvert de ruines et de ronces. On y domine entièrement Odawara et tous les environs, et la vue s'étend au loin sur la mer. Deux grands cryptomerias étaient plantés devant l'entrée du château. Un des deux, déraciné par le temps, est tombé sur les ruines, qu'il recouvre de son immense carcasse; l'autre est encore debout; il n'a pas moins de quarante mètres de haut. Dans son feuillage triste et sombre, des centaines de corbeaux, effrayés par notre présence, font entendre leurs croassements impurs. Tout cela donne un aspect lugubre et sinistre à toutes ces ruines endormies.

Ce fut un prince d'Odawara qui, le premier au Japon, vers l'année 1530, plaça des canons sur ses remparts. Le descendant et chef actuel de cette famille est retiré à Tokio.

Les environs d'Odawara sont entièrement complantés d'orangers qui donnent des fruits excellents. Il y a des mandarines et des oranges ordinaires très-douces, que l'on expédie dans tout le Japon; c'est même aujourd'hui le seul commerce de cette petite ville.

J'oubliais de dire que pendant le cours de cette excursion nos passe-ports nous ont été demandés au moins cinq ou six fois. A Odawara d'abord, à Kiga, à Atami. Un étranger qui égarerait cette pièce importante serait immédiatement reconduit à Tokio entre deux *razotsus*.

Or, je trouve dans ce document officiel des paragraphes bizarres, dans ce genre-ci (je transcris mot à mot :

« Les étrangers à qui il est délivré des passe-ports sont prévenus. . . . .
... qu'ils doivent toujours se conduire convenablement dans l'intérieur de l'empire de Sa Majesté. . . . .
... qu'il leur est défendu de battre les habitants; qu'il leur est également et rigoureusement défendu de *mettre*

le feu aux récoltes (!) ; de quitter une auberge sans payer les dépenses qu'ils y ont faites, etc., etc. »

Les habitants qui lisent ces choses doivent être singulièrement édifiés sur nos habitudes!

A onze heures, nous quittons Odawara pour retourner à Kanagawa. Sur la route, nous rencontrons force pèlerins, quelques mendiants et beaucoup de soldats qui viennent de passer dans leur famille le congé qu'on leur a donné pour le commencement de l'année et qui rentrent à Tokio. Tous ces militaires tiennent leurs souliers à la main et ont chaussé des sandales de paille de riz.

A cinq heures, nous prenons à Kanagawa le train pour Shimbasi. Il est rempli d'officiers de marine en grande tenue et de fonctionnaires en habit noir. Je m'informe : dans un compartiment réservé, se trouve M. R..., membre du parlement anglais, célèbre constructeur de cuirassés, qui naguère encore était directeur et ingénieur en chef de l'atelier de construction de Greenwich. M. R..., qui a été rendu à ses loisirs par le gouvernement anglais, vient faire une petite visite à ses bons amis les Japonais, auxquels il a déjà construit plusieurs cuirassés qu'il leur a fait payer très-cher. « Il vient voir en passant, me dit l'amiral I..., qui se trouve à côté de moi, s'il n'y aurait pas moyen de nous décider à augmenter notre flotte. Nous le recevons très-bien, car nous pourrions un jour avoir besoin de lui; nous lui donnerons des fêtes tant qu'il en voudra, mais nous ne lui commanderons pas la plus petite chaloupe! »

XX

La section d'agriculture. — Les princes ne sont plus, mais « Paris » reste. — Charmante soirée. — Notre ami Lanciarez n'est pas assez patient !

Voilà plus de trois mois que nous sommes au Japon, et il faudra bientôt songer à nous rapprocher de la vieille Europe. Mais il nous reste encore plusieurs choses à visiter à Tokio, et c'est M. Sano qui veut bien se charger de nous servir de guide.

C'est avec lui que nous allons passer une matinée à la station d'agriculture et d'horticulture. C'est un grand établissement auquel est attachée une ferme modèle où l'on essaye d'acclimater les plantes, les animaux et les produits de l'Europe, tout en cherchant de nouvelles manières de perfectionner la culture du riz, du thé, et la fabrication de la soie. Il y a même là, entre autres choses curieuses, un cheval arabe nommé *Paris,* qui est celui-là même que l'empereur Napoléon III envoya en présent au Taïkoun en 1868. Il n'y a plus aujourd'hui ni taïkoun, ni empereur, mais le cheval reste et est toujours soigné dans sa stalle.

J'ai eu l'honneur de rencontrer hier, dans une soirée, le prince Kita-shirakawa-no-miya, cousin de l'empereur, et sa jeune et charmante femme. C'est en l'honneur du récent mariage du prince que cette soirée avait lieu. Ah ! je voudrais bien, pour donner à nos Parisiennes une idée de ce que c'est qu'une grande dame japonaise, je voudrais bien que la princesse se décidât à faire un voyage à Paris. Quel charme et quelle aisance de grande dame ! Quelle grâce et quelle affabilité !

Le prince Kita a dans l'armée japonaise le grade de chef de bataillon ; il a fait en Allemagne son éducation militaire, et il parle fort bien l'allemand. La princesse parle un peu d'anglais.

Après le dîner, grand whist général. Les Japonais adorent le whist. Ils le jouent toujours très-mal ; mais quand ils arrivent à prendre une dame avec le roi, ou un roi avec l'as, ils poussent des cris de joie et à n'en plus finir. Ce sont bien de grands enfants !

Aujourd'hui dimanche, il est arrivé à notre camarade Lanciarez une aventure qui aurait pu finir d'une manière très-désagréable.

Notre maison est située, comme je l'ai dit, au quartier de Toronamon, tout à côté des casernes et de l'école des *Kiododans*. Le dimanche, tous les soldats ont la permission de sortir, mais ils doivent rentrer avant la nuit ; ce qui fait que vers quatre heures des groupes nombreux de militaires passent devant notre maison pour se rendre au quartier.

Or les troupiers sont au Nippon ce qu'ils sont un peu partout, et quand ils ont une bonne journée de liberté, ils vont s'installer dans les maisons de thé suburbaines, et là, au diable la mélancolie et vive le saké ! Il ne faut pas oublier qu'il n'y a pas longtemps que les Japonais se servaient de deux sabres, qu'on leur a aujourd'hui supprimés, pour sabrer dans les rues à tort et à travers ; et quand les soldats, qui sont souvent d'anciens samouraï, se trouvent un peu gris; qu'ils sentent battre à leur côté le grand bancal que leur confie la patrie, ils se rappellent le bon temps, et ma foi, dans ces moments-là, il vaut mieux les laisser tranquilles que de les asticoter.

Lanciarez rentrait tout tranquillement chez lui, quand il rencontra cinq ou six soldats, qui se tenaient tous par le bras, comme ils ont l'habitude de le faire ici, qui s'en allaient chantant, *dodelinant de la teste et barytonnant... etc.,* *etc...* Inutile de dire qu'ils étaient plus qu'*éméchés*. L'un d'eux se détachant des autres vint, soit par hasard, soit pour faire une farce, se jeter dans les jambes de Lanciarez. Le prendre par les épaules et l'envoyer rouler à quinze pas fut pour celui-ci l'affaire d'une seconde.

Mais l'homme se relevant, non sans quelque peine, tira son sabre et vint se camper devant Lanciarez. Notre ami, qui comme tous les Méridionaux est loin d'être la patience même, était furieux; et brandissant une forte canne qu'il avait à la main, il se mit sur la défensive. Les autres soldats, qui trouvaient sans doute que cela commençait à devenir intéressant, loin d'emmener leur camarade, s'arrêtèrent à le regarder en lui criant des paroles d'encouragement.

Tout cela aurait pu très-mal finir pour Lanciarez, si quatre policemen, surgissant tout à coup, ne s'étaient emparés de l'ivrogne en priant notre ami de se retirer au plus vite.

Rien n'est plus en hostilité à Tokio que soldats et *razotsus*. Ceux-là ne manquent pas une occasion de taper sur ces derniers, qui de leur côté sont ravis quand ils peuvent emmener un troupier au poste. Cette rivalité vient de ce que les brigades de la police sont recrutées presque exclusivement parmi les samouraï. Les policemen se croient au-dessus des soldats, qui de leur côté les considèrent comme des paresseux et des ennemis.

Il ne fallut pas plus que ce qui venait d'arriver pour amener une rixe. Les soldats voulurent délivrer leur camarade que les autres emmenaient. Ceux-ci entourèrent leur prise, et l'on commença les pourparlers.

Lanciarez arrivant chez le baron Bosew où nous étions, nous dit ce qui se passait, et nous allâmes aussitôt sur la grande terrasse de la légation d'où nous pouvions voir toute la scène. Il y avait déjà un rassemblement de cent cinquante à deux cents soldats; et l'on voyait au milieu de la bagarre les longs bâtons d'une quarantaine de policemen qui s'abattaient sur les têtes et sur les bras.

Malgré la disproportion du nombre, force resta au droit. Les soldats n'osaient pas tirer leur sabre, car ils savaient qu'en faisant cela ils s'exposaient aux punitions les plus sévères; tandis que les autres, très-habiles à manier le bâton, frappaient à tour de bras. Ils finirent donc par emmener leur prisonnier, mais non sans peine. Deux policemen étaient grièvement blessés; quelques soldats plus ou moins assommés; et jusqu'au soir la foule stationna sur le lieu du combat.

Tout finit bien pour nous, puisque notre ami Lanciarez en était sorti sans rien attraper. Je sais bien que s'il avait été endommagé, cela aurait fait un incident diplomatique; que l'Italie aurait fait pendre quelques Japonais. Mais toutes les satisfactions posthumes n'ont jamais rendu à personne ni un bras ni une tête perdue en faisant son devoir.

XXI

La mission militaire française. — L'armée japonaise.

Comme chacun sait, l'armée japonaise n'a été organisée à l'européenne que depuis quelques années.

Autrefois, du temps de la féodalité, chaque daïmio avait à son service un certain nombre de samouraï. Quelques-uns, les plus puissants, avaient à leur solde de véritables petites armées. Quand une guerre éclatait, chaque prince réunissait son clan et allait se ranger sous la bannière du chef qu'il choisissait. Car les daïmios japonais étaient plus inconstants que les jolies femmes; tantôt ils servaient le Mikado, tantôt le Shogun, tantôt même un rebelle.

Les nobles, les samouraï, avaient seuls le droit de porter des armes. Les paysans, les marchands, les ouvriers, en un mot le peuple, étaient absolument dispensés du service militaire; à ce point que les grandes guerres ne les intéressaient que pour la dévastation que les troupes portaient dans les provinces.

Ce ne fut que vers 1867 que le gouvernement du Taïkoun pensa à organiser une armée nationale régulière.

Il tourna à cet effet les yeux vers l'Europe. A cette époque, la France était à l'apogée de sa puissance, et l'armée française passait pour la meilleure armée du monde.

Ce fut à l'empereur Napoléon III que le Taïkoun demanda de vouloir bien envoyer au Japon des officiers français, pour former et organiser une armée.

L'empereur accéda volontiers à cette demande, et vers la fin de 1867, la première mission française vint s'installer à Yedo.

Elle était composée de :

MM. Chanoine, capitaine d'état-major, chef de la mission ;
Brunet, lieutenant d'artillerie de la garde ;
Descharmes, lieutenant de dragons de l'impératrice ;
Messelot, lieutenant de chasseurs à pied ;
Dubousquet, lieutenant d'infanterie ;
Plus huit ou dix sous-officiers ou ouvriers.

La mission était installée à Yedo depuis quelques mois seulement, quand éclata en 1868 la guerre entre le Mikado et le Taïkoun ; guerre qui finit bientôt par le renversement et la chute de ce dernier. Comme c'était lui qui avait appelé nos officiers, ceux-ci n'eurent plus qu'à rentrer en France et à abandonner l'œuvre qu'ils avaient à peine ébauchée. Les troupes qu'ils avaient formées étaient dévouées au Taïkoun : elles défendirent sa cause, furent battues, décimées, et il n'en resta que quelques débris isolés que la seconde mission devait trouver en 1872.

Ces débris ainsi que l'élite des troupes mikadonales avaient servi à former des régiments divers. Ceux qui avaient été instruits par la première mission avaient servi de cadres à une école militaire provisoire, installée à Osaka et instruite militairement par les sous-officiers de la première mission qui, ayant été libérés, étaient restés au Japon.

En résumé, la première mission laissa un embryon de bataillon, de batterie et d'escadron qui étaient appelés à fournir plus tard des instructeurs, mais que la guerre de 1868 désorganisa complétement.

Quand la restauration du Mikado fut un fait accompli et que le nouveau gouvernement fut bien assis, c'est-à-dire vers la fin de 1871, il songea aussitôt à donner suite au projet de formation d'une armée organisée à l'européenne.

Mais que d'événements s'étaient succédé en Europe depuis 1868 ! La guerre de 1870 avait changé la face des choses ; et notre chère patrie, notre France bien-aimée, était battue, désorganisée, presque anéantie !

Quelques-uns des membres du gouvernement japonais pensèrent alors à s'adresser à l'Allemagne, qui venait de dévoiler au monde la puissance de son organisation militaire et qui était aujourd'hui ce que nous étions naguère.

Ici les Japonais donnèrent une preuve éclatante de la noblesse de leur caractère et de leur reconnaissance envers le pays qui, le premier, avait travaillé pour eux. En dépit des intrigues de toutes sortes du représentant de l'Allemagne à Tokio, c'est encore à la France qu'ils s'adressèrent pour qu'elle voulût bien envoyer ses officiers.

Ce trait les honore doublement ; car la première mission ayant été demandée par le Taïkoun, qui n'existait plus maintenant, ils auraient pu invoquer ce prétexte pour s'adresser à nos ennemis.

Le 31 mars 1872, la deuxième mission militaire française s'embarqua à Marseille, et elle arriva à Yokohama le 17 du mois de mai.

Elle était composée au début de :

MM. Marguerie, lieutenant-colonel d'état-major, chef de la mission ;
Jourdan, capitaine du génie ;
Lebon, capitaine d'artillerie ;
Descharmes, capitaine de chasseurs d'Afrique ;
Echemann, capitaine de chasseurs à pied ;
Percin, lieutenant de chasseurs à pied ;
Un sergent du génie ;
Un adjudant de cavalerie ;
Cinq artilleurs sous-officiers ;
Trois chasseurs sous-officiers.

Quand la mission arriva au Japon, on lui adjoignit M. Ohl, lieutenant d'infanterie de marine, qui instruisait des bataillons indépendants appartenant aux clans de Satzuma, Tosa et autres.

Un an après, deux nouveaux officiers arrivaient de France :

MM. Vieillard, capitaine du génie ;
Orcel, capitaine d'artillerie.
Plus, trois nouveaux sous-instructeurs.

En 1874, M. le colonel Marguerie, étant tombé malade, demanda à rentrer en France ; il fut remplacé par M. Charles Munier, lieutenant-colonel d'état-major.

En 1875, la mission se composait de trente membres environ, dont quinze officiers ou assimilés.

À son arrivée à Tokio, elle fut logée au yashiki de Kammou-Sama. Quelque temps après, le capitaine Lebon et ses sous-instructeurs allèrent s'installer à l'arsenal, et le capitaine Echemann vint se fixer près de l'école de Toyama qu'il était en train de créer.

La nouvelle mission trouva en infanterie :

1° Un bataillon-école venant d'Osaka; un bataillon de troupes venant également d'Osaka et recruté avec un certain soin. MM. Echemann et Percin s'occupèrent immédiatement de ces deux bataillons.

2° Quatre bataillons de la garde, presque indépendants, sans unité d'instruction et à peu près livrés à eux-mêmes (un certain Antoine avait été leur instructeur, en même temps qu'il instruisait la batterie de la garde).

3° Quelques bataillons de *tchintaï* (troupes de ligne), qui avaient été instruits par un capitaine d'infanterie de marine et par M. Ohl.

En cavalerie : un demi-escadron d'élèves venant d'Osaka et deux pelotons de lanciers d'escorte du Mikado, mal habillés, mal montés, mal instruits.

En artillerie : un embryon de bataillon d'élèves venant d'Osaka; une batterie de la garde, contingent de Tosa; le tout armé de pièces de 4 de montagne.

Enfin, en génie : quelques sapeurs formés en section et à peine instruits par la première mission.

La plupart de ces troupes durent être licenciées et reformées ensuite en régiments.

Il fallait tout de suite s'occuper d'avoir des officiers. Les cadres existaient dans les troupes dont je viens de donner le tableau ; mais la plupart des chefs de la garde étaient des samouraï qu'on avait ainsi récompensés de leurs services dans la guerre, ou de petits daïmios qu'on avait indemnisés de cette façon de ce qu'on leur avait confisqué. Il fallut refaire l'instruction de ces officiers au moyen de conférences au tableau et même de théories pratiques, où ils manœuvraient dans le rang sous le commandement de l'un d'eux, dirigé par un officier de la mission.

Ceux de l'école et du bataillon d'Osaka valaient un peu mieux ; mais ils durent aussi recommencer toute leur instruction et, au fur et à mesure, faire aux cadres des théories pratiques.

Tous les citoyens ne sont pas astreints au service militaire. Le remplacement et l'exonération sont admis (remplacement, 250 yens).

Le recrutement est fait au bureau de chaque *fu* (province), et comprend tous les jeunes gens qui ont, dans l'année, leurs vingt ans révolus.

Tous les hommes du contingent ne pouvant être appelés, c'est le tirage au sort qui désigne les heureux. Mais ceux-ci mêmes seront soumis à certains exercices annuels.

Un conseil de révision est chargé de statuer sur les cas d'exemption, qui sont analogues aux nôtres : taille, faiblesse, fonctionnaires, chefs de famille, condamnation infamante. Taille minimum, $1^m,51$ environ.

L'armée de terre comprend :

1° Armée active (durée de service, trois ans) ;
2° Réserve de l'armée (durée, quatre ans) ;
3° Armée nationale, qui comprend tous les citoyens

de dix-sept à quarante ans qui ne sont dans aucune des catégories précédentes.

Le Japon est divisé en six grandes divisions militaires : Tokio, Sendaï, Kumamoto, Hiroshima, Osaka et Nagoya. Voici le contingent approximatif de l'armée de terre :

Infanterie.

2 régiments de la garde,
14 régiments de ligne.

Chaque régiment a 3 bataillons de 4 compagnies à 150 soldats et 30 sous-officiers, caporaux et clairons, soit 180 hommes. Un capitaine, 2 lieutenants, 4 sous-lieutenants par compagnie. En temps de guerre cet effectif est augmenté de 80 soldats et d'un sous-lieutenant par compagnie.

Cavalerie.

1 escadron de la garde à 4 pelotons,
2 escadrons de ligne à 4 pelotons.

110 cavaliers par escadron, 25 sous-officiers, brigadiers, trompettes, etc., etc.

Artillerie.

Garde : 1 batterie de campagne (6 pièces de 4);
— 1 batterie de montagne (6 pièces de 4 de montagne).
Ligne : 6 batteries de campagne (4 ou 12 R.);
— 6 batteries de montagne (4 M.).

Effectif : 100 canonniers, servants ou conducteurs; 30 sous-officiers, brigadiers, artificiers ou trompettes. Sur pied de guerre, 20 hommes de plus.

Même composition pour la batterie de montagne, sauf pour l'effectif des chevaux, qui est de 30 chevaux de bât au lieu de 80 pour les batteries légères.

Génie.

1 compagnie de la garde,
6 compagnies de la ligne.

Effectif : 115 sapeurs, 25 sous-officiers, caporaux et clairons. En temps de guerre, augmentation de 35 hommes.

Train des équipages,

1 compagnie de la garde,
6 compagnies de la ligne.

Effectif : 60 *tringlots* en temps de paix, 85 en temps de guerre.

On voit, d'après ce qui précède, que la garde est composée de :

2 régiments d'infanterie,
1 escadron de cavalerie,
2 batteries d'artillerie,
1 compagnie du génie,
1 compagnie du train.

Il y a, outre l'école militaire de Shikangakko, une école de sous-officiers (*kiododans*), organisés en deux bataillons. La durée du cours est de deux ans. Examens semestriels et annuels d'entrée et de sortie. Instruction militaire tendant à former des instructeurs et s'étendant à la fortification élémentaire, la topographie, un peu de sciences exactes, etc.

Après six années de travaux assidus et dévoués de la mission militaire, le Japon se trouve avoir une armée parfaitement organisée, disciplinée, très-bien armée de fusils à aiguille. Écoles militaires, casernes, arsenaux, tout a été construit, organisé comme par enchantement.

Voici quels furent les premiers mots du général Saïgo lors de ma première visite chez lui : « Je suis toujours bien heureux, me dit-il, quand je puis serrer la main d'un Français et lui montrer ce que ses compatriotes ont fait pour nous. Chacun ici sait que, sans les officiers français, il n'y aurait pas encore d'armée japonaise. »

Je me souviendrai toujours de ces bonnes paroles du général; car ce n'est pas chose commune en ce monde que de trouver un homme qui ait le cœur assez haut placé pour reconnaître les services qu'on a rendus à son pays. La France en a fait souvent la dure et cruelle expérience; mais je puis affirmer ici que les Japonais sont assez chevaleresques pour être reconnaissants.

XXII

Le premier coup de cloche du départ. — L'amiral Enomoto. — Formalités de douane. — Départ pour Yokohama. — Dernière soirée à Tokio. — Toranomon, adieu!

16 *janvier* 1879. — Ce sera probablement du 25 au 30 de ce mois que nous quitterons le cher Nippon. Il faut commencer les préparatifs de départ; il faut songer à nous séparer de nos amis.

Ceux qui restent dans ces lointains parages regardent partir d'un œil d'envie ceux qui s'en vont; moi qui pars, j'envie ceux qui restent. C'est la loi générale!

Nous nous rapprocherons, il est vrai, de l'Europe, de la patrie; mais il faut avoir vécu quelque temps dans le calme moral si complet que procure l'éloignement de tous les ennuis et des mille soucis qu'on a laissés en Europe, et dont les lettres que l'on reçoit si tard ne sont plus qu'un lointain écho; il faut avoir goûté de la vie qui coule si facile dans cette île bienheureuse, pour comprendre combien on peut la regretter!

Le 15 janvier, un petit dîner intime réunissait dans notre yashiki nos meilleurs amis. Nous y avions pendu gaiement la crémaillère, il y a quatre mois; c'est le contraire que nous faisions hier. Mais cette fois, je n'avais plus le même entrain, la même gaieté. C'est que je vois approcher la fin de mon séjour ici, tandis que j'avais l'autre fois toute la joie et tout l'enchantement du nouvel arrivant.

Le général Saïgo, le prince Kuroda, M. Sano, le général Oyama et quelques autres personnages japonais auxquels je garderai une bien sincère gratitude pour la manière tout affable avec laquelle ils nous ont reçus chez eux, avaient bien voulu être des nôtres.

Nos moyens ne nous permettant pas de disséminer des orchestres dans les jardins et dans les appartements pour charmer les convives pendant le dîner, nous nous étions contentés de faire venir des jongleurs, qui étaient chargés de remplacer par leurs tours et leur adresse la musique absente. Ils étaient venus se placer inaperçus dans un coin de la salle à manger, et de là ils commencèrent à envoyer, avec une adresse infinie, des petits papillons de papier, qu'ils dirigeaient avec une habileté incroyable au moyen de grands éventails et qu'ils envoyaient voltiger sur l'assiette ou sur le verre des convives.

Nous trouvâmes au salon un peintre japonais qui avait déjà étalé par terre ses couleurs, ses pinceaux et ses rouleaux de papier. Avec une sûreté de main extraordinaire, cet artiste dessinait ou peignait en quelques minutes tout ce qu'on lui demandait. Il n'y avait qu'à lui indiquer un sujet, sur lequel, là, sous vos yeux, il faisait aussitôt un petit tableau. Et quand il avait fini, il roulait délicatement le *kakémono*[1] qu'il venait de peindre et vous l'offrait en se prosternant devant vous.

Cette petite soirée était le chant du cygne de notre humble castel.

---

[1] *Kakémono*, tableau japonais peint sur papier ou sur soie.

Je rencontrai le lendemain soir, chez M. le comte Barbolani, ministre d'Italie, un des hommes marquants parmi ceux qui défendirent jadis la cause du Taïkoun.

M. l'amiral Enomoto fut, en 1868, un des derniers à faire sa soumission au Mikado triomphant. Quand à cette époque les troupes impériales s'emparèrent de Yedo, l'amiral Enomoto, chef suprême de la flotte du Taïkoun, s'enfuit vers le nord avec huit navires et alla se réfugier dans le port de Hakodaté. Mais tout avait croulé autour de son ancien maître, et Enomoto fut obligé de se rendre.

Le nouveau gouvernement, qui montra dans cette campagne autant d'habileté politique que de clémence envers les vaincus, se garda bien de bannir ou de condamner à mort un homme aussi capable que ce dernier défenseur du régime déchu. Il sut au contraire s'attacher, par toute espèce de prévenances, l'amiral Enomoto; et, plus tard, des difficultés étant survenues entre Tokio et Saint-Pétersbourg, ce fut lui qu'on envoya en Russie comme ministre plénipotentiaire.

Comme tout « globe-trotter », comme tout voyageur passant au Japon, j'ai dû acheter une quantité d'objets d'art, d'étoffes, de faïences, etc., etc... Mais voilà! ce n'est pas tout que d'acheter des bibelots; il faut les emporter. Je crois même que ce qu'il y a de plus agréable dans les bibelots, c'est le moment où on les achète. On n'a pas encore eu le temps de s'en fatiguer; on les trouve charmants. Mais ensuite il faut songer à les emporter, à les faire emballer; plus tard, il faudra les sortir de leur caisse; on retrouvera en quatre ou cinq morceaux les brûle-parfums, les vases, etc., etc. Vraiment cela vous donne tant d'ennuis qu'on est presque tenté, pour s'en débarrasser, d'en faire cadeau au premier passant venu.

Arson avait acheté beaucoup de choses. J'en avais fait autant. Il fallut avoir recours à un emballeur qui vint s'installer chez nous le 17, et, à partir de ce moment, la maison ne fut plus habitable. Partout caisses énormes, bottes de paille, coups de marteau, zingueurs...

Puis ce n'est pas tout : il y a les formalités de la douane. Au Japon, tout ce qui sort paye un droit de sortie comme tout ce qui entre paye un droit d'entrée.

Il faut donc que ce qui passe au port de Yokohama pour être embarqué soit minutieusement visité par les *gabelous* japonais. Il nous était impossible de nous conformer à cette formalité ; car nous n'habitions pas Yokohama, et nous ne pouvions envoyer à ce port toutes nos caisses ouvertes, ce qui nous aurait exposés à retrouver en Europe une collection de tessons de faïence et de porcelaine.

Encore une fois je pensai à l'*odieux favoritisme,* et je m'adressai au ministre des finances. Je reçus le lendemain une lettre de lui, dans laquelle il m'annonçait que toutes nos caisses passeraient sans être visitées et en franchise de droit. C'était plus que je n'en demandais.

Je crois que les finances au Japon n'auraient qu'à gagner à l'abolition de ce droit de sortie qui grève toutes les productions du pays. Il n'est pas besoin d'être très-fort en économie politique pour comprendre que cette mesure, d'ailleurs très-vexatoire, est contraire au développement du commerce d'un pays.

Pour ne parler que des objets d'art, on paye jusqu'à 20 et 30 pour 100 de droit sur la valeur réelle de certains objets. Outre la somme que l'expéditeur doit débourser, il est obligé de déballer ses caisses à Yokohama pour en faire vérifier le contenu. Il triple ainsi les chances, déjà si nombreuses, de voir ses objets se détériorer ou se briser. Toutes ces formalités nécessitent des frais et des ennuis sans fin, et le Japonais, qui est de nature indolente, ne veut pas s'exposer à des frais immédiats dans lesquels il n'est pas sûr de rentrer. Aussi, au lieu d'expédier lui-même et d'aller offrir à l'étranger sa marchandise et ses produits, il attend tranquillement que l'on vienne acheter chez lui, ce qui est un peu loin.

Mais il y a un motif pour que les impôts de sortie soient maintenus. C'est un des plus clairs revenus des douanes japonaises, dont les recettes annuelles s'élèvent à une somme de un million sept cent mille yens environ. Or, il en est de ceci comme de l'octroi des villes en France. On trouve cet impôt mauvais, injuste, nuisible à l'écoulement des produits des campagnes; mais comment le remplacer? Le budget japonais, loin de s'équilibrer, a de la peine à se tenir debout. Comment consentirait-il à se priver subitement d'une rentrée de cinq à six cent mille dollars par an? Les États prospères peuvent seuls opérer des réformes utiles; les autres doivent fatalement suivre la voie, bonne ou mauvaise, dans laquelle ils sont engagés; heureux quand de longues années de paix leur permettent de se relever peu à peu.

Une dépêche que je reçois de Yokohama m'annonce que le *City of Tokio* quittera ce port le 28 de ce mois à destination de San-Francisco. *Alea jacta est!* Nous partirons sur ce steamer!

Le 23 janvier nous quittons le yashiki de Toranomon pour venir camper à l'hôtel Bonnat, à Yokohama, et attendre le moment du départ. Que ce port de mer international est désagréable à habiter quand on s'est habitué à la vie tranquille de Yedo!

Je retourne à Tokio le lendemain, pour aller dîner, un dîner d'adieu, chez M. Okuma, ministre des finances, et j'ai le grand plaisir de rencontrer chez lui M. de Geoffroy, notre aimable et sympathique ministre, qui, lui aussi, quittera bientôt le Japon. Il peut être sûr d'y laisser d'unanimes regrets, et je sais, des Japonais eux-mêmes, que la manière si digne et si sérieuse avec laquelle il traite les affaires est très-appréciée en haut lieu.

Pour la dernière fois, je rentre à Yokohama par le train du soir.

Adieu, Shimbasi! adieu, Yedo! Je ne verrai plus les grands arbres du Siro qui cachent derrière leur feuillage toujours vert les ruines du palais des Tokugawa[1]! Je ne verrai plus l'imposant Fujiyama, ce géant si haut qu'il semble vouloir s'approcher des cieux pour leur confier les secrets de la terre!

Adieu, ma petite maison de papier! Toranomon, adieu!...

Les quelques journées à Yokohama sont occupées par les préparatifs du départ, et, le lundi 27 juin, après avoir vidé une dernière coupe de champagne avec tous nos bons amis qui ont voulu venir de Tokio pour nous

[1] Le château du Taïkoun a été brûlé il y a deux ans.

dire adieu une dernière fois, nous nous embarquons à dix heures du soir à bord du *City of Tokio,* qui doit lever l'ancre le lendemain au point du jour.

Notre cher ami Martin Lanciarez a voulu nous accompagner jusqu'à bord; c'est la dernière main amie que je serre avant de quitter le Japon.

XXIII

Le *City of Tokio*. — *Canard* et *Potatoes*. — Le commodore. — Sir William Robertson. — Les passe-temps à bord. — Le 180e degré. — La soute aux Chinois. — Le joueur malheureux. — Le *Golden gate*.

Fragments d'une lettre écrite à mon ami A. Saétone, à Nice.

« Bord du *City of Tokio*.

. . . .

« ..... Quand je me réveille, le *City of Tokio* est en route depuis longtemps, et nous suivons les côtes accidentées et déchirées de ce pays si travaillé par les volcans. — Il a neigé pendant toute la nuit : un grand linceul blanc est étendu sur la côte ; mais on aperçoit de temps à autre des petites baies, véritables parterres d'orangers, ou bien des échancrures de rocher d'où s'élancent d'immenses pins aux branches fantastiquement retordues, qui forment sur ce fond de neige des bouquets verts et charmants.

« Toujours joli à voir le Japon, même quand on le quitte.

« Le ciel est nuageux, la mer agitée ; un fort vent du nord souffle avec violence ; je passe toute la journée sur le pont, étendu sur une longue chaise de bambou, et faisant d'assez tristes réflexions.

« Je ne sais, mon cher ami, si ce que j'éprouve est commun à tous les voyageurs, ou si c'est une fâcheuse spécialité; mais quand je quitte pour jamais un pays où j'ai passé des instants agréables, où restent des amis bien chers que je ne reverrai peut-être plus, j'éprouve toujours un vague sentiment de tristesse et un besoin de solitude complète qui me permette de penser une dernière fois à tout ce que je laisse derrière moi.

« *29 janvier*. — Nous avons perdu de vue la terre, et nous ne la reverrons que de l'autre côté, soit dans vingt jours environ, après avoir parcouru quatre mille six cents milles sur mer. Il faut donc songer à nous installer pendant ce temps-là, et aussi bien que possible. — Voyons d'abord le bateau.

« *City of Tokio* », dit un petit programme de la P. M. S. S. C° (*Pacific Mail steam ship Company*), « navire à
« hélice, en fer, de 5,400 tonneaux, 4 mâts, longueur
« 130 mètres (410 pieds), largeur 22 mètres, ayant à
« bord 1,500 tonneaux de charbon. »

« Vous voyez, mon cher ami, que le géant sur lequel je vais vivre pendant trois semaines est tout ce qu'il y a de plus grand en fait de construction navale de ce genre.

« Les cabines sont larges et très-confortables. Le salon et la salle à manger sont magnifiques. Celle-ci n'a pas moins de vingt mètres de profondeur sur vingt et un mètres de largeur. Il est vrai que si la salle où l'on mange est splendide, ce que l'on y mange est, hélas! exécrable. Ah oui! parlons un peu de la cuisine de la P. M. S. S. C°. *Potatoes* et canard, canard et *potatoes*, bouillis, rôtis, sautés, *stewed,* enfin de toutes les façons connues et inconnues, le tout arrosé d'une petite piquette de Californie... je ne vous dis que ça!... Et il est vraiment dommage que la Compagnie ne veuille pas faire les frais nécessaires pour avoir un bon cuisinier français au lieu de garder ces affreux marmitons chinois qui ne savent certes pas distinguer un canard d'une poule, ou un lapin d'un lièvre; car tout le reste, à bord, est irréprochable comme service et propreté.

« Nous sommes dix passagers de première classe, et parmi nous se trouvent quatre dames. Trois d'entre elles, jouissant constamment du mal de mer, ont été jusqu'à présent invisibles à l'œil nu.

« La quatrième est la femme du capitaine... Pardon!... je voulais dire du « commodore » Maury. C'est une dame à l'air très-distingué, fort agréable personne, et qui, en sa qualité de femme du capitaine... du commodore, ne peut pas avoir le fâcheux *sea sickness*.

« Mais aussi, que diable! il faut le temps de s'y faire, à ce fameux titre de « commodore »! Cela ne vient pas tout d'un coup; et il faut pourtant que cela vienne, si vous voulez être bien avec lui. Appelez-le capitaine, et vous êtes flambé.

« Le « steward » lui-même n'aura pour vous que des regards chargés de haine. Or donc le commodore Maury, malgré sa vraie tête de marin, est l'homme le plus aimable du monde. Le Pacifique et lui sont une vieille paire d'amis. Celui-là sait qu'il est absolument inutile d'enfler ses grosses vagues et de prendre des airs furieux. Le commodore Maury se rit de tout cela; et quand le vent fait rage dans les cordages, quand vous êtes obligé de vous promener à quatre pattes sur le pont pour gagner le fumoir, le commodore vous sourit agréablement et vous dit, avec cet accent nasillard qui est propre aux vrais Américains : « *Fine breeze!* » Ah oui !

mille sabords de bâbord! *fine breeze!* trop *fine breeze* même.

« 30-31 *janvier*. — Nous glissons rapidement sur le vaste Océan; mais il semble écrit là-haut que nous n'aurons pas une seule belle journée. Toujours un fort vent du nord, qui nous pousse, il est vrai, mais qui nous fait danser!

« J'ai fait la connaissance d'un homme charmant.

« Sir William Robertson, officier de l'armée des Indes, vient de prendre sa retraite, et rentre chez lui en faisant le tour du monde. Inutile de vous dire, cher ami, qu'il ne nourrit pour les enfants de la jeune Amérique aucune espèce de sympathie; nous sommes, lui et moi, à la table du commodore, et il ne se passe pas de repas sans qu'ils se chamaillent sur les défauts ou les qualités de leurs pays respectifs.

« Ils sont heureusement chacun à un bout de la table, et ils ne pourront s'avaler qu'en me passant sur le corps.

« 1er *février*. — Quelle découverte et quelle chance! Le sir William joue aux échecs! A nous deux, Robertson, et tiens-toi bien!

« 2-3 *février*. — Le temps passe, mais bien lentement, hélas! On joue au palet; on joue sur le nombre pair ou impair des cormorans qui suivront demain le bateau; on joue sur le nombre de milles parcourus, et ce genre de sport passionne tout le monde.

« Voici en deux mots comment cela se pratique :

« On se réunit dix joueurs; on met dix numéros dans un chapeau, de 0 à 9. Chaque joueur paye huit dollars, puis tire un numéro. Le lendemain, à midi, on affiche dans le fumoir le point et le nombre de milles parcourus dans les vingt-quatre heures. Si ce nombre finit par un 4, par exemple 234, c'est le numéro 4 qui a gagné la poule; si cela finit par un 3, c'est ce numéro qui gagne, et ainsi de suite. Il est vrai qu'avec ma chance habituelle, je n'ai pas gagné un seul jour. Il y a un grand diable d'Allemand qui a une veine!...

« *Mardi 4 février.* — Nous approchons du 180ᵉ degré; nous passerons probablement, dans la nuit, dans l'autre moitié du globe.

« Vent, pluie, mer agitée. C'est long! et c'est bien le cas de dire : « Que d'eau! »

« *Mardi 4 février.* — Nous avons passé cette nuit le 180ᵉ degré, et c'est ce qui fait que c'est encore aujourd'hui *mardi 4 février*. Mais nous naviguons ici d'après le méridien de Greenwich, et la différence est, je crois, de trois degrés environ avec celui de Paris. C'est donc ce soir seulement que nous serons, à mon point de vue, de l'autre côté de la boule. Quant à la répétition d'un jour, cela s'explique facilement.

« Depuis mon départ de France, je vais toujours vers l'Orient, c'est-à-dire vers le soleil levant, et pour mettre chaque jour ma montre avec le midi de la longitude par laquelle je me trouve, je suis obligé de l'avancer de dix, quinze ou vingt minutes, suivant la distance parcourue.

« Toutes ces avances ajoutées les unes aux autres formeraient, au bout de mon voyage, un total de vingt-quatre heures; et si je ne doublais pas un jour pendant ma course, j'arriverais à Paris ayant ma montre en avance de vingt-quatre heures sur les vôtres et mon calendrier en avance d'un jour.

« Cette explication est-elle claire? Je n'en sais rien; mais ce que je sais, c'est qu'elle est juste, et que je n'en aurai pas, malgré mes deux mardis, vécu une minute de plus que ceux qui n'ont pas quitté les bords *si frais* et *si verts* du fleuve Paillon.

« C'est égal, ce n'est pas encore la semaine des trois jeudis; mais enfin c'est celle des deux mardis, et c'est un commencement.

« *Jeudi 6*. — Ce matin, un événement assez triste est venu impressionner péniblement les passagers.

« Voici le fait :

« J'avais oublié de vous dire que nous avons à bord deux cents émigrants chinois qui se rendent en Amérique. Ce chiffre, soit dit en passant, est relativement peu élevé, puisque la dernière fois que le *City of Tokio* a fait le trajet de Hong-kong à San Francisco, il y avait à bord huit cents émigrants, abandonnant l'Empire du Milieu pour aller chercher fortune en Californie. J'ajouterai que, depuis quelques années, les Chinois se répandent sur le monde entier comme une véritable tache d'huile. Il y en a des milliers à Singapour et à Saïgon, et ils pullulent à Sumatra et à Java. Mais c'est surtout en Amérique qu'ils vont. Ainsi, notez qu'il n'y en avait encore que trente mille vers 1867 à 1868, qu'ils étaient déjà deux cent mille vers 1872, et qu'ils sont aujourd'hui, d'après les dernières statistiques, plus de cinq cent mille tant à San Francisco qu'en Californie.

« Les États-Unis commencent à s'inquiéter sérieusement de cette invasion par l'immigration d'un peuple tel que les Chinois, auxquels ils refusent même l'autorisation de se faire naturaliser Américains, et on songe maintenant à diminuer de beaucoup les facilités qu'on a faites jusqu'à ce jour aux émigrants du Céleste Empire.

« Mais, pardon, me voilà bien loin de mon sujet, et je

préfère ne vous parler de l'Amérique que plus tard, et quand je l'aurai visitée.

« Il y a à l'avant du navire un immense espace appelé la « soute aux Chinois ». Ils sont là dedans comme des bestiaux. Or, il paraît que ces aimables Fils du Ciel ont, avec une quantité d'autres qualités du même genre, celle d'être très-joueurs, et qu'ils connaissent le jeu des milles que je vous ai expliqué plus haut.

« Tous les jours, en effet, ils envoient une députation de trois d'entre eux prendre au fumoir le chiffre fatal.

« Un de ces pauvres diables a perdu à ce jeu toute la petite somme qu'il avait emportée avec lui, et il restait hier complétement sans le sou. Ce matin, poussé par le désespoir, ce malheureux a essayé de se pendre à une des poutres en fer qui traversent le pont du *City of Tokio*. Des hommes du bord l'ont fort heureusement aperçu et dépendu. Puis, pour lui ôter toute possibilité de recommencer, on l'a mis aux fers à fond de cale. Mais les Chinois, ses camarades, sont venus prier le commodore de vouloir bien le faire mettre en liberté et le leur rendre, disant qu'ils se portaient garants pour lui et qu'ils veilleraient sur lui pendant la traversée. Ce à quoi le commodore a consenti.

« On a aussitôt ouvert à bord une petite souscription en faveur du pendu, qui se trouvera probablement avoir ainsi le double ou le triple de la somme qu'il a perdue, et qui sera un exemple frappant des caprices de la fortune, qui lui prend tout hier et qui le comble aujourd'hui. Cette souscription se fait à l'insu des Chinois ; car cela pourrait leur donner à tous l'idée de se pendre un tout petit brin.

« *Samedi* 8. — C'était écrit : il devait rester au fond du Pacifique !

« Ce soir, à six heures, le vent soufflait avec plus de violence encore que les jours précédents, et nous filions treize nœuds, toutes voiles dehors. Le jour baissait rapidement.

« Nous venions de nous mettre à table, quand un bruit confus de voix et de pas précipités se fait entendre sur le pont. Un homme descend vivement les escaliers et dit à voix basse quelques mots à l'oreille du commodore.

« Ne craignez rien, il n'y a aucun danger », nous dit celui-ci; puis il monte sur le pont. Tout le monde le suit, et nous apprenons alors que le Chinois d'avant-hier, le joueur malheureux, était parvenu à tromper la surveillance de ses compatriotes; il s'était glissé hors de la « soute aux Chinois » et était arrivé sur le pont. Ses camarades, s'étant aperçus de son absence, coururent après lui pour le rattraper; mais lui, les entendant venir, s'était, sans aucune hésitation, précipité dans les flots. Il était perdu! Que faire, en effet? Arrêter subitement le navire était impossible; car, en supposant qu'on eût fait immédiatement machine en arrière, nous étions, je vous l'ai dit, toutes voiles dehors, ce qui donnait au vaisseau une grande vitesse, et avant qu'on fût parvenu à virer ou à carguer les voiles, à quelle distance n'aurions-nous pas été déjà de l'homme qui était à la mer?

« Ajoutez à cela qu'il faisait presque nuit noire; que les montagnes d'eau qui soulevaient si facilement le *City of Tokio* avaient dû rouler comme une plume ce malheureux si bien décidé à mourir; et en supposant même qu'au dernier moment il ait instinctivement lutté contre la mort, les courants avaient dû l'entraîner au loin, et il aurait été absolument impossible de le retrouver.

« Il eût été, en outre, fort périlleux d'essayer en ce moment de mettre à la mer une embarcation qui aurait infailliblement chaviré, et, pour tenter de sauver cet homme qui voulait mourir, on eût risqué la vie de plusieurs braves marins qui n'attendaient pourtant qu'un signe pour le faire.

« C'en est fait! le malheureux Chinois est abandonné à son triste sort. Le commodore est furieux : il a fait mettre aux fers une demi-douzaine de faces jaunes, et il les fera tous fourrer à fond de cale s'ils viennent encore lui demander quoi que ce soit.

« Il faut croire que Neptune a été apaisé par la mort de l'homme qui s'est jeté à la mer, car il fait depuis dimanche dernier un temps magnifique. Dans la matinée, le vent était tombé, et en montant sur le pont nous aurions pu nous croire dans la mer Méditerranée, par une belle journée de printemps. Le ciel est clair et serein, la mer calme, brillante et bleue comme un beau saphir.

« Avec le soleil et le beau temps, toutes les figures deviennent souriantes et gaies. Nous passons toute la journée étendus au soleil comme de vrais lézards, heureux enfin de pouvoir respirer librement, après avoir été si longtemps enfermés dans les flancs de notre léviathan.

« Les quelques jours qui nous séparent du terme de notre traversée s'écoulent lentement, sans qu'il se produise aucun incident digne d'être noté, et le commodore nous promet la terre ferme pour le lendemain à notre réveil.

« *Vendredi 14 février*. — Je m'aperçois, à mon grand regret, que le temps est couvert, et qu'un léger brouillard nous entoure. J'aurais tant aimé arriver sur le nouveau monde par un beau soleil et une belle journée! Car je trouve, moi, qu'il faut assez longtemps pour revenir sur la première impression qu'on éprouve en arrivant dans un pays que l'on ne connaît pas.

« Nous voyons se dessiner devant nous les deux côtés du « Golden gate » (porte d'or) par où l'on entre dans la baie de San-Francisco, et nous apercevons sur notre droite les roches dites « Seal-Rocks » couvertes de phoques et d'oiseaux de mer.

« Mais ici, mon cher ami, je m'arrête, ne pouvant rien vous dire encore sur ce pays que je ne connais pas.

« Je viens de parcourir une moitié du monde. J'ai été émerveillé par la végétation splendide et luxuriante des tropiques; j'ai été moins enthousiasmé, il est vrai, de ma visite sur les bords du Céleste Empire, et surtout de la propreté et de l'aspect général de ses habitants et des quelques bourgs chinois que j'ai vus; j'ai pourtant trouvé là de nombreux sujets d'étonnement et bien des choses curieuses au plus haut point.

« Mais c'est du Japon, croyez-le bien, que je garderai le souvenir le plus ineffaçable. Ce pays, je dois le dire, est dans son genre unique au monde, et on n'y trouve rien de banal, rien qui ressemble à ce qu'on voit ailleurs.

« A côté des vestiges sans nombre de l'ancienne splendeur et de l'ancienne civilisation que ce pays a eues sous une dynastie qui se vante avec raison de vingt-cinq siècles de gloire, pendant lesquels cent vingt et un mikados se succédaient en ligne directe, et dont S. M. Mutsushito est le descendant et le représentant actuel; à côté de l'esprit guerrier et chevaleresque, qui fait qu'un Japonais ne manquera jamais à la parole donnée, vous trouvez là l'urbanité la plus exquise, la politesse et l'hospitalité les plus grandes, une naïveté charmante et un immense désir de s'instruire et d'apprendre toutes les choses qu'ils ne savent pas, mais qu'avec leur vive intelligence ils auront bientôt comprises.

« Retrouverai-je dans le nouveau monde tous les enchantements de la première moitié de mon voyage, toutes les douces sensations que j'ai éprouvées dans l'extrême Orient? Je ne le pense pas; mais, dans tous les cas, soyez persuadé que mes lettres vous tiendront au courant de tout ce que j'y verrai d'intéressant.

« Adieu, mon cher ami; je vous envoie une bien cordiale poignée de main. »

XXIV

Arrivée sur le nouveau monde. — Formalités de douane. — Un hôtel américain. — A travers San Francisco. — Le grand chemin de fer d'« Overland ». — Une fête à toute vapeur. — Animaux désagréables dans le désert. — Une demande en mariage chez les Indiens. — Chicago. — Niagara. — Les cataractes en hiver. — Accidents et suicides. — Le *Burning springs*. — Nous arrivons à New-York.

Le *City of Tokio* manœuvrait pour s'approcher du wharf de la Compagnie, et nous n'étions pas encore stoppés, qu'un reporter de journal avait déjà fait irruption sur le bateau et s'était précipité vers la cabine du *Purser*.

La manœuvre qu'il avait dû faire pour arriver à bord était d'une audace incroyable ; deux fois nous avons cru qu'il allait tomber à l'eau en essayant d'amarrer son canot au gouvernail du navire en marche. Quand il y fut parvenu, il demanda qu'on lui descendît une échelle de corde, ce qu'on s'empressa de faire ; et dès qu'il en eut attrapé le bout, il s'y accrocha et fit tant et si bien qu'il finit par se hisser sur le pont. Tout cela, pourquoi ? Pour être le premier à reporter à son journal le nom des passagers et les quelques renseignements que le commissaire aura eu le temps de lui donner.

Un moment après avoir jeté l'ancre, on nous fait descendre sur un petit bateau à vapeur qui va nous porter à quai, et qui remorque une grande barque pontée sur laquelle sont empilés les bagages des passagers.

Je ne tarde pas à constater que nous arrivons en pays civilisé, car je m'aperçois tout à coup que mon sac de voyage, dans lequel se trouve ma fortune de Globe-Trotter, vient de disparaître; et je vois à dix pas de moi un nègre qui l'emporte très-tranquillement et sans se presser. D'un bond, je suis à côté de *boule de neige,* qui, se voyant pincé, me regarde en souriant bêtement, et me dit qu'il croyait que le sac était à son maître.

O Nippon! ce ne sont pas tes fils qui commettraient des erreurs pareilles!

Quelques minutes après, nous sommes à la douane.

J'ai oublié de dire qu'il y a deux jours, on a distribué à tous les passagers des feuilles de douane que chacun était prié de remplir. On doit y déclarer le nombre de colis que l'on a, les objets qu'ils renferment, et si ces objets sont neufs ou ont servi. De ce qui payera des droits d'entrée, il faut faire la liste détaillée et dire la valeur exacte; puis, quand tout est bien spécifié, vous devez signer la formule suivante : « Je jure que ceci est la note exacte de tous les objets contenus dans mes caisses; je jure que la valeur que j'ai assignée à ces objets est la valeur réelle que je les ai payés. »

Il est dit, en outre, que si vous avez deux montres, il faut en déclarer une qui payera des droits.

Vous croyez peut-être qu'après toutes ces formalités et tous ces serments on s'en rapportera à ce que vous avez si bien juré? Vous allez voir.

Vos bagages ont été jetés pêle-mêle sur le quai; personne ne vous aide à les retrouver; vous êtes obligé de rattraper une caisse par-ci, une malle par-là; de réunir tous vos colis en un tas; cela, tout en vous défendant contre dix agents de Compagnies de chemins de fer différentes, qui veulent vous infibuler séance tenante un billet à cent cinquante ou deux cents dollars pour New-York; un autre veut accaparer vos bagages pour vous forcer à descendre à son hôtel; trois ou quatre cochers vous soutiennent que vous avez retenu leur voiture, etc., etc.

Avec une peine infinie, vous finissez par mettre la main sur un inspecteur de la douane, et vous l'amenez de force devant vos bagages.

« Avez-vous votre déclaration? vous dit-il.
— La voici.
— Vous avez juré?
— Voilà!
— *All right!* Ouvrez tout!
— Comment, tout? Mais voilà la liste; j'ai juré que tout y était porté; je n'ai rien à déclarer!...
— Ouvrez afin que je puisse m'assurer que vous avez dit la vérité...
— Ah! mais... »

Rien à faire; il faut se soumettre. Pas un coin, pas un recoin de nos six caisses où le gabelou ne plonge ses pattes anguleuses; il retourne tout, bouleverse tout; puis, quand il est bien convaincu que nous n'avons aucune contrebande, il finit par marquer nos malles à la craie.

Les malins me diront que je n'ai pas su m'y prendre; que si j'avais adroitement glissé dans la main du douanier un banknote de quinze à vingt dollars, tout cela ne nous serait pas arrivé. J'avais d'abord pensé à ce moyen, et ce fut le commodore Maury lui-même qui m'en dissuada.

« Si vous tombez, m'avait-il dit, sur un bonhomme

grincheux ou sur un employé qui ait peur d'être découvert, il fera sa déclaration au directeur, et vous aurez mille ennuis. »

Ce que je ne comprends pas, c'est que les États-Unis continuent à appliquer une mesure aussi immorale. A quoi bon exposer les consciences trop larges à un faux serment, du moment que tout sera scrupuleusement fouillé? Rapportez-vous en à la déclaration des personnes qui l'appuient de leur serment, ou supprimez la déclaration et visitez.

Quand on est sorti de la douane, tout marche plus régulièrement. Le facteur du Palace Hotel se charge de nos bagages, et une immense voiture attelée de deux grands chevaux américains nous emporte à travers les rues de San Francisco.

Dieu! quel vilain aspect ont ces maisons de bois, ces rues sales, mal percées, mal pavées! Pas une rue n'est de niveau; on monte ou l'on descend constamment. Partout, deux profondes ornières dans lesquelles sont posés les rails des tramways; quand les roues de la voiture s'engagent là dedans, il faut aller jusqu'au bout pour en sortir.

Nous venons à peine de passer sur les rails d'une ligne de chemin de fer, qui se trouve au beau milieu de la ville, qu'un train lancé à toute vitesse passe derrière nous. Quand on arrive en droite ligne du Japon, il faut un peu de temps pour se faire au tourbillon au milieu duquel nous venons de tomber.

Deux coups de cloche annoncent notre arrivée devant le « clerk » du Palace Hotel.

« A quel étage voulez-vous être? nous demanda-t-il; au second, au troisième?

— Mais, répondis-je, je ne sais. Au meilleur possible.
— Très-bien. Au sixième alors?
— Comment, comment, au sixième?...
— Monsieur, c'est le plus haut et le plus riche. Il y a trois « elevators » dans l'hôtel. Voilà... chambres 927 et 928... »

Et avant que nous ayons le temps de nous reconnaître, il nous fait signer nos noms sur un grand registre, nous met à chacun une clef dans la main, et sonne un nègre haut de six pieds, qu'il nous fait signe de suivre. Nous suivons.

Je dois faire ici amende honorable à San Francisco en faveur du Palace Hotel. En fait de caravansérail de ce genre, c'est certainement le plus grand et un des plus beaux du monde. Il y a mille chambres ou salons. Au milieu de l'hôtel se trouve une vaste cour carrée, sur laquelle donnent six galeries superposées, très-larges, qui servent de promenoir à chaque étage.

L'ascenseur nous monte au cinquième, et le maître d'hôtel nous conduit à nos chambres. Il n'y a, dit-il, que très-peu de domestiques pour faire le service, et chaque voyageur doit autant que possible se servir lui-même; aussi nous montre-t-il comment il faut faire pour allumer le gaz, pour préparer un bain ou pour le vider. « Et si vous avez besoin de quelque chose d'extraordinaire, ajoute-t-il, vous pouvez sonner, il viendra quelqu'un! » Allons, tant mieux!... Tout est d'ailleurs très-bien organisé; chaque appartement a une salle de bain, w... c..., trois ou quatre becs de gaz. Un petit avis affiché dans les chambres vous donne tous les prix et les heures des repas; moyennant quatre dollars par jour (20 fr.) vous avez logement, service, nourriture et éclairage.

Vous pouvez, si vous le voulez, manger toute la journée. La petite affiche dit en effet :

Déjeuner de six heures du matin à midi; lunch de midi à deux heures; dîner de quatre heures à neuf heures; thé de neuf heures à dix heures; souper de dix heures à minuit.

Or vous pouvez déjeuner à huit heures, puis encore à midi; luncher à un heure; dîner à quatre heures et à huit heures; prendre le thé; et enfin, si vous n'êtes pas étouffé, souper à minuit.

Nos bagages sont très-exactement arrivés dans nos chambres. Il n'est encore que trois heures de l'après-midi; nous avons donc le temps d'aller faire un tour à pied dans la ville.

La principale rue de San Francisco est « Montgommery street », qui partage la ville en deux ; presque toutes les maisons sont en bois; le Palace Hotel est une des rares constructions en pierre qu'il y ait dans tout « Montgommery », et encore les galeries intérieures, les balcons extérieurs et les ornements, corniches, etc., sont-ils en bois.

Il y a très-peu de voitures dans les rues; mais par contre une infinité de *cars,* d'omnibus et de tramways se croisent et s'entre-croisent.

On voit beaucoup de monde très-affairé : des Américains aux cheveux roux; des Chinois à la longue queue; des nègres crépus; des magasins dont les étalages provisoires sont faits sur des tréteaux qui avancent sur les trottoirs. San Francisco produit un effet singulier; en voyant ces hautes casernes en bois, ces boutiques installées à la hâte, vous vous croiriez plutôt dans un vaste campement que dans une vraie ville.

Après une heure de marche au hasard, nous sommes entièrement perdus ; une voiture que nous trouvons heureusement nous ramène à l'hôtel. La course de dix minutes : un dollar et demi. Nous sommes loin des jinrikishas, qui pour un *bòu*[1] nous promenaient dans tout Tokio !

A six heures, nous descendons dans la vaste salle à manger de l'hôtel. Avec l'organisation américaine, il n'y a pas de table d'hôte possible ; chacun a sa table séparée servie par un nègre en cravate blanche. On vous présente le menu ; vous choisissez tout ce que vous voulez. Comme boisson, on vous offre un grand verre d'eau glacée, qui cette fois n'est pas de circonstance par la température sibérienne qu'il fait au dehors. Les vins et les liqueurs sont notés « extra ». Une bouteille de bordeaux (?) ordinaire coûte deux dollars ; saint-émilion, quatre dollars. Une bouteille de saint-émilion coûte donc aussi cher que la pension tout entière !... Tout va bien !

Notre dîner commandé, nous jetons un coup d'œil autour de nous. La salle est magnifique et immense ; il y a plusieurs jolies personnes habillées avec goût ; des jeunes filles dînant toutes seules, quelques-unes plongées dans la lecture d'un grand journal. A côté de nous est un vieux monsieur tout de neuf habillé, col et manchettes énormes, épingle de cravate en diamants, bague en diamants, des diamants partout. Il mange avec les doigts et a les pieds croisés sur le barreau de sa chaise... Chercheur d'or qui a trouvé le gros lot, ce ne peut être autre chose.

En somme, les femmes sont beaucoup mieux que les hommes. Sans être précisément d'une distinction exagérée,

---

[1] Un *bou* vaut 25 centimes.

elles sont généralement jolies et bien habillées. Quant au sexe fort... Heu! heu! Quoique je n'aie pas encore aperçu la plus petite crosse de revolver... j'aime mieux avoir l'avantage de voir ces messieurs ici, que de les rencontrer au coin d'une forêt vierge.

Arson demanda au maître d'hôtel un journal donnant le programme des théâtres. Avec toute l'importance et la gravité d'un homme qui sait qu'il a le droit de voter, ce noir apporte l'*Advertiser*.

Au théâtre Baldwin, où nous allons après dîner, une très-bonne troupe de comédie joue une pièce intitulée *Scrape of paper,* qui n'est autre chose que la traduction mot à mot des *Pattes de mouche,* de Sardou.

Voulez-vous avoir une idée des mendiants de Frisco? Nous étions sortis dans un entr'acte pour fumer une cigarette; un moutard de dix ans nous accoste et nous dit : « Messieurs, donnez-moi vingt *cents*[1]; je n'en ai que vingt dans ma poche, et il m'en faut quarante pour entrer au théâtre. » Cela est dit si drôlement qu'il n'y a pas moyen de refuser. A Paris, un gamin demanderait un p'tit sou, en vous pleurnichant que sa *pauvre mère...;* ici, il vous demande gaiement vingt sous pour aller au théâtre, et le premier passant venu les lui donnera.

Lundi 17. — San Francisco, qui n'existait pas, ou à peu près, il y a quarante ans, et qui compte aujourd'hui plus de cent mille habitants, n'est pas une ville comme les autres. La population y est un mélange inouï de gens venus des quatre points cardinaux; tous ont conservé leur manière de se vêtir, leur langage, leur manière de vivre; je crois qu'un homme qui, tombant de la lune, se relève-

---

[1] Le *cent* vaut 5 centimes.

rait au milieu de Montgommery street, serait incapable, en voyant, en écoutant autour de lui, de dire dans quelle partie du monde le hasard l'a déposé.

La manière dont les bureaux des grandes maisons de banque sont organisés est toute particulière. A la Banque de Californie, où j'ai été aujourd'hui pour toucher un chèque, tous les employés, caissiers, teneurs de livres et autres, se tiennent debout derrière un grand comptoir circulaire ressemblant assez à une corbeille d'agents de change, et sans le moindre grillage.

La caisse est représentée par une grande table située au milieu de cette corbeille, et là-dessus sont alignés des paquets de banknotes et des piles de pièces de vingt dollars; plusieurs employés puisent à la fois dans la caisse; tous vont et viennent à côté du monceau d'or.

Je me suis adressé au premier employé que j'ai vu devant moi; sans même constater mon identité, il m'a fait signer le chèque, l'a piqué dans une longue épingle, puis a disparu. Une minute après, un autre monsieur mettait devant moi une certaine quantité de pièces d'or et s'en allait. Je vérifiai la somme, et je trouvai le compte exact. Tout cela n'avait pas duré trois minutes. Avec ce système, ils parviennent, sans être volés, à expédier très-vite tout leur monde, sans le laisser se morfondre pendant deux heures devant une série de guichets à l'air mystérieux.

Tant pis par exemple pour celui qui, distrait ou inattentif, ne serait pas présent quand le caissier vient le payer; un autre individu disparaîtrait avec son argent, et il n'aurait rien à dire. Ici l'on part de ce grand principe, que tout le monde doit savoir se débrouiller; tant pis pour les imbéciles!

Il fait trop mauvais temps pour aller me promener dans l'intérieur de la Californie; la « Yosemite walley » au mois de février ne doit pas être bien séduisante. Une petite pointe jusqu'à San Jose, qui se trouve à soixante milles au sud de San Francisco, est la seule course que nous fassions pendant les trois jours que nous passons ici. M. le baron de Hübner et M. le comte de Beauvoir, tous deux justes observateurs, ont dit tout ce qu'il était possible de dire sur San Francisco et ses environs; et j'aime mieux relire ces passages si intéressants de leurs livres que d'aller patauger au milieu des neiges.

Le mardi 18 février, à sept heures du matin, un *ferry boat*[1] nous transporte de l'autre côté de la rade, à la station tête de ligne du « Central Pacific Rail Road », et nous nous installons bien confortablement dans les grands *Pullmann palace* dont est composé le train d'*Overland*. Les billets que nous avons pris directement pour Chicago[2] nous permettent de nous arrêter où nous voulons; nous partons donc sans projets bien fixés, laissant au hasard le soin de nous arrêter où bon lui semblera.

Tout le monde a entendu parler de ce grand chemin de fer, construit il y a quelques années à peine, et qui relie l'Atlantique au Pacifique en traversant les vastes plaines du désert américain.

Les noms de Sacramento, de Sierra Nevada, de déserts de Humboldt; des histoires de Mormons, d'Indiens, de buffles et de chevaux sauvages ont entouré un voyage sur les « Central Pacific » et « Union Pacific Rail Roads »

---

[1] Bateau à vapeur faisant le service de la rade.
[2] Billets de San Francisco à Chicago, 116 dollars; de San Francisco à New-York, 138 dollars (690 fr.), plus le prix du Pullmann car.

d'une espèce de légende qui conserve encore pour les Européens et même pour les Américains de l'Est quelque chose de mystérieux et d'inquiétant, légende que tous les voyageurs qui ont traversé ces contrées se plaisent à panacher de récits plus ou moins fantaisistes.

Rien n'est plus facile cependant que de traverser maintenant l'immense territoire américain. On prend à Frisco un excellent *Pullmann palace* qui, en huit jours, vous transporte à New-York.

Quand la première fois, en 1830, M. Whitney et plus tard M. Benton parlèrent de la possibilité d'un chemin de fer transcontinental, on ne vit dans ce qu'ils disaient que le résultat des divagations exagérées de deux cerveaux hallucinés.

Ce ne fut qu'en 1853 que le congrès des États-Unis consentit à s'occuper de l'étude d'un projet de chemin de fer devant traverser les plaines; en 1862, il signait les premières concessions, et, en 1865, le premier rail était posé à Omaha. Enfin, au mois de mai 1869, on achevait ce travail gigantesque qu'on n'avait mis que trois ans et demi à exécuter.

Aujourd'hui, il n'y a pas dans le monde entier une ligne mieux installée que la grande ligne d'Overland; les trains sont composés de salons roulants magnifiques dans lesquels, moyennant trois dollars par vingt-quatre heures, vous pouvez louer une section où vous êtes seul le jour et où l'on vous fait un très-bon lit la nuit. Tous les wagons communiquent, et vous pouvez vous promener depuis la queue du train jusqu'à la locomotive. Ici, comme partout, la plus grande liberté; vous allez et venez, vous restez sur les plates-formes qui se trouvent à chaque bout des wagons si vous voulez contempler le paysage; vous descendez ou montez quand le train est en marche; personne ne s'occupe de vous, personne ne vient vous ennuyer.

Quelle différence avec l'engeance barbare qui forme le personnel de nos chemins de fer! A chaque station un employé vient crier dans les voitures le temps exact de l'arrêt du train; c'est à vous de ne pas être en retard. A l'heure dite, pas une minute plus tôt, pas une seconde plus tard, le train part, sans s'inquiéter de ceux qui ne sont pas « à bord », comme on dit ici.

Vous rappelez-vous, dans nos gares d'Europe, les innombrables « En voituuuure! Ne restez pas sur les marchepieds! » etc., etc. Ici, rien de pareil, et pourtant le conducteur m'a affirmé n'avoir jamais vu un voyageur manquer le train.

Nous arrivons à Sacramento à quatre heures de l'après-midi, et une demi-heure d'arrêt nous permet de faire une course au galop dans la rue principale. Elle est bordée tout le long de noyers et de sycomores; les maisons sont grandes, bâties en briques et bois; l'aspect de cette petite ville de vingt mille habitants est joli et agréable à l'œil.

En quelques minutes, nous arrivons sur les rives du Sacramento, dont les eaux jaunâtres et boueuses charrient, paraît-il, des paillettes d'or. Malgré moi, je donne un coup de pied dans le sable pour voir si la fortune ne me ferait pas marcher sur un lingot précieux.

Les trente minutes d'arrêt sont écoulées, et nous rattrapons le train *au vol,* c'est le mot. On a ajouté au train un immense *silver palace* ou « palais d'argent ». — Remarquez qu'ils donnent à leurs voitures les noms les plus ronflants, qu'elles justifient bien, du reste. Nous venons de prendre, à Sacramento, toute une compagnie d'opéra bouffe qui s'en va à Chicago, et ce sont ces messieurs et ces dames qui, aimant à voyager à leur aise, ont loué le palais d'argent, où ils sont vingt-deux personnes.

On s'aperçoit bientôt de la présence de la bande joyeuse. — Les voyageurs peuvent, je l'ai dit, se promener dans tout le train. Or, les comédiens sont partout les mêmes, et ils ont tous cet entrain et cette insouciance de l'homme qui n'a pas un sou vaillant dans la poche, mais qui n'en est pas plus malheureux pour cela, car il y a une force qui le soutient : la bonne camaraderie. Quand un comédien est seul, il est parfois, il est souvent triste, ou du moins il le paraît. Quand plusieurs comédiens voyagent en bande, ils sont toujours gais et en train, ou du moins ils en ont l'air.

Nos vingt-deux cabotins commencèrent à circuler dans tout le train, les hommes demandant un cigare à l'un, du feu à un autre; les femmes plaisantant, riant avec les passagers et se moquant un peu des vieilles passagères.

A dix heures du soir nous arrivons à Summit, le point le plus élevé qu'atteigne le chemin de fer dans la Sierra Nevada. Nous sommes ici à sept mille pieds de hauteur. La nuit est magnifique. Nous descendons du train un instant, pour jeter un coup d'œil sur ces cimes neigeuses, sur le grandiose horrible et dévasté qui nous entoure. Nous voici en plein pays de l'or et des riches placers; dans ces contrées sauvages que les premiers pionniers ont baptisées de leur sang, mais dont ils ont fini par rester les maîtres. La locomotive lance un puissant coup de sifflet mille fois répété par mille échos lointains, et nous commençons à descendre rapidement le versant oriental de la Sierra.

Le valet de chambre (un nègre superbe) vient faire le lit de chaque voyageur. Le wagon est bientôt transformé en un long dortoir, un couloir au milieu et deux rangées de lits superposés de chaque côté; les rideaux forment, une fois tirés, un petit compartiment où vous êtes tout à fait chez vous.

Nous nous retrouvons le lendemain matin dans les vastes plaines du Humboldt, et de toute la journée nous ne voyons pas la plus petite trace de végétation; des plaines blanches et arides à perte de vue. — Dans le train, on pourrait se croire à bord d'un navire. Tout le monde a plus ou moins fait connaissance. On se promène d'un wagon à l'autre; on s'invite dans les sections; on s'offre du sherry et des sandwichs.

Arson a fait la connaissance d'un capitaine de l'armée américaine, M. T..., notre voisin de section.

Il a passé plusieurs années dans le « Far West »; il a fait la guerre aux Indiens de toutes les tribus et de toutes les couleurs; ce qu'il nous raconte de ses campagnes est on ne peut plus intéressant.

Le soir, pendant que le train filait à toute vapeur, grand dîner sur l'herbe, je veux dire sur la plate-forme du wagon.

Le capitaine et Arson ont invité toute la compagnie « Price » à dîner sur le terrain neutre des deux plates-formes. À la station de Winnemucca, nous avons fait toutes nos provisions; et quant au champagne, il y en a à bord tant qu'on en veut.

Ce dîner fantastique, dans un train lancé à toute vitesse, au milieu du désert, ayant pour convives une dizaine de comédiens américains et quatre ravissantes actrices, sera une chose que je n'oublierai pas, dussé-je vivre cinq cents ans!

Le capitaine a un entrain de tous les diables; nos convives exhibent, à la vue du festin, une joie féroce, et les quatre charmantes femmes saluent l'arrivée d'une énorme terrine de foies gras en entonnant toutes à la fois l'air d'*Orphée aux enfers* :

Au cabaret du Labyrinthe!...

A neuf heures, il n'y a plus rien à manger, et, la nuit étant très-froide, nous passons dans le « palais d'argent » de nos nouveaux amis, où la fête continue. — Ils nous jouent d'abord le dernier acte de *Robinson Crusoé* (prononcez Crussô); puis les uns commencent à imiter le miaulement du chat; les autres, le grognement du *grisly;* un troisième, le chant du coq; le champagne et le wiskey continuant à circuler, l'entrain devient indescriptible, et la fête finit à une heure du matin, dans un immense tourbillon général.

Figurez-vous un instant un désert aride, épouvantable, nu, où, à la clarté blafarde de la nuit, la pâleur uniforme des sables et des bancs de roches alcalines n'est soutenue, çà et là, que par d'immenses taches de neige d'une blancheur de deuil.

Au milieu de ce désert, filant avec une vitesse vertigineuse, un train noir, tonnant, terrible, lançant par toutes les bouches de sa locomotive de la vapeur et du feu.

Ce monstre de fer et de fumée chassant devant lui, sur le long ruban d'acier, des bisons à la bosse hérissée et les écrasant sous ses roues puissantes, quand dans cette lutte inégale la nature est vaincue par la science.

Dans le désert, derrière chaque pierre, derrière chaque buisson, des couguars et des pumas, des chats sauvages et des chiens des prairies, des serpents à sonnettes se cachant, immobilisés par la frayeur, pour regarder passer cet ennemi inconnu, cette chose noire et incompréhensible qui est poursuivie à son tour par des hordes d'Indiens de toutes sortes, Pioutes, Cheyennes, Arrapohoes, Gros Ventres, Pieds noirs et Nez percés, montés sur des chevaux sauvages.

Dans les flancs de cette salamandre inouïe, toute une bande de comédiens, les uns vêtus en diables, d'autres en Robinson Crusoé, d'autres encore barbouillés en noir à la Vendredi; des femmes criant, buvant et dansant, versant le champagne à flots pour avoir plus tôt une bouteille à lancer au dehors et entendre arriver jusqu'à leurs oreilles « l'éclat de rire » sinistre du verre qui se brise!

Dominant tout ce fracas de sa voix puissante, un capitaine américain, vétéran des guerres du désert, disait à deux voyageurs français. . . . .
. . . .

Que diriez-vous d'un roman qui aurait pour titre *la Fête à toute vapeur*, et qui commencerait ainsi?...

Nous sommes à Ogden jeudi matin. C'est là que finit le « Central Pacific Rail Road » et que commence l'« Union Pacific »; il y a une heure d'arrêt pour le transbordement des bagages. La gare est encombrée de soldats américains, d'Indiens et d'émigrants.

C'est ici qu'il nous faut bifurquer, si nous voulons aller à « Salt Lake City », la ville des Mormons.

Arson est indécis; je ne sais trop que faire.

« Si nous n'y allions pas? me dit-il.

— Je ne demande pas mieux », répondis-je.

Et nous repartons un instant après vers les montagnes Rocheuses.

Cette fois, les plates-formes sont encombrées d'Indiens qui vont rejoindre leur tribu, et que l'on transporte gratuitement pour les décider à ne pas inquiéter les trains, à ne pas couper la voie; ce qu'ils font d'ailleurs très-rarement maintenant.

Ce sont des hommes magnifiques, hauts de six pieds, et qui paraissent doués d'une force herculéenne. Le visage est couleur rouge brique, le nez camus et fort, les lèvres charnues, sans être très-grosses. Ils sont vêtus de pantalons faits de peau de buffle séchée au soleil; leurs chaussures sont également de peau. Presque tous ont sur les épaules une grosse couverture de laine rouge, au milieu de laquelle ils ont fait un trou où ils passent la tête; leurs cheveux sont longs et parfois tressés; ils portent des chapeaux de feutre gris à larges bords plats, où ils plantent une quantité de plumes de différentes couleurs. La plupart d'entre eux ont la figure tatouée ou barbouillée de rouge, et portent des boucles d'oreilles; un ou deux seulement ont un anneau de cuivre passé dans le nez; tous ont l'air sérieux et digne. Je n'en ai pas vu rire un seul. De temps à autre, pendant que le train est en marche, on en voit quatre ou cinq sauter sur la voie et disparaître; ceux-là sont arrivés à destination.

Nous avons quitté à Ogden le territoire d'Utah pour entrer dans le Wyoming et nous engager dans la haute chaîne des montagnes Rocheuses. Nous sommes vendredi soir à Cheyenne, et nous traversons dans la journée de samedi les immenses plaines du territoire de Nebraska, en suivant presque continuellement les contours de la « Platte », qui va se jeter dans le Missouri.

M. T..., le charmant capitaine, nous conseille d'aller directement jusqu'à Chicago ; il nous promet de nous raconter quelques-unes de ses nombreuses histoires, qui, dit-il, devront nous intéresser.

« Ne pensez-vous pas, lui demandai-je alors, que nous ferions bien de nous arrêter à Omaha ou de revenir à Cheyenne pour essayer d'une chasse aux buffles ?

— Vous pouvez essayer, nous dit-il ; mais je pense que vous ne tuerez rien, la saison est trop avancée. Les buffles sont entièrement détruits dans ces parages, et vous devrez remonter jusque dans le haut Dakota, si vous voulez avoir quelque chance d'en rencontrer.

« Or, avez-vous bien tout ce qu'il faut pour camper dans ces déserts, où vous devrez lutter non-seulement contre les éléments, et peut-être contre les Indiens, mais encore contre les mille ennemis, tels que chiens des prairies, putois, serpents à sonnettes et autres qui, à chaque pas, surgissent de la terre ?

« Les serpents, ajouta-t-il, sont très-frileux, et ils ne manquent pas une occasion de se faufiler dans les endroits les plus confortables et les plus chauds.

« Je n'ai jamais pu juger par moi-même de cette passion du *rattlesnake* [1] pour les tentes et les lits, mais j'ai entendu bien des histoires à propos de cela.

« Un de mes camarades trouva un jour un de ces ovipares désagréables roulé sous son traversin. Une autre fois, un officier, en mettant ses bottes, poussa un cri d'horreur en sentant se mouvoir sous son pied une masse froide et molle.

[1] Serpent à sonnettes.

« Mais voici ce que j'ai entendu de plus terrible :

« Un de mes amis, qui revenait avec sa colonne d'une longue et pénible excursion dans les prairies, fit établir son camp près de Tekama, sur les bords du Missouri. Depuis trois mois qu'il courait le désert, mon ami avait abandonné l'habitude de se déshabiller pour se coucher la nuit sous la tente ; mais comme il se trouvait cette fois près des blancs et presque en sûreté, il eut envie de s'offrir une nuit civilisée, et il se coucha dans une longue et bonne chemise de nuit.

« Il était endormi depuis un moment, quand il fut à moitié tiré de son sommeil par une sensation de froid dans le dos. Pensant que c'était la pluie qui entrait sous sa tente, il ne fit que changer de position et se rendormit. Deux fois il éprouva la même impression, et deux fois il n'y prit pas garde. A la fin, cependant, il se mit sur son séant ; la lune brillait de tout son éclat, et il se demandait d'où pouvait venir l'eau, quand il lui parut sentir les mouvements onduleux d'un serpent se pelotonnant contre son épine dorsale. Il bondit hors de son lit en poussant un cri féroce, et il commença à courir comme un fou, droit devant lui, ne s'arrêtant que quand il sentit les épines des cactus s'enfoncer dans ses pieds.

« Le reptile, enroulé dans les plis de la chemise, ne tomba qu'à quelques pas de la tente, où deux soldats le trouvèrent et le tuèrent aussitôt.

« C'était un gros serpent à sonnettes qui, engourdi par le froid et par la peur, ne fit aucune résistance.

« A dater de ce jour, mon ami déclara que pour t l'or du monde il ne se déshabillerait pas la nuit dans ɩ camp.

« Quant au putois, ajouta le capitaine, c'est un autr

genre d'agrément. Je ne parle pas de l'odeur horriblement infecte qu'il lance dès qu'il se croit menacé, et qui, en somme, n'est pas dangereuse ; ce qui est terrible, c'est quand il s'introduit la nuit dans votre tente pour y chercher quelque nourriture, et que, ne trouvant rien de mieux, il commence à grignoter votre figure ou une de vos mains. Or, la morsure de cet animal, qui ne serait rien par elle-même, est inévitablement suivie de la plus terrible des maladies : l'hydrophobie ! On cite comme des exceptions très-rares les personnes qui, ayant été mordues par le putois, ne sont pas mortes dans les plus horribles souffrances.

« Vous voyez, nous dit le capitaine, que bien que nos plaines et nos déserts soient traversés par des lignes de chemins de fer, elles laissent encore beaucoup à désirer sous le rapport du confortable.

— Et les Indiens ? ajoutai-je alors ; vous ne me dites rien de ces superbes Indiens qui ont l'air si fier et si arrogant. Comment s'y prend donc un jeune guerrier quand il veut se marier ?

— Oh ! me dit-il, il y a plusieurs manières, et la plus généralement usitée est le simple enlèvement. Voici pourtant comment cela se pratique, si tout marche régulièrement :

« Quand un guerrier voit une fille qui lui plaît et dont il voudrait faire sa femme, il commence par rôder autour du wigwam de la belle en poussant, quand il la voit paître, des soupirs à renverser tout le camp ; le soir, il it, silencieux et aussi caché que possible, se coucher quelques pas de la hutte de sa dulcinée. Si celle-ci voit soupirant d'un œil favorable, elle apparaît à la nuit mbante sur le seuil de sa case ; dès qu'il la voit, le jeune guerrier fond sur elle; si elle se récrie, il se retire aussitôt; mais si elle reste silencieuse, il la conduit alors à une cinquantaine de pas de la hutte, et là, s'asseyant tous les deux sur le sable et jetant sur leur tête une grande couverture sous laquelle ils disparaissent entièrement, ils causent d'amour aussi longtemps que cela leur fait plaisir.

« Quand le jeune homme a gagné le cœur de la belle squaw, il lui reste à obtenir le consentement du père. Cette formalité donne généralement lieu à des scènes dans le genre de celle-ci :

« J'ai l'intention de prendre votre fille pour femme,
« dit l'amoureux; c'est un vrai laideron paresseux
« comme un ours, qui ne sait ni cuire un quartier de
« bison, ni faire quoi que ce soit; mais comme je suis
« sûr que vous avez d'elle par-dessus la tête, je viens
« vous dire que, voulant vous rendre service, je consens
« à m'en charger et à vous en débarrasser.

« — Oh! dit le père, vous voulez me prendre ma fille
« chérie! la plus belle et la plus aimante des filles! la
« meilleure faiseuse de vêtements de peau de buffle! la
« travailleuse la plus solide et la plus adroite de toute la
« tribu! Je ne puis absolument pas me priver d'elle,
« surtout pour vous la donner à vous, qui êtes *un jeune,*
« qui n'avez encore scalpé qu'une chevelure et qui n'avez
« volé que deux chevaux! Vraiment non, vous n'aurez
« ma fille que quand vous pourrez me donner vingt che-
« vaux en échange!

« — Vingt chevaux! s'écrie l'autre; vingt chevaux
« pour un horrible monstre qui ne vaut pas seulement
« une peau de buffle! Mais je pourrais avoir une dou-
« zaine de femmes très-belles pour ce prix-là. »

« Après d'interminables pourparlers, le père et le prétendu finissent par tomber d'accord sur le prix, qui varie généralement de un à quatre chevaux.

« Cela réglé, il n'y a aucune cérémonie de mariage. Quand il a payé le prix convenu, le guerrier emmène sa femme dans le wigwam de son père, et ils vivent là jusqu'à ce qu'il ait volé assez pour pouvoir avoir sa hutte à lui. »

Nous arrivons à Omaha samedi, à quatre heures du soir.

C'est une jolie petite ville de vingt-cinq mille habitants, bâtie sur un charmant mamelon, sur la rive droite du Missouri.

Nous ne nous y arrêtons qu'une heure, et nous repartons pour Chicago, où nous serons demain soir.

A peine hors de la gare, le train s'engage sur un pont d'un kilomètre de long, une véritable merveille, un prodige de légèreté et d'audace. Il est soutenu par vingt-deux colonnes de fer et a coûté à construire la somme énorme de quinze cent mille dollars (sept millions cinq cent mille francs).

Je me tiens, pendant que nous le traversons, sur le dernier échelon de la plate-forme extérieure du wagon, et de là je puis entendre les craquements de tout cet assemblage de fer, qui semble vouloir se rompre sous le poids du train qui passe lentement. Le Missouri, que je vois à trente mètres au-dessous de nous, est entièrement gelé, et les blocs de glace, serrés, pressés les uns contre les autres, forment ce qu'on appelle le *ice bridge*, sur lequel les chariots les plus lourdement chargés peuvent traverser le fleuve.

En sortant de cette cage de fer, nous reprenons notre course à travers les plaines de l'Iowa. Nous traversons le Mississipi, dimanche matin, sur un pont encore plus inouï que celui d'Omaha, et le soir, à quatre heures, nous sommes à Chicago.

On sent, en arrivant ici, les premières bouffées, bien légères encore, du vent de la civilisation de l'Est. Déjà les figures qu'on voit ont l'air plus catholique; les coiffures affectent des formes plus régulières; les barbes sont moins *broussailleuses;* les personnes qui chiquent crachent avec moins de bruit et dissimulent autant que possible les paquets de tabac qu'elles ont dans la bouche.

Une demi-heure avant d'entrer en gare, un facteur est venu retirer les fiches de nos bagages[1], en disant que nous retrouverions nos malles à l'hôtel. Voilà les applications pratiques qui commencent; moyennant cinquante centimes (dix cents) par colis, une compagnie se charge de les faire transporter à l'adresse que vous donnez.

Une voiture nous conduit en quelques minutes au « Grand Pacific Hotel », capharnaüm dans le genre du « Palace Hotel » de San Francisco.

Ces hôtels américains sont étonnants! On y pourrait passer sa vie (je crois qu'il y a des familles qui le font) et y trouver tout ce dont on a besoin : tailleur, chapelier, bottier, restaurant, grand café, immense salle de lecture, bar, etc., etc.

Les chambres sont meublées simplement, tandis que les salons de conversation et les salles à manger sont décorés avec un luxe inouï.

---

[1] Dans les chemins de fer américains, on ne délivre pas de bulletin de bagages. On vous donne autant de petites fiches en cuivre que vous

C'est toujours le même système. Vous inscrivez votre nom sur un grand registre, on vous conduit à votre chambre, et personne ne s'occupe plus de vous. Vous mangez vingt fois par jour, vous allez et venez; vous pouvez croire qu'on vous a oublié.

La première personne venue s'approche du bar de l'hôtel, prend une consommation, et, au lieu de payer, signe un petit *bill* qu'on lui présente et s'en va.

Nos bagages sont arrivés en même temps que nous; nous nous débarbouillons; nous faisons même un bout de toilette... Eh! eh!... C'est que nous commençons à nous rapprocher des *barbares* Occidentaux.

Chicago est un des exemples les plus frappants de la rapidité avec laquelle les villes ont surgi dans l'intérieur des États-Unis, sous l'impulsion et grâce à l'activité des hommes de l'Est.

Lorsque l'on commença à agiter la question du chemin de fer transcontinental, Chicago n'était qu'un petit village de deux mille habitants, formé de quelques huttes d'Indiens, de tentes et de baraques d'émigrants.

Aujourd'hui, c'est une ville de deux cent mille âmes! Tout cela a été fait en cinquante années!

Les rues se croisent très-régulièrement; elles sont mal éclairées et sales; on croit marcher dans du poussier de charbon.

En 1871, Chicago, tout bâti en bois, fut presque entièrement détruit par un incendie, qui ne laissa que quelques maisons debout. Aujourd'hui, la ville a été reconstruite en grande partie; mais on rencontre à cha-

---

avez de colis, et le numéro de chaque fiche correspond à celui du colis qu'elle représente.

que pas, à côté des maisons nouvelles, magnifiquement bâties en pierres de taille, de grands « blocks » noirs et vides qui, la nuit, font ressembler les plus belles rues de Chicago à d'immenses mâchoires où çà et là il manquerait des dents. Beaucoup d'animation, beaucoup de monde dehors.

Le soir, nous devons forcément aller au « Mac Wickers Theatre ». Je dis *forcément,* parce que la troupe qui est venue avec nous de Sacramento joue ce soir *the Little Duke.*

Le *Petit Duc* en anglais! On ne peut s'imaginer l'effet bizarre que cela fait parfois d'entendre la traduction de certains couplets, comme par exemple le refrain du dernier acte : « Pas de femmes! pas de femmes! c'est l'ordre du général... » que l'on chante ici sur ces paroles : *Clear the camp, girls! Clear the camp, girls...* C'est tout à fait drôle!

Comme lever de rideau, on nous a servi, sous le nom de *Under the rose, by E. J. Mursy,* l'ancien vaudeville que Ravel a créé, je crois, au Palais-Royal, et qui s'appelle la *Veuve au camélia.* On n'a fait que traduire mot à mot.

Lundi 24 février. — Notre journée se passe à courir la ville dans tous les sens; à aller faire un essai de patinage sur le lac Michigan, dont la nappe glacée et monotone s'étend à perte de vue. Puis, nous retrouvant le soir à table, nous tenons grand conseil. Faut-il rester à Chicago et aller voir M. W..., à qui nous sommes adressés, et alors nous arrêter ici quelques jours, ou faut-il fuir au plus vite ces régions sibériennes?

Après mûre délibération, nous décidons, au risque d'être mis en ridicule à notre retour en Europe et d'être

19

pris pour des voyageurs pas sérieux qui se font transporter comme des malles, nous décidons, dis-je, de quitter cette ville sombre, dont le ciel semble n'être qu'à un mètre au-dessus de notre tête et dont l'atmosphère est imprégnée de spleen vaporisé.

Le lendemain, un train du « Lake shore Railway » nous emportait vers Buffalo, station où l'on prend le train pour Niagara.

Le marchand qui nous avait vendu les billets nous recommandait cette ligne, « car, disait-il, vous jouirez de la vue du lac Erié, que vous apercevrez constamment ».

Or nous ne jouîmes de rien du tout, attendu que, par le brouillard et la nuit, nous ne vîmes pas le lac une seule fois.

Disons en passant que, si les trains qui viennent d'« Overland » sont magnifiquement installés, et si les wagons y sont splendides, les trains des lignes secondaires sont atroces. Il n'y a en Amérique qu'une seule et unique classe de voitures. Égalité! Et quand dans un train il ne se trouve pas de Pullmann-Palace, on est obligé de s'entasser dans de mauvaises voitures, où l'on est très-mal assis, et où l'on peut se trouver placé à côté de personnes répandant autour d'elles les parfums violents du travail, qui n'a pas une seconde à donner à la toilette.

Arrivés à Buffalo, mercredi à midi, nous changeons de train, et deux heures après, nous sommes à la petite ville de Niagara. Tout est fermé en cette saison; les grands hôtels qui sont près des cataractes et les pensions de famille ne s'ouvrent qu'au printemps. Nous trouvons pourtant à nous loger très-confortablement à « Spencer House », hôtel qui est en face de la gare.

Il fait un froid de petit canard : dix-huit degrés Fahrenheit, ce qui est assez coquet ; il n'y a pas une goutte d'eau, pas un grain de sable, pas le nez d'un passant, qui ne soit gelé à blanc.

Niagara, petite ville bâtie sur le côté américain des cataractes, est une station d'été très-courue par les habitants de toutes les villes de l'Est ; c'est ici que les nouveaux mariés viennent généralement passer leur lune de miel, tout comme en Europe ils vont en Italie. Niagara est essentiellement ce qu'on appelle ici *a wedding place*.

Nous entendons dans l'air comme un grondement sourd et éloigné, qu'on nous dit être produit par les chutes d'eau, qui ne sont qu'à un demi-mille de l'endroit où nous sommes. La nuit étant survenue rapidement, nous ne voulons rien voir aujourd'hui pour avoir demain toute entière l'impression du premier coup d'œil.

Jeudi 27 février. — Nous sommes sur pied de bonne heure. A la porte de l'hôtel, nous attend un long traîneau attelé de deux grands chevaux qui partent au galop sur la route glacée, sitôt que nous crions au cocher : *Go ahead!*

Le Niagara est formé par les eaux des lacs Michigan, Huron et Érié qui suivent son lit pour venir se déverser dans le lac Ontario, d'où sort le grand Saint-Laurent.

Son parcours est d'environ quinze lieues, et il sert de frontière, sur toute sa longueur, entre le Canada et les États-Unis.

C'est après huit lieues d'un vagabondage lent et tranquille à travers des plaines fertiles, que les eaux du Niagara commencent à précipiter leur course dans les rapides qui sont au-dessus des immenses cataractes, pour venir tomber avec un fracas épouvantable dans un gouffre d'une beauté indescriptible.

A un demi-kilomètre au-dessous des chutes, reliant les deux bancs de rocher entre lesquels tourbillonnent les eaux du fleuve, encore toutes frémissantes du saut qu'elles viennent de faire, nous apercevons, en sortant de la ville, un pont en fer si léger, si transparent, que l'œil le perd presque dans les airs. Ce filigrane merveilleux, long de douze cents pieds, est suspendu par deux gros câbles en fil de fer à cinquante mètres au-dessus de l'abîme.

Arrivés au milieu de cette route aérienne, nous pouvons admirer l'immense fer à cheval formé par tout un fleuve puissant, précipitant ses colonnes d'eau de quarante-sept mètres de hauteur, sur un circuit de près d'un kilomètre !!!

Du centre de cet amphithéâtre grandiose, s'élève constamment un nuage de brouillard vaporeux et blanc ; au-dessous de nous, les eaux s'engouffrent sous de véritables montagnes de glace, dont nous pouvons apercevoir les déchirures béantes !

De chaque côté des trois grandes cascades que forme le fleuve, s'élèvent d'immenses stalagmites, hautes de trente à quarante mètres, qui ressemblent à des cariatides gigantesques soutenant l'entablement d'où s'élancent les cataractes ; tout ce tableau colossal et féerique est encadré par des centaines de longues stalactites pendant de toutes les aspérités du rocher !!!...

En quittant le pont, nous entrons dans le Canada, sur le territoire anglais appelé Drummondville.

Je crois que toutes ces merveilles de la nature sont en hiver mille fois plus belles qu'elles ne peuvent l'être en été. On ne voit pas une motte de terre ; tout est neige et glace. L'hiver a tout habillé d'un costume uniforme, et a tout coiffé d'un casque blanc; chaque chose est entourée d'une couche de vapeur congelée et brillante; aux arbres, sont suspendus des centaines de fruits formés d'un gros morceau de glace transparente : on dirait quelque décor merveilleux, taillé dans un bloc de cristal de roche.

A quelques centaines de mètres de la tête du pont, sur le sol canadien, se trouve un musée, assez maigrement garni de quelques oiseaux empaillés, poissons desséchés et ours à gueule béante.

Un homme couvert de fourrures et ressemblant à un gorille vient nous proposer de faire notre photographie, campés dans des poses héroïques sur le grand plateau de « Table Rock » qui surplombe le gouffre de ce côté; nous jugeons cela parfaitement inutile.

Ce que nous voulons, c'est descendre dans la caverne qui se trouve tout au-dessous de la grande chute principale. Le gardien du musée nous dit que c'est dangereux en cette saison, et qu'il ne sait pas si le guide qui accompagne généralement les étrangers qui descendent en cet endroit voudra venir avec nous. Il y a deux jours, paraît-il, une montagne de glace haute de trente mètres, formée par deux énormes stalagmites, s'est effondrée tout à coup avec un fracas terrible. Il reste encore deux blocs semblables; le moindre bruit, dit le guide qui vient d'arriver, le choc le plus léger, pourrait les faire tomber, et nous serions infailliblement perdus. Cependant, il se décide à descendre avec nous, et il nous fait revêtir d'immenses pantalons et blouses *waterproof* et des casques de caoutchouc, qui nous donnent vaguement l'air de deux scaphandres. On assujettit sous nos chaussures des crocs en fer qui, mordant dans la glace, doivent nous empêcher de glisser ; et nous commençons à descendre un long escalier tournant en bois, appliqué contre la paroi même de rocher, à un mètre seulement d'une colonne d'eau formidable qui nous inonde d'une poussière glacée. J'avoue qu'au milieu de la descente, j'ai été obligé de fermer les yeux un instant pour résister au vertige qui me gagnait.

Après cinq minutes de descente pénible, nous arrivons à l'entrée de la grotte des « tourbillons », dans un recoin d'une sauvagerie indescriptible. A quelques pas, le gouffre profond et terrible, qui semble tendre vers nous des lèvres avides ; au milieu de la caverne, d'immenses débris de glace provenant de la débâcle de l'autre jour ; dans le fond, des roches nues, suintant l'humidité, et percées de toutes parts de trous à serpents et à crapauds. Mais ce qui est réellement saisissant, ce qui vous fait courir sur tout le corps un petit frisson très « inconfortable », c'est l'immense nappe d'eau qui passe devant vos yeux, et qui forme comme un grand rideau transparent dans lequel on aperçoit, de temps à autre, un arc-en-ciel fugitif et rapide, disparaissant aussitôt comme s'il eût craint de se laisser surprendre dans ce milieu de glace et de n'en pouvoir plus sortir.

A ce moment, un petit glaçon se détachant de la paroi supérieure de la grotte tombe à nos pieds.

« Suivez-moi ! » s'écrie le guide en se précipitant vers la sortie.

En deux bonds nous l'avons rejoint.

C'était une fausse alerte : en entendant le fragment tomber par terre, le guide avait craint que toute la montagne de glace ne s'effondrât sur nous. C'eût été une tombe splendide, et peut-être une belle occasion d'arrêter là notre voyage autour du monde.

Nous avons, de l'endroit où nous sommes, un coup d'œil splendide et terrifiant. A dix pas, la grande cataracte tombant avec un fracas tel qu'il est impossible de s'entendre parler, même en criant très-fort. A notre gauche, les tourbillons d'eau furieux, rebondissants, se brisant les uns contre les autres et formant une mer agitée et terrible; en face, à un kilomètre, les chutes américaines, ressemblant à un château d'eau colossal sur une base de blocs de glace s'élevant en gradins titaniques.

Songez donc! cent millions de tonnes d'eau tombent chaque heure dans ce gouffre insatiable!

Nous remontons bientôt sur le « Table Rock », où nous nous débarrassons de nos costumes d'explorateurs sous-niagariens; et, repartant en traîneau, nous côtoyons, en les remontant, les rapides qui sont au-dessus des cataractes.

Rien ne saurait résister à ces rapides, où l'eau court avec une vitesse de quarante-cinq kilomètres à l'heure!

La liste des accidents arrivés en ces lieux est bien longue; et le Niagara semble, nouveau Labyrinthe, attendre un tribut de sang de ceux qui osent approcher de ses gouffres.

Il y a trois ans, un jeune homme et sa fiancée voulurent faire une promenade en bateau à quelques centaines de mètres au-dessus du commencement des rapides. Ils étaient amoureux! ils oublièrent, dans leurs doux propos d'amour, l'endroit dangereux où ils se trouvaient; le canot redescendit lentement la rivière; puis tout à coup, entraîné par le courant, il partit comme un trait vers le précipice où les malheureux fiancés disparurent ensemble!

Leurs corps ne furent jamais retrouvés.

Une autre fois c'était un touriste allemand qui resta deux jours sans reparaître à l'hôtel où il logeait. Le deuxième jour, on l'aperçut au milieu des rapides, à cinquante mètres seulement du gouffre, accroché avec la force du désespoir à une pointe de rocher qui formait saillie au milieu du courant. Après avoir, pendant plusieurs heures, cherché un moyen de le tirer de cette horrible situation, on finit par faire arriver un canot à l'endroit où il se trouvait; ce canot était retenu par deux longues cordes qu'on tenait de chaque rive du fleuve. Mais le malheureux était tellement fasciné par la vue du précipice, qu'il ne pouvait en détourner les yeux une seule minute, et qu'il ne fit pas un seul effort pour se hisser dans l'embarcation. Vers le soir ses forces l'abandonnèrent, et il fut entraîné par-dessus bord.

Il y a, à côté des accidents, la série des suicides.

En 1874, un jeune élégant de New-York avait perdu au jeu une somme énorme qu'il lui était impossible de payer. Il demanda quinze jours de temps pour s'acquitter, puis il partit pour Niagara Falls, en compagnie d'un riche banquier de ses amis.

Un jour qu'ils étaient tous deux assis sur le « Table Rock », notre joueur malheureux dit tout à coup à son ami :

« George! je vous parie cinquante mille dollars que je suis sous « Table Rock » avant la grosse branche que vous voyez arriver là-bas dans les rapides.

— Tenu! » répondit le banquier, qui croyait à une plaisanterie.

Ce mot était à peine prononcé, que notre ami se précipitait dans le gouffre et dans l'éternité!

Le lendemain, la personne qui lui avait gagné au jeu la somme qu'il n'avait pas encore payée, recevait une lettre ainsi conçue :

« Mon cher ami,

« Quand vous recevrez ce billet, notre ami George aura perdu contre moi un pari de cinquante mille dollars, que je vous prie de lui réclamer en payement de ce que je vous dois. *A bientôt!*

« WILLY S. »

Le banquier, qui était un honnête homme, s'exécuta de bonne grâce.

Notre traîneau continue à courir à travers champs ; rien de délicieux comme cette promenade.

Il est midi, le temps est magnifique; les rayons d'un beau soleil d'hiver éclairent un ciel joyeux et souriant, et viennent se jouer dans les mille bras des pommiers sauvages qui semblent tout penauds de se voir emprisonnés dans des armures de glace.

Après avoir remonté le fleuve pendant une demi-heure, nous arrivons sur un plateau en haut des rapides, et le cocher nous invite à descendre un long grappillon taillé dans le roc, qui, dit-il, conduit au *burning spring* (source brûlante).

Nous descendons, et nous trouvons là, dans une baraque en bois perdue au milieu des broussailles, un monsieur allemand, à longs cheveux blonds, chapeau tyrolien et lunettes d'or, qui nous reçoit avec obséquiosité et qui nous prie de passer dans une chambre obscure.

Quelques secondes après une grande flamme bleuâtre jaillit d'un long tube en fer qui sort d'un trou noir.

Il y a là une source d'eau imprégnée d'une grande quantité de gaz hydrogène sulfuré qui s'enflamme dès qu'on approche une allumette.

La flamme produite par ce gaz est vacillante et incertaine, et donne très-peu de chaleur et de clarté.

Cette source fut découverte, jadis, par les Iroquois qui habitaient ces parages et qui venaient pêcher sur les bords du fleuve.

Un jour qu'ils avaient négligé d'éteindre le feu qui avait servi à cuire leur repas, les flammes gagnèrent quelques herbes sèches et arrivèrent jusqu'à une échancrure de rocher par où la source elle-même prit feu. Quand les Indiens revinrent, quelque temps après, ils aperçurent de loin le phénomène dont ils ne purent s'expliquer la cause. Ils pensèrent que c'était le grand Manitou qui leur exprimait ainsi son mécontentement de les voir pêcher en cet endroit, et depuis ce jour ils ne reparurent plus.

Nous errons encore au hasard, pendant une heure, dans les environs de Drummondville, qui sont parsemés de charmantes maisons de campagne, de véritables petits châteaux entourés de très-beaux parcs.

Nous revenons à Niagara en traversant de nouveau le *suspension bridge*; et nous regagnons le *Spencer house* où nous trouvons un lunch que nous avons bien gagné !

Une heure après, nous repartons à pied pour aller contempler les cataractes du côté américain : « Prospect point », « Goat island », et les « Trois Sœurs », offrent tous la plus grande variété de points de vue.

On comprend en voyant cette merveille terrifiante, on comprend ce jeune Francis Abbot, qui, étant venu en touriste pour visiter les chutes du Niagara, les trouva si belles qu'il y construisit un ermitage et y termina ses jours.

Disons en finissant que le premier visage pâle qui arriva dans ces parages fut un Français, le frère Hennepin, missionnaire de la Compagnie de Jésus, qui en 1678 écrivait au supérieur de son ordre qu'il existait sur le fleuve qui relie le lac Érié au lac Ontario un *saut d'eau* tellement haut, que les poissons qui étaient précipités dans cette chute revenaient étourdis à la surface des eaux!...

Vendredi 28 *février*. — Nous quittons Niagara à midi, par un train express de l' « Erie railway », qui doit en douze heures nous conduire à New-York. Il est malheureusement tombé une telle quantité de neige du côté de Corning et d'Elmira, que notre train ne peut, pendant la soirée, que marcher au pas derrière une autre locomotive qui va en avant pour déblayer la route.

Ce n'est qu'à trois heures du matin que nous arrivons au *depot* de New-York, ventre vide et pieds gelés.

La gare est située en deçà de l'Hudson, qu'il faut traverser sur les grands *ferry boats* qui transportent piétons, chevaux et chariots sur la pointe de l'île où se trouve bâti New-York.

Nous ne trouvons, en fait de véhicule, que la grande berline du *Fifth Avenue hotel*, sorte d'arche de Noé, montée sur huit ressorts peints en jaune.

Nous nous entassons là dedans une douzaine de personnes; et Arson, qui se trouve très-mal assis, commence une longue conversation en japonais. En entendant ce langage inconnu éclore au milieu de l'obscurité, nos compagnons de berline portent instinctivement la main à leur montre et sur leurs poches, se demandant s'ils n'auraient pas affaire à deux Peaux-Rouges en rupture de ban.

Chacun sait l'effet que produit à tout nouvel arrivant cette promenade nocturne de la gare à l'hôtel, dans une ville que l'on ne connaît pas. Il semble que l'on tourne toujours en rond, et que le cocher s'amuse à vous faire repasser plusieurs fois par la même rue.

Après avoir suivi pendant quelques minutes une avenue bien éclairée, la voiture s'arrête net. Nous sommes devant le *Fifth Avenue hotel,* le plus grand de New-York.

Au milieu d'un grand atrium dallé en marbre noir et blanc, se trouve le bureau de l'hôtel.

Nous sommes reçus par un *clerk* tout de noir habillé, roide, compassé, sérieux comme un ministre, qui *veut bien* nous donner une chambre au cinquième étage. M'étant risqué à lui dire que je préférerais être un peu moins haut, ce monsieur me tourna le dos pour s'adresser à une autre personne.

On sent qu'on est en plein pays civilisé; les garçons d'hôtel deviennent insupportables.

XXV

New-York. — Les *stage coach*. — Les aventures d'un cadavre. — Les chemins de fer aériens. — Delmonico. — A l'Opéra.

Dès dix heures du matin, nous sortons à pied, pour jeter un premier coup d'œil sur l'ensemble de la ville. Devant l'hôtel se trouve un joli parc, le « Madison square », au milieu duquel s'élève, sur un haut socle de bois, un bras de la grande statue de la *Liberté,* que la France doit offrir aux États-Unis, et dont la tête se trouvait l'année dernière dans les jardins de l'Exposition universelle à Paris. Espérons que cette tête et ce bras finiront par se rencontrer.

La ville de New-York est bâtie sur la pointe de l'île Manahattan, entre l'Hudson-River et l'East-River, sur un terrain que les Hollandais achetèrent jadis aux Indiens, pour la somme de dix dollars, qui fut payée en whisky.

Toute la ville est longitudinalement divisée en deux côtés (East and West) par la grande artère principale, formée par Broadway et Fifth avenue.

A partir de l'extrémité sud de la ville, là où commence le Broadway, les rues partent perpendiculairement à droite et à gauche, et sont numérotées depuis 1 jusqu'à 72. Rien de plus commode que ce système ; en une heure, vous êtes capable de vous diriger tout seul, impossible de vous perdre. Vous savez, si vous vous trouvez dans la trente-quatrième rue, que la vingt-septième est sept *blocks* plus bas, et la trente-huitième, quatre *blocks* plus haut. Tandis qu'à Paris, il est impossible à un étranger qui se trouve dans la rue Vivienne, de deviner où est la rue de Richelieu.

Quant aux voies parallèles à Broadway, elles sont également numérotées d'Est à Ouest : Première avenue, deuxième avenue, etc. Dans ce cas, on se sert du mot *avenue*.

Il y a quelques rues ou squares, auxquels on a donné des noms spéciaux; tels que Franklin square; Madison avenue, etc... Mais il y en a peu.

La première chose qu'un étranger doit faire à New-York, c'est de monter dans la flèche de Trinity Church, d'où il embrasse toute la ville d'un même coup d'œil, et d'où il descend, capable de s'orienter dans n'importe quelle direction.

Les belles maisons qui bordent la Cinquième avenue offrent cet aspect de confortable tout particulier que l'on retrouve dans les constructions anglaises, mais qui manque aux demeures françaises ou italiennes. Les rues sont très-belles; je trouve seulement qu'il y a trop de tramways; ils sillonnent la ville dans tous les sens. Jamais vous ne verrez sur une de ces voitures le petit écriteau « complet ». Est-elle pleine? on s'assied sur les genoux des autres personnes, on se tient debout, on reste sur la plate-forme; jamais on ne refuse du monde.

Il y a aussi un autre genre de voiture publique, sorte d'omnibus, qu'on appelle « stage car », dont la particularité consiste à ne pas avoir de conducteur; il n'y a que le cocher, perché sur un siége élevé.

Quand vous êtes assis, un petit écriteau rouge et blanc, qui vous crève les yeux, vous dit : « Veuillez déposer cinq *cents* dans le tronc ci-dessous. »

Vous pourriez croire qu'avec ce système, la moitié des voyageurs peut arriver à ne rien payer du tout.

Point !

Dès que quelqu'un monte dans un stage, tout le monde a les yeux fixés sur lui, et son premier soin est de *dropper* dans la petite boîte le prix de sa place.

Un trou est pratiqué au haut de la voiture, derrière le siége du cocher. Quand vous voulez de la monnaie, vous tirez un timbre qui est près de ce judas, et vous passez votre dollar. Le cocher le prend, le dépose dans une tirelire qui est à côté de lui, et vous rend une enveloppe cachetée où se trouve la monnaie équivalente à la somme que vous avez donnée.

Tout cela est très-bien, direz-vous ; mais il doit y avoir pas mal de personnes qui profitent de cette petite boîte pour se débarrasser d'une quantité d'excellents boutons ?

Erreur encore !

Le tronc est surmonté d'un long col en cristal, carré, haut d'environ cinquante centimètres, et armé intérieurement de petites pointes en fer sur lesquelles votre pièce rebondit pendant quelques secondes avant de disparaître, ce qui permet à toutes les personnes qui sont dans la voiture de voir si vous avez déposé la somme exacte.

Un autre petit écriteau, bleu et blanc celui-là, est ainsi rédigé : « L'Administration prie très-respectueusement MM. les voyageurs de vouloir bien regarder si les personnes qui entrent dans le *stage* déposent dans le « box » la somme exacte de cinq cents (25 centimes). Personne ne peut voyager gratis. »

Le moyen, après cela, de ne pas s'exécuter !

Ajoutez que, lorsque la voiture est presque vide, le cocher peut, en se retournant, voir, par le trou qui est derrière son siége, si les personnes qui montent payent leur place. Et voilà comment ils ont trouvé le moyen de supprimer les conducteurs.

Nous rentrons à l'hôtel, vers une heure, pour déjeuner. Après nous avoir fait signer une quantité de petits « bills » : bon pour une côtelette, bon pour une pinte de bière, etc., on nous sert un déjeuner exécrable qui nous rappelle les mauvais jours du « City of Tokio ».

Nous reprenons notre vol, ayant plus faim qu'avant, et nous descendons tout doucement le Broadway, flânant le cigare aux lèvres comme si nous avions réellement déjeuné.

Nous n'avions pas fait cent pas, que j'entends mon nom prononcé à haute voix. Je me retourne, et je vois devant moi un de mes bons amis, un Américain que j'avais connu à Paris, et qui est tout étonné de me retrouver à New-York City.

Les exclamations ordinaires : « Comment ! vous ici ? Pas possible ! Depuis quand ? Jusqu'à quand ? » terminées, e lui explique que je ne fais que passer, que je pars demain pour Philadelphie ; mais que je reviendrai bientôt pour rester alors deux mois au moins à New-York, qui me plaît infiniment.

« Vous passez tous deux la journée avec moi ? nous dit-il.

— Avec plaisir ! » répondis-je.

Et nous voilà repartis ensemble dans le bruyant Broadway, Arson et moi le nez en l'air et sur la figure cette expression particulière où l'on reconnaît tout de suite un étranger ou un badaud.

« Voyez-vous cet immense édifice de marbre? nous dit mon ami. Il appartient, ou plutôt il appartenait à un homme qui, ayant commencé sans le sou, est mort dix fois millionnaire.

— Ah! oui, m'écriai-je, j'oubliais que nous sommes ici sur le pavé de New-York, ce fameux *pavé* où des milliers d'individus sont, à ce que l'on nous raconte à chaque instant, tombés avec un dollar dans leur poche, et où ils ont fini par faire des fortunes prodigieuses! Mais pourquoi ne parle-t-on jamais de tous les pauvres diables qui, étant arrivés sur ce même pavé avec leurs derniers billets de mille francs, n'y ont trouvé que la misère à courte échéance, puis un travail ingrat et pénible, puis la mort?

— Oh! oh! dit mon ami; mais, mon pauvre cher, on vous a changé dans quelque gare! D'où tirez-vous donc une sortie pareille? Si vous croyez, par exemple, que je vais y répondre!... Non, j'aime mieux continuer l'histoire de M. St...

« Donc, ce pauvre cher homme, après quelque temps de séjour ici, fit tellement fructifier *son dollar*, qu'il put bientôt monter une petite maison de blanc. Est-ce cette couleur qui fit faire la boule de neige à son établissement? Je ne sais. Mais le fait est qu'après quelques années, M. St... faisait construire l'édifice à cinq étages que vous voyez là, et que, il y a deux ans, il mourait en laissant à deux parents éloignés une fortune de dix millions de dollars.

— *Requiescat in pace!* dit Arson.

— *Amen!* répondons-nous en chœur.

— Ce n'est pas tout, continua notre ami.

« Un homme qui laissait une si belle fortune méritait de splendides funérailles. Tel fut du moins l'avis des deux cousins du défunt, qui se sentaient subitement pris pour lui d'une affection immense.

« Le jour de l'enterrement, au moment où le cortége allait *quitter la maison mortuaire,* les héritiers, profondément navrés de la mort de leur cher cousin, se tenaient debout devant la grande cheminée du salon, recevant de chaudes poignées de main et de bonnes paroles les engageant à se roidir contre leur immense douleur, quand un domestique, se précipitant au milieu de toutes ces larmes, s'écria d'une voix haute, de façon à être entendu de tous : « Le cadavre a disparu! Dans le cercueil vide, « je viens de trouver cette lettre. » Et il tenait dans sa main un papier ouvert qu'il remit aux héritiers.

« Cette lettre ne contenait que quelques mots :

« Le corps de M. St... sera rendu contre la somme de « deux cent mille dollars comptant. »

« La douleur n'avait pas altéré les traits des deux héritiers au point qu'on ne pût voir la vilaine grimace qu'ils firent en lisant cela.

« Mais que faire? Tout le monde savait maintenant que le corps avait été volé. Pouvaient-ils reculer devant un sacrifice d'argent pour retrouver le corps de leur bienfaiteur et pour le faire enterrer avec toute la pompe qu'il méritait? Pouvaient-ils laisser veuve de son cadavre cette bière qui attendait celui à qui ils devaient tant?

« Mon Dieu!... l'idée leur en vint peut-être bien un instant; mais ce ne fut qu'un éclair... Et puis qu'aurait dit le monde?

« Le lendemain même, tout était convenu avec les habiles voleurs; ils rapporteraient le cadavre, après avoir reçu la somme. Ce cher cousin! que n'aurait-on fait pour pouvoir le rappeler à la vie!

— Ah! par exemple! m'écriai-je quand mon ami eut fini cette historiette, c'est sublime! sublime! sublime! et voilà qui laisse bien loin les piteuses inventions des voleurs du vieux continent!...

— Attendez, il y a un *post-scriptum,* dit mon ami.

— Ah! Et lequel?

— Quand les voleurs voulurent rapporter le cadavre, ils ne le trouvèrent plus! On le leur avait volé en *seconde main!* A l'heure où je vous parle, le cercueil du feu millionnaire est encore vide, et les héritiers espèrent bien..... qu'on le retrouvera bientôt. »

Nous étions, tout en causant, arrivés au commencement du Broadway, et, après un tour sur le square de la Batterie qui forme l'extrémité sud de la ville, nous regagnons « Wall street », le centre du quartier des affaires, où se trouve une station du « New-York Elevated Rail Road », ce chemin de fer aérien qui circule au milieu de la ville.

Ceci est bien de tout ce qu'il y a à New-York l'invention la plus américaine, la production la plus incontestable qui soit sortie de la concentration de toutes les recherches, de toutes les idées vers ce même but : Économie de temps et d'argent.

Il y a deux lignes de chemins de fer aériens : le « Metropolitan » et le « New-York Elevated »; toutes deux partant de l'extrémité sud de la ville pour remonter vers le nord, la première à l'ouest, la seconde à l'est de la longue ligne de séparation formée par Broadway. Le

« New-York » part de la Batterie et va jusqu'à la 72e rue, en suivant presque constamment la 3e avenue.

La voie est soutenue, à six mètres au-dessus de la chaussée, par des colonnes en fer d'une grande légèreté. La construction est des plus simples. De grosses traverses en fer vont d'une colonne à l'autre; des poutrelles sont posées en travers par là-dessus, et les rails sont établis sur ces poutrelles. A chaque quatre ou cinq rues sont les petites gares aériennes, découpées à jour comme de la dentelle, et soutenues par trois ou quatre colonnes en fonte; des escaliers de bois découpé y donnent accès. Il y a double voie : montante et descendante. Les trains sont composés d'une petite machine à vapeur perfectionnée, produisant très-peu de fumée, et de trois grands « Pullman cars »; le temps d'arrêt réglementaire est d'une demi-minute dans chaque gare; la vitesse moyenne des trains est de trente-cinq kilomètres à l'heure.

Partant, comme je l'ai dit, de l'extrémité sud de la ville, ce long ruban de fer se déroule d'abord dans des rues n'ayant pas plus de huit mètres de largeur, tourne d'une rue dans l'autre presque à angle droit, puis s'étend à perte de vue dans la Troisième avenue. Au-dessous de la voie, sur la chaussée, sur les trottoirs, tout le monde va et vient; les omnibus, les voitures et les piétons circulent comme si de rien n'était; de temps à autre, on entend passer sur sa tête un train lancé à toute vitesse; mais, comme chevaux et gens y sont habitués, personne n'y fait attention.

Les personnes qui sont dans ces trains font une charmante promenade à la hauteur du premier étage des maisons; elle peuvent même risquer un regard dans les appartements et surprendre de temps à autre des scènes de ménage très-piquantes et parfois très-intimes.

Les propriétaires des immeubles situés sur le parcours de ces lignes aériennes ont bien un peu crié quand ils ont vu commencer les travaux.

« Comment! ont-ils dit avec un ensemble touchant; mais vous allez nous inonder de poussière de charbon! Mais nous allons être assourdis par le bruit que feront vos trains, qui passeront chaque trois ou quatre minutes! Mais vous allez incendier les tentes des magasins qui sont situés au-dessous de votre invention barbare! Mais, dans ces mêmes magasins, le jour n'arrivera plus qu'étranglé par votre grillage de fer! Mais nos rues vont ressembler à de longs tunnels! Mais nous aurons l'air d'habiter une ville souterraine!... »

On arriva, à force de persuasion (et il en fallut!), à leur faire comprendre que tous ces désagréments seraient largement compensés par l'avantage d'avoir les gares situées à deux pas de leur maison, et d'être ainsi les premiers à profiter de l'Elevated Rail Road. Je crois que, si on ne leur donna pas d'autre raison, c'est qu'on n'en avait aucune bonne à leur offrir.

Aujourd'hui, ce nouveau système de locomotion rapide marche à merveille, et c'est réellement tout ce qu'on peut rêver de plus commode. Huit minutes après avoir quitté Wall street, nous descendons à la station de la vingt-troisième rue, à deux pas de notre hôtel. Nous aurions certainement mis une demi-heure pour faire ce trajet en voiture.

J'oubliais de dire que le prix unique est de dix cents (cinquante centimes), et que les voitures sont d'une propreté et d'un confortable irréprochables.

Gageons que nous verrons bientôt cela dans les rues de Paris !

Nous dînons le soir chez le célèbre Delmonico, le seul, l'unique, le grand Delmonico ! C'est le premier restaurant de New-York, le restaurant à la mode ; tout y est exquis, tout y est de premier choix, même les prix !

Ici, tout est français, depuis le maître jusqu'au dernier marmiton. M. Delmonico, qui est très-bon Français et très-chauvin, refuse impitoyablement tous les garçons allemands. Il veut bien, si vous êtes un client, vous donner une excellente bouteille de johannisberg cabinet ; mais, pour vous punir de boire du vin allemand, il vous le fait payer quinze dollars (soixante-quinze francs) la bouteille.

Un magnifique chapon truffé, qu'il nous a servi ce soir, n'a coûté à notre amphitryon *que* vingt dollars !

Il est vrai que c'est le premier, le seul dîner que j'aie fait depuis l'année dernière à Paris.

Nous passons la soirée à l'Académie de musique, où nous avons le plaisir d'entendre mademoiselle Minnie Hauk chanter *Carmen* dans la perfection.

La salle de l'Opéra de New-York ressemble en grand à la salle Ventadour.

Il y a ce soir un *full house* magnifique. Je cherche en vain de l'œil quelque botte se promenant sur le dossier des fauteuils ou quelque fluxion délatrice...

Je ne vois de tout côté que de charmantes et très-jolies femmes, d'élégants gentlemen, des fleurs, des diamants, de jolies toilettes et des cravates blanches... New-York n'est plus San-Francisco ; c'est déjà Paris.

XXVI

Philadelphie. — Séparation. — Un charmant Philadelphien. — Promenade au Farmount park et au palais de l'Exposition de 1876. — Le *Girard College*. — L'université de Pennsylvanie. — Un dentiste japonais. — Washington city, en style télégraphique. — Retour à New-York. — Les *Walking match*. — Neuf cents kilomètres à pied en six jours! — Les Américains en Amérique et les Américains en Europe (bout de conversation). — Le *Fire department*. — Trois mille quarts de mille en trois mille quarts d'heure... — Paris.

Dimanche 2 mars. — Le Direct de dix heures du matin (Pennsylvania Rail Road) nous emporte, à la vitesse de soixante kilomètres à l'heure, vers l'ancienne capitale des États-Unis, Philadelphie, la ville des Quakers, où nous arrivons deux heures après avoir quitté New-York. Le premier aspect de la ville est plus sérieux que celui de New-York : on aperçoit quelques monuments; les rues sont très-animées.

C'est à l'hôtel Continental que nous conduit un grand omnibus que nous avons pris à la gare; des hôtels américains, je ne dirai plus rien; ils se ressemblent tous.

Nous ne sommes pas plutôt débarrassés de notre costume de voyage, que, suivant notre habitude, nous partons à pied dans la ville, dont la division a quelque analogie avec celle de New-York; Chestnut street la partage en deux; à droite et à gauche, des rues numérotées Nord et Sud.

La rue élégante de Philadelphie est le Walnut street; c'est là que sont les riches demeures en briques rouges et les beaux palais de marbre blanc.

Nous arrivons, en suivant Chestnut street, sur les bords de la Delaware qui forme en cet endroit un port vaste et magnifique. Les eaux en sont très-profondes, et les plus grands navires peuvent remonter les cent trente kilomètres qui séparent Phil'a [1] de l'Océan.

J'ai plusieurs personnes à voir ici, mais je remets toutes mes visites à demain; je veux passer cette journée tout entière avec mon charmant compagnon de voyage, mon cher Arson, qui me quitte ce soir pour s'enfoncer vers le Sud. Il veut aller courir la Floride en long et en large, pousser jusqu'aux Antilles, peut-être plus loin. La fièvre des voyages s'est emparée de lui; il ne veut plus s'arrêter.

Pour moi, je me contenterai de voir encore ce coin des États-Unis, de revenir à New-York pour connaître et voir de près la société américaine; puis il faudra songer au retour; il faudra traverser l'Atlantique et revenir à mon point de départ.

Arson veut aller vers le Sud; je veux rester dans le Nord. Nous avons fait trop *bon ménage* depuis le jour où nous embarquions sur le *Yang-tsé*, pour nous contrarier en quoi que ce soit, arrivés au terme de notre course vagabonde.

---

[1] Les Américains, pensant qu'il ne faut pas perdre de temps à écrire les lettres inutiles, abrègent tous les noms. Ils écrivent « Phil'a » pour Philadelphia, « Penn'a » pour Pennsylvania, « N'Y'-City » pour New-York.

Nous passons en revue, dans cette dernière journée, tous les bons moments de notre voyage ; nous laissons nos souvenirs nous reporter vers le cher Nippon. Le Japon! nous en sommes bien loin déjà !

Après un dîner assez silencieux, pendant lequel chacun de nous fait de son mieux pour dissimuler son émotion, nous gagnons à pied la station du chemin de fer, et, après une dernière poignée de main, mon cher compagnon disparaît dans un long *Pullmann*. Au moment où le train s'ébranle, j'entends sa voix qui me crie une dernière fois par la portière : « Sayonara, tomodachi, sayonara [1] !... »

Mardi 4 mars. — M. George W. Childs est un des personnages les plus importants de Philadelphie. C'est encore un de ces heureux à qui tout a réussi dans la vie, un vrai fils de ses œuvres qui, de simple employé, est arrivé à force de travail, d'intelligence et de persévérance, à créer une des plus belles fortunes de Philadelphie, ce qui n'est pas peu dire.

Les hommes de ce pays jeune encore, de ces États-Unis à peine âgés d'un siècle, ne peuvent pas tirer vanité d'une longue lignée d'aïeux, d'anciennes traditions de famille. Ici tout est jeune, tout est nouveau ; un homme prouve ce qu'il vaut en montrant ce qu'il a fait, et M. George W. Childs peut prouver beaucoup, car il a fait beaucoup. Il est aujourd'hui à la tête du premier journal de Pennsylvanie, *the Public Ledger,* journal animé du meilleur esprit conservateur et religieux, dans lequel l'infatigable travailleur, l'ami intime du général Grant, défend avec courage les idées du parti républicain. Le *Public Ledger*

---

[1] Adieu, ami, adieu!..

est un appui ferme et solide sur lequel l'illustre général peut compter sans réserve.

M. Childs, que j'avais eu le plaisir d'aller voir hier, m'avait invité à dîner pour ce soir, et à sept heures j'arrivais à la splendide demeure qu'il possède dans Walnut street. J'eus l'honneur d'être présenté à madame Childs, charmante personne, d'origine française, dont les jolis traits vivement accusés rappellent dans toute sa pureté le beau type arlésien. Madame Childs est une fleur de notre belle Provence.

Quelle soirée agréable et hautement intéressante j'ai passée! M. Childs avait réuni chez lui les sommités de Philadelphie : le major général Patterson, doyen des généraux de l'armée des États-Unis; le général *** [1], gouverneur de l'État de Pennsylvanie; M. Bocker, ex-ministre plénipotentiaire à Saint-Pétersbourg; M. Hurlbert, directeur du *World* de New-York, que j'eus le plaisir de revoir dans cette ville et qui fut pour moi d'une amabilité dont je lui garde une vive reconnaissance; M. le *provost* Charles Stillé, directeur de la célèbre Université de Pennsylvanie, et dix autres charmants convives, princes de la science, de la littérature ou de la finance.

J'eus l'insigne honneur, après le dîner, d'être déclaré citoyen de Philadelphie, et ces messieurs voulurent bien me soumettre le programme qu'ils se proposaient de me faire suivre pour visiter toutes les curiosités de cette ville si intéressante; cela accompagné d'invitations on ne peut plus gracieuses.

J'acceptai avec empressement l'offre de M. Stillé, qui

---

[1] Je ne puis pas lire ce nom dans mes notes, et je préfère ne pas l'écorcher.

me proposa de me montrer en détail l'Université, et de me faire assister à une de ses conférences.

A minuit, le charmant M. Hurlbert me déposait devant le Continental Hotel.

Mardi 5. — M. Rosengarten, à qui M. Childs m'a présenté, a très-gracieusement voulu se charger de me guider dans la ville; il vient me chercher au Continental à une heure, et nous partons dans son élégant phaéton pour Farmount Park, le bois de Boulogne de Philadelphie, où existe encore le palais de l'Exposition universelle de 1876. Farmount Park se trouve au nord de la ville, que nous traversons dans presque toute sa longueur, et, après une promenade d'une demi-heure, nous arrivons, en remontant le Schuyllkill, fleuve qui arrose de ce côté Philadelphie et qui vient se joindre à la Delaware, nous arrivons au plateau de Farmount Park, devant le palais de l'Exposition.

Ce palais, construit dans le genre mauresque : grandes ouvertures cintrées, clochetons, toiture festonnée et bariolage de mille couleurs, est placé dans la plus heureuse situation qu'il soit possible de trouver. Tout autour, à perte de vue, s'étendent les terrains très-habilement accidentés et très-boisés du parc; devant la plate-forme centrale, des pelouses s'inclinant en pente douce descendent jusqu'au Schuyllkill, qu'on aperçoit à deux kilomètres, formant de ses eaux majestueuses un cadre à ce tableau délicieux.

La carcasse entière du palais existe encore, telle qu'elle était en 1876, et élève à quarante mètres de hauteur ses dômes recouverts de cristal sur lesquels viennent s'émousser les rayons de soleil.

Rien n'a été touché extérieurement ; mais l'intérieur du

monument est vide et désert. A droite, à gauche, des devantures dégarnies; d'immenses fontaines désséchées; des *bars* abandonnés, dont les robinets démanchés ressemblent à des buveurs titubants; ici les planches défoncées d'un magasin chinois où l'on a laissé une potiche fêlée et une jonque d'ivoire démantelée; là sont entassés les pupitres poudreux d'une czarda hongroise; tout à côté est une hutte d'Esquimaux entourée d'un grand paillasson irrégulier qui fut autrefois une pelouse.

En arrivant au centre du vaste édifice, nous entendons les accords plaintifs d'un harmonium qui se désunissent et se perdent dans cette solitude.

Le petit orgue représente l'orchestre d'un *skating rink* à roulettes qu'on a installé dans une des ailes du palais. En été, il y a beaucoup de monde qui vient déjeuner au Farmount Park, et le skating faisant de belles affaires, l'harmonium est remplacé par un orchestre. Mais en hiver il faut réduire les dépenses!...

Ce fut, on s'en souvient, à l'occasion du centenaire de la proclamation de l'Indépendance, qu'eut lieu l'Exposition internationale.

On décida qu'elle se ferait à Philadelphie, dans cette même ville où la proclamation avait été rédigée, dans ce berceau de toutes les libertés de l'Union.

Après une courte promenade dans le parc, nous descendons vers le Girard College, que je tiens beaucoup à visiter et dont voici l'historique en deux mots:

Il y a quelque vingt ans, mourait à Philadelphie un Français, nommé M. Girard, originaire de Bordeaux, dont l'histoire, si je la racontais, ne ferait qu'augmenter le nombre de celles des émigrants qui arrivèrent sur le *pavé* de New-York avec le dollar légendaire dans la poche.

Très-heureusement pour la ville de William Penn, ce fut sur son *pavé* que débarqua ce Français actif et intelligent.

A sa mort, M. Girard léguait par testament toute sa fortune (six millions de dollars) à la ville de Philadelphie, n'exigeant même pas par une clause spéciale, comme cela se fait parfois en Europe, qu'on lui élevât un superbe mausolée sur la plus belle place de la ville.

On comprend maintenant si la nationalité de Français est en honneur à Girard College, où nous sommes reçus par le directeur, M. Allen, qui tient à nous en faire lui-même les honneurs.

Le collége est bâti sur de vastes terrains appartenant à la ville, et est divisé en six grands bâtiments principaux entièrement construits en marbre blanc et indépendants les uns des autres.

Neuf cent quarante et un pensionnaires internes y sont en ce moment élevés, habillés et nourris gratuitement.

Et il faut voir comme ils sont bien chaudement vêtus! comme tout est tenu! avec quel confort et quel luxe tout a été installé, aménagé, meublé!

Jusqu'à l'âge de douze ans, les enfants sont instruits et soignés par des femmes.

Tous les professeurs sont choisis avec soin par le comité directeur, et le *Girard College* se vante de former des élèves de premier ordre.

Pour ne pas faire de jaloux, il ne se pratique ici aucune religion. L'entrée est rigoureusement interdite à tous les *clergymen*. Des lectures religieuses sont faites le dimanche par des laïques, et les élèves vont à celle qu'ils veulent. Je m'abstiendrai à ce sujet de toute espèce de réflexion.

Chaque dimanche, les parents peuvent faire sortir leurs enfants et les conduire alors soit à l'église, soit au temple.

C'est une grande et belle institution qui est sortie de l'idée du généreux donateur.

Je passe sous silence la longue série de charmantes réunions, de dîners, de soirées qui remplissent si agréablement le temps que je passe ici. Si je devais citer la dixième partie des personnes aimables que je rencontre, des jolies femmes et des jeunes filles si gracieuses que je vois, ces notes me donneraient trop de peine à continuer, et certainement j'y renoncerais.

C'était aujourd'hui lundi, 10 mars, que M. Stillé voulait bien se charger de moi, pour me faire visiter la célèbre Université, fondée en 1755, dont il est l'aimable et savant directeur, et me permettre d'assister à une de ses conférences.

A onze heures il me prenait à l'hôtel, et un quart d'heure après nous étions dans son salon de directeur, où il m'offrait tout d'abord un petit déjeuner sommaire :

« Affaire, dit-il, de prendre des forces pour résister à mon éloquence. Puis, ajouta-t-il, nous irons rejoindre mes jolies volontaires, que vous verrez toutes assises sur les premiers bancs; je leur ai annoncé la visite d'un Français. »

A midi précis nous étions dans la salle des conférences.

Du côté où nous venions d'entrer se trouvait une table, un verre d'eau complet et une chaise. Tout près, un peu en arrière, un grand fauteuil. Cinq pas devant nous, les bancs en bois s'élevant en amphithéâtre jusqu'au fond de la salle.

Les cinq ou six premiers bancs étaient occupés par des dames ; les autres par les élèves de l'Université.

En ce moment, je pus entendre ces mots prononcés à voix basse : *The Frenchman ! the Frenchman !*

M. Stillé, se plaçant derrière la petite table, me pria de m'asseoir à côté de lui ; puis il mit deux morceaux de sucre dans son verre, toussa légèrement, et commença sa conférence sur l'*Histoire de l'Autriche au dix-huitième siècle.*

Longtemps il parla beaucoup et fort bien sur cette période si féconde en événements. Arrivé au chapitre de la guerre de la succession d'Espagne, le charmant conférencier parut quelque peu embarrassé; il hésita un moment, puis, dans une quinte de toux qui arriva fort à propos, il passa d'un seul coup tous les revers que la France essuya à cette époque, pour ne parler que de la victoire de Denain, et de la conclusion du traité d'Utrecht.

Monsieur Stillé, cette petite attention à l'égard d'un Français ne m'a pas échappé, et je vous en ai remercié du fond du cœur.

Depuis un moment, — je puis bien le mettre ici, M. Stillé ne verra pas ces notes, — j'étais très-distrait par la présence des jolies volontaires qui ornaient les premiers bancs à quelques pas de nous.

Le regard fixe, l'oreille tendue, elles écoutaient avidement les paroles du professeur, et dès qu'une date tombait de ses lèvres, tous les crayons s'abattaient à la fois sur le papier. Il y en avait une surtout qui était à croquer. Miss C*** (je la revis le soir même dans une réunion, et je ne manquai pas de lui reprocher de m'avoir empêché d'écouter la conférence plus attentivement) avait terriblement à faire, partagée qu'elle était entre l'attention qu'elle prêtait aux faits historiques si savamment groupés par l'éminent *provost,* la difficulté d'écrire sur un mignon calepin d'or et brillants, moins grand que ses beaux yeux, et l'obligation de maintenir sur le front une folle petite mèche de cheveux blonds, qui s'amusait à chaque instant à lui sauter dans les yeux.

Mon Dieu! que cette petite mèche était donc agaçante! Il ne fallut rien moins que les belles paroles de Marie-Thérèse, le célèbre *Moriamur pro rege nostro!* pour me tirer de ma distraction impardonnable.

A partir de ce moment je fus irréprochable; je suivis scrupuleusement toutes les péripéties de la guerre de Sept ans, les phases diverses du démembrement de la Pologne; et je ne sus comment remercier le savant professeur quand il eut terminé cette belle conférence, en disant que les premiers germes de civilisation qui aient pénétré en Autriche furent apportés par les armées françaises, que Napoléon Ier y avait fait entrer victorieuses.

Si je cite ces différentes occasions dont M. Stillé profita pour faire entendre à une oreille française des paroles agréables et flatteuses, c'est pour constater une fois de plus la vive sympathie que les Américains ressentent pour les Français.

Ils sont heureux quand ils peuvent dire à l'un des nôtres un mot aimable sur son pays. Ce que j'avance ici, je l'ai remarqué en mille circonstances, et je crois pouvoir certifier que, de tous les peuples d'Europe, celui que l'Américain aime le mieux, c'est le Français.

Après la conférence, M. Stillé voulut bien me faire visiter entièrement l'Université, qui est la plus importante des États-Unis.

. . . .
. . . . [1].

Nous trouvâmes dans la grande salle d'expérimentation plusieurs jeunes personnes, les manchettes noires serrées aux poignets, le long tablier noué à la ceinture, se livrant à toutes sortes d'expériences de chimie, faisant passer de l'eau claire par toutes les nuances imaginables, etc., etc.; d'autres étaient occupées à dresser des plans, à étudier des coupes de ponts, de machines...; partout enfin il est facile de voir qu'elles cherchent à savoir, à s'instruire, à se rendre capables de concourir avec les hommes.

La salle de *dentistry* forme un département spécial; elle est vaste, bien aérée, bien éclairée. Devant chaque fenêtre est disposé un grand fauteuil de velours vert, de ces fauteuils de dentistes qu'on ne peut jamais regarder sans éprouver un sentiment désagréable.

Deux patients étaient en train de se faire travailler la mâchoire par des élèves tout heureux d'avoir trouvé des *sujets*.

Je m'aperçus tout à coup qu'un de ces élèves était Japonais!... un vrai Japonais en effet, limant vigoureusement dans une mâchoire occidentale!

C'est, paraît-il, un des meilleurs élèves du *dentistry department*; il est d'une dextérité, d'une adresse étonnante.

Quelle révolution il va faire à son retour, dans la chirurgie dentaire du Japon, dont la devise jusqu'à ce jour à été : *Ne pas guérir, arracher!*

A quatre heures M. Stillé me reconduisait à l'hôtel, et

---

[1] Notes fastidieuses retranchées par l'auteur.

le soir j'avais le plaisir de dîner chez lui en compagnie de M. Childs et de M. Rosengarten.

Outre la belle Académie des beaux-arts de Philadelphie, où j'ai pu voir un magnifique portrait peint par M. Bonnat, j'ai visité plusieurs collections privées, parmi lesquelles j'ai particulièrement remarqué celle de M. Rodgers, et celle surtout de M. Gibson, où se trouve la fameuse *Charge des cuirassiers à Rosbronn,* de notre célèbre Ed. Detaille.

Une somme de dix millions de dollars léguée à la ville par M. Rush a permis de faire construire une nouvelle Bibliothèque monumentale, où 114,000 volumes sont déjà réunis.

Heureuse ville, vous m'avouerez, que celle à qui il tombe à chaque instant des millions de dollars, tantôt pour une œuvre de bienfaisance, tantôt pour une création d'utilité publique !

Mercredi 19 *mars* 1879. — J'ai passé à Philadelphie deux semaines charmantes, et mon journal s'en est bien ressenti, car je l'ai entièrement négligé. Mais de tout ce monde si aimable, de toutes les fêtes qui se succèdent, il vaut mieux ne rien dire : il y aurait trop de compliments à faire.

Un de mes amis de New-York, le charmant M. Philip S. Miller, arrive aujourd'hui à Phil'a pour me prendre et m'emmener avec lui à Washington.

Passer sans voir Washington serait un peu comme aller à Rome sans voir le Pape (ce qui, par parenthèse, arrive à la plupart des personnes qui vont à Rome). Je serre donc ma valise, et je pars pour la capitale.

Ce ne sera pas la description de ma course à Washington qui allongera de beaucoup ces notes, et je ne puis me servir que du style télégraphique pour rédiger cette excursion à la vapeur.

Arrivé jeudi Wormley's Hotel. Pluie battante, ciel gris fer, rues boueuses, ville déserte. A midi, M. Miller et moi allons au Capitole, où siègent en ce moment le Sénat et la Chambre des représentants.

Capitole très-beau ; ce dôme de marbre blanc supporté par une colonnade circulaire, également de marbre, est magnifique et imposant. Dix minutes à la séance du Sénat, cinq à celle des représentants. Visite ensuite à la Maison Blanche, résidence de M. Hayes, président de la république des États-Unis ; pas le moindre factionnaire à la porte : on entre là comme à la Bourse.

Revenus à l'hôtel... et c'est tout.

Mon Dieu ! oui, c'est tout ; et comme la pluie ne discontinue pas, que tout est sombre, que le spleen nous gagne, nous prenons le train du soir et nous regagnons New-York au plus vite.

Vendredi 21 mars. — Brrrrr ! il me semble sentir encore sur mes épaules le manteau glacial des brouillards de Washington ! Et pourtant je suis bien à New-York, dans ce bon et joyeux New-York, qui me plaît de plus en plus.

J'ai abandonné le Fifth Avenue Hotel pour venir m'installer dans un excellent appartement de l'hôtel Brunswick, qui est situé dans la Cinquième avenue, et je puis constamment voir passer sous mes fenêtres toute la *fashion* de la ville ; je suis à merveille, je ne quitte plus New-York !

J'ai le plaisir de faire la connaissance de M. Henry

W. Le Roy, le plus aimable et le plus élégant des New-Yorkers.

M. Miller et lui veulent bien se charger de la corvée, toujours si ennuyeuse, de promener l'*étranger;* mais j'espère bien, si jamais je les retrouve en France, pouvoir leur rendre une faible partie de toutes les attentions qu'ils ont pour moi.

Aujourd'hui samedi, 29 mars, grand *excitement* général. Toute la ville de New-York est en l'air ; c'est le dernier jour du grand *International Walking Match for the Championship of the World.*

Voici, en français, de quoi il s'agit :

Un Anglais, dont j'ai oublié le nom, a laissé par testament, il y a quelques années, un prix consistant en une coupe d'or de la valeur de deux cents livres sterling, devant appartenir au meilleur marcheur du monde entier, à celui qui, en six jours consécutifs, aura parcouru la plus grande distance.

Après l'avoir gagné dans un grand concours international, auquel, moyennant une entrée de quatre cents dollars, chacun peut prendre part, le vainqueur doit défendre le *belt*[1] pendant dix-huit mois contre tous les champions qui se présenteraient pour le lui disputer.

Le *belt* n'appartiendra définitivement qu'à celui qui se sera maintenu pendant une année et demie le « premier marcheur du monde ».

Dans le dernier grand *match* qui eut lieu, je crois, en Angleterre, le prix fut remporté par un certain O'Leary, le meilleur marcheur du Nouveau Monde.

---

[1] *Belt* signifie *ceinturon*, et je ne sais pas pourquoi l'on désigne ainsi un prix qui est représenté par une coupe.

L'Angleterre ne pouvait demeurer sous le coup de *cette humiliation*, et O'Leary s'est vu *challenged*[1] dernièrement par un nouveau champion anglais, M. Rowell. Deux autres compétiteurs sont entrés en lice : l'Américain Harrimann et l'Irlandais Ennis.

Le *match*, qui a lieu en public, afin que chacun puisse s'assurer de la régularité des opérations, avait commencé dimanche dernier, à minuit, dans la grande arène de Gilmore's Garden, où une piste circulaire a été établie tout exprès pour cette grande lutte internationale.

Les quatre *walkers* marchent dans cette piste, qui a deux cents mètres de tour, et quand ils l'ont parcourue huit fois, on ajoute un mille à ceux qu'ils ont déjà à leur crédit.

On ne peut se figurer l'affolement de la population pendant les six journées qui viennent de s'écouler. Les journaux en profitaient pour faire paraître à chaque instant des suppléments donnant le nombre exact des milles parcourus par chaque champion. Le Gilmore's Garden regorgeait de monde ; on se serrait, on s'étouffait pour entrer. Le prix d'entrée, qui n'était que de cinquante cents (deux francs cinquante) les premiers jours, a été, peu après, porté à un dollar. Aujourd'hui, on paye deux dollars pour aller voir trois hommes éreintés, pâles et maigres, se traînant péniblement autour de la piste.

J'avais d'abord trouvé cela inepte et ridicule ; je me disais à moi-même : « Sont-ils assez Américains ! »

Aujourd'hui, la fièvre générale m'a gagné ; c'est contagieux, paraît-il ; j'ai payé mes deux dollars, et j'ai passé toute la soirée à Gilmore's Garden.

---

[1] Défié, appelé dans la lice.

O'Leary s'était retiré dès le troisième jour. Il était malade, paraît-il; il perd le *belt*.

Il ne restait plus sur la piste que trois concurrents : Rowell, l'Anglais, qui, un peu avant minuit, achevait son cinq centième mille. Il a fait neuf cents kilomètres en six jours! Harrimann, qui arrivait second avec quatre cent quatre-vingts milles, et le pauvre Ennis, qui ressemblait à un cadavre ambulant, et qui, bien qu'ayant perdu tout espoir de gagner, se traînait, malgré ses souffrances inouïes, pour faire les trois derniers milles qui le feraient arriver à quatre cent cinquante et lui donneraient ainsi droit à quinze pour cent de la recette.

Les règlements qui régissent cette lutte internationale disent, en effet, que le produit de la recette nette provenant des entrées sera ainsi réparti : cinquante pour cent au premier, trente-cinq pour cent au second, et quinze pour cent au troisième.

Le second et le troisième devront avoir fait au moins quatre cent cinquante milles; dans le cas contraire, leur part reviendra au premier, quelle que soit la distance parcourue.

Or, savez-vous pourquoi le pauvre Ennis endurait mille morts pour arriver à son quatre cent cinquantième mille? C'est que le produit de la recette s'élevait à la somme respectable de cinquante-quatre mille trois cent quatorze dollars et quarante cents, soit près de deux cent soixante-quinze mille francs!

A minuit précis, Rowell fut proclamé vainqueur au milieu des cris de triomphe ou de déception de plus de quatre mille spectateurs. Le *belt* retourne en Angleterre et y restera jusqu'à ce que quelque courageux Yankee aille l'enlever à l'heureux vainqueur d'aujourd'hui.

La surexcitation, l'agitation qui régnait dans Gilmore's Garden de onze heures à minuit est indescriptible. Les paris les plus inouïs avaient été faits pendant la semaine. Encore au dernier moment, M. Wister a parié avec un de ses amis cinquante mille dollars contre quinze mille qu'Ennis n'arriverait pas à parfaire les quatre cent cinquante milles.

Rowell est indemnisé et au delà de ses frais de déplacement. Dans ses six jours de marche, il a gagné :

Cinquante pour cent de la recette. . .	137,500 fr.
Entrées.	8,000
Valeur de la coupe	5,000
Total.	150,500 fr.

ce qui est beaucoup plus que ne pourra gagner dans sa vie entière le plus diligent des facteurs ruraux.

Mardi 1er avril. — Mon journal est à peu près terminé : ce que j'ajouterais maintenant n'aurait plus aucun cachet de nouveauté ; les fêtes, les bals se succèdent sans interruption, et malgré le carême, New-York danse, joue la comédie et passe ses soirées au théâtre.

« Que direz-vous de nous à votre retour en France? me demandait hier Henry Le Roy avec qui je déjeunais à l'Union Club. Raconterez-vous aussi que les Américains ne peuvent rester assis sans avoir les pieds plus haut que la tête, qu'ils chiquent, qu'ils crachent, et enfin qu'ils sont hérissés de canons de revolver? Que direz-vous des Yankees?...

— D'abord, mon cher ami, lui répondis-je, qu'entendons-nous par Yankee? Je crois que nous devons faire une petite distinction avant d'aller plus loin. La franchise est un de mes grands défauts ; je vais donc vous parler franchement.

« A San Francisco, dans l'Ouest, à Chicago, encore à Washington au sein même de vos assemblées, j'ai vu bien des bottes indisciplinées, bien des salives impures, et (dans le *Far West* seulement) quelques revolvers montrant le bout du nez. Je crois que de ce côté les rapports sociaux n'ont pas encore toute l'aménité désirable ; je crois qu'il faudra encore quelques années pour polir entièrement l'extérieur rugueux de tous ces hommes de fer, dans la poitrine desquels bat toujours un cœur généreux.

« Mais voulez-vous me parler des vrais Yankees [1] ? Me demandez-vous ce que je pense des deux villes que je connais bien maintenant : Philadelphie et New-York ?

« En ce cas, je vous dirai que vous n'avez rien à envier à Londres ni à Paris ; que les Américains sont de parfaits gentlemen ; que les femmes sont de vraies grandes dames, grandes dames par leur affabilité, leur grâce et leur distinction. Et si parfois les Européens émettent en parlant de votre grande patrie des idées erronées, il faut leur pardonner : ils jugent l'Américain sur les échantillons qu'ils voient en Europe, et la plupart du temps ces échantillons sont de qualité inférieure.

« Quand vos grandes familles, quand les gens qu'on est convenu d'appeler *comme il faut* viennent passer quatre

---

[1] Le nom de Yankee, que les Anglais donnèrent par dérision aux Américains pendant la guerre de l'Indépendance, ne s'appliquait et ne s'applique encore réellement qu'aux habitants de l'Est : Maine, Vermont, New-Hampshire, Connecticut, Massachusset et Rhode-Island. « Ne croyez pas, me dit un jour un Américain, que ce nom soit une insulte pour nous ; il nous a été donné par un ennemi à qui nous avons montré, l'épée à la main, ce que valait un Yankee ! »

ou six mois en Europe, ils y vivent tranquilles, ne se jettent à la tête de personne, et ils reviennent à New-York sans avoir tout fracassé du bruit de leurs excentricités. Ce ne sont certes pas ceux-là qui ont contribué à faire croire à l'Europe qu'on ne joue ici le *pocker* qu'avec son revolver à côté de soi, et que toutes les jeunes miss de New-York iront se promener seules la nuit, ou iront seules au théâtre avec le premier étranger qui pourra mettre un tortil de baron sur sa carte de visite ! »

Après cette tirade où j'avais exprimé ma pensée on ne peut plus franchement, nous vidâmes un grand verre de champagne, et nous partîmes pour visiter le *Fire department,* que M. Philip Miller se chargeait de nous faire voir dans tous ses détails, le directeur général étant de ses amis.

A deux heures, nous étions reçus au *Central Office* par M. Sheldon, *chief marshall* du *Fire department,* et par le président, M. King.

Ces messieurs, avec une courtoisie et une amabilité parfaites, voulurent bien prendre la peine de me donner les détails les plus minutieux, les explications les plus détaillées sur la manière dont fonctionne le grand service qu'ils dirigent.

M. Le Roy et M. Miller prenaient à cette visite autant d'intérêt que moi; car, bien que parfaits *New-Yorkers,* ils n'avaient jamais eu la fantaisie de voir en détail le *Fire department,* dont je vais essayer de donner ici l'explication.

Plusieurs fois déjà j'avais remarqué, presque à chaque coin de rue, de petites boîtes en fer, peintes en rouge, ressemblant à des boîtes aux lettres, et portant cet avis : *Fire alarm.*

Dans ces boîtes fermées à clef, se trouve un petit appareil électrique au moyen duquel on peut prévenir le *Central Office* sitôt qu'un incendie s'est déclaré dans un quartier de la ville.

Il faut pour cela ouvrir d'abord la boîte ; à cet effet, outre la clef qui est délivrée à tous les citoyens qui en font la demande, des clefs spéciales sont déposées dans le magasin le plus rapproché de chaque appareil.

Quand on a ouvert, il n'y a qu'à tirer un petit anneau que l'on voit devant soi, et, par un mécanisme ingénieux qui se met aussitôt en mouvement, le numéro de la boîte qui donne l'avis, et l'adresse où elle est située, viennent se reproduire sur l'un des récepteurs du *Central Office*.

Mais si une clef est donnée à toute personne qui en fait la demande, il pourrait y avoir, dira-t-on, des mauvais plaisants qui, voulant faire une *bonne farce*, ouvriraient la boîte et donneraient une fausse alarme ?

Les Américains prévoient tout ; ils ont prévu cela.

On ne peut plus, après avoir ouvert, retirer la clef, qui se trouve retenue dans la serrure par un ressort secret, qu'il faut une autre clef pour ouvrir ; et comme chaque clef porte un numéro d'ordre, il est facile de savoir quel est le coupable qu'il faut punir.

Sitôt qu'un incendie lui est signalé, le *Central Office* prévient télégraphiquement la section la plus rapprochée du lieu du sinistre, où, une minute après, tout au plus deux minutes, les pompes arrivent ventre à terre et prêtes à fonctionner.

Si l'incendie se déclare très-important, ce que l'on signale en tirant successivement deux ou trois fois le petit anneau, le *Central Office* peut faire venir tout aussi vite trois ou quatre sections à la fois. Dans les cas extraordinaires, on peut réunir en six minutes jusqu'à dix-huit sections sur un même point.

Chaque section est installée dans un local spécial et se compose de : un chef de section, douze hommes, trois chevaux, une pompe à vapeur, une voiture à deux roues, sur laquelle se trouvent les manches, lances, etc., etc.

Il y a trois catégories de pompes : elles peuvent lancer, suivant leur importance, six cents, neuf cents et jusqu'à douze cents gallons[1] d'eau à la minute.

La section est toujours sur ses gardes et se tient toujours prête, la nuit aussi bien que le jour, à s'élancer au triple galop dans n'importe quelle direction.

Pour bien comprendre avec quelle rapidité ils peuvent être prêts, il faut examiner la manière dont tout est arrangé, car c'est cela qui est merveilleux.

Le lourd chariot sur lequel est installée la machine à vapeur est en face de la grande porte d'entrée, prêt à sortir. Il s'attelle à deux chevaux; de chaque côté du timon sont suspendus, par un système de crochets très-ingénieux, les harnais, ressemblant à deux grands oiseaux aux ailes déployées; une seule ficelle que l'on tire retourne tous les crochets à la fois, et les harnais s'abattent sur les chevaux.

A trois mètres en arrière se trouve le *cart* à deux roues; les brancards sont relevés et garnis du harnais prêt à tomber sur le dos du cheval.

Derrière les deux voitures, dans le fond de la grande remise, sont les trois stalles des chevaux, disposées de façon que ceux-ci puissent aller d'eux-mêmes se mettre à leur place en cas d'alerte.

[1] Le gallon vaut quatre litres et demi.

La chambre ou dortoir des *firemen* (*vulgo* pompiers) est au premier étage; un escalier, assez large pour qu'on puisse le descendre rapidement, y donne accès.

Supposons maintenant que le *Central Office* donne l'alarme.

Pendant que, sur le récepteur de la section, se déroule l'adresse du lieu du sinistre, le choc électrique a fait tomber un lourd marteau de cuivre qui frappe avec force sur un grand timbre de bronze, et qui, du même coup, par une combinaison curieuse, détache les chevaux. Ceux-ci, connaissant bien ce que veut dire ce bruit subit qui frappe leurs oreilles, et se trouvant libres, courent d'eux-mêmes se mettre à leur place respective. Tous ces chevaux sont admirablement dressés.

L'homme de garde tire une ficelle, tous les harnais tombent à la fois; pendant ce temps, les *firemen* arrivent au galop et manœuvrent avec une précision automatique; l'un grimpe sur le siége, l'autre passe le filet dans la bouche d'un cheval; un autre accroche un trait, un autre enfin allume le fourneau de la chaudière avec une torche toujours prête [1]; il suffit de pousser un ressort pour que toutes les portes s'ouvrent d'elles-mêmes, et chevaux, machines, hommes, tout cela s'élance dehors à toute vitesse et disparaît ventre à terre!...

Conduits par M. le capitaine Breslin, que M. King avait gracieusement mis à notre disposition, nous avons visité plusieurs sections, et nous tâchions, autant que possible, de les prendre à l'improviste. Nous étant introduits inaperçus dans la trente-troisième section, M. Bres-

---

[1] L'eau de la chaudière est toujours maintenue à une température de 30° centigrades par des tubes de vapeur.

lin, sans prévenir personne, fit tomber le marteau d'alarme.

On eût dit qu'au même instant hommes et chevaux venaient de se réveiller sur un lit de scorpions!

Les chevaux, c'est ce qu'il y a de plus curieux à voir, arrivèrent au galop, l'œil enflammé, les naseaux frémissants, se placer devant les voitures; douze hommes surgirent je ne sais d'où. Tout cela fut si vite fait (je puis formellement garantir six secondes), que si M. Breslin n'avait eu la précaution de se placer devant l'appareil électrique et de crier à l'homme qui venait voir où il fallait courir que c'était une fausse alarme, tout aurait été dehors avant qu'on eût pu les prévenir.

A la station de la dix-huitième rue, nous eûmes un autre spectacle non moins curieux

Il arrive parfois, quand il n'y a pas d'alarme, que les chevaux restent sept à huit jours sans sortir; dans ce cas, on les fait de temps à autre promener à la main dans la rue qui est devant la section.

C'est précisément ce qu'on faisait quand nous arrivâmes au bout de la rue.

« *So much the better!* s'écria le capitaine Breslin. Attendez-moi là, et regardez bien. »

Quelques secondes après, nous entendîmes résonner le timbre de la section.

Au même instant, les chevaux se retournèrent si brusquement que l'homme qui les tenait faillit être renversé et lâcha les brides. Les nobles bêtes partirent au grand galop sur la rue pavée, se précipitèrent dans la section, se mirent à leur place, et cinq secondes après le tout attelé était dans la rue!!!

Nous étions émerveillés, et nous ne pûmes nous empêcher d'applaudir des deux mains une manœuvre si admirablement exécutée.

Je puis le dire en terminant cette petite description et sans craindre d'être contredit, le *Fire department* de New-York est le mieux organisé du monde entier, et il laisse bien loin derrière lui celui de Londres; je ne parle pas de Paris, où les sapeurs-pompiers arrivent toujours comme les carabiniers des *Brigands*.

Si l'on dépense ici une somme énorme pour l'entretien de ce service important, on peut être fier aussi des résultats obtenus.

En quittant le capitaine Breslin, M. Miller lui demanda s'il ne nous serait pas permis de faire distribuer une petite gratification aux hommes que nous avions ainsi dérangés.

Le capitaine répondit en fronçant le sourcil :

« *No, sir; men living abroad would perhaps accept money; but an American never will accept anything for showing what he is able to do. He is glad and proud to do so*[1]. »

C'était une noble réponse qui dépeint bien les hommes de la jeune Amérique.

Samedi 5 avril. — En voici bien d'une autre !

Après le match Rowell et Harrimann, nous avons vu le grand « International Match » pour les *walking ladies*. Une Allemande a gagné, qui a fait en cinq jours trois cents milles !

Mais savez-vous le comble ? Savez-vous ce que l'on

---

[1] « Non, monsieur; les hommes de l'autre côté de l'Atlantique accepteraient peut-être de l'argent; mais jamais un Américain n'accepte quoi que ce soit pour avoir montré de quoi il est capable. Il est heureux et fier de pouvoir le faire. »

va voir en ce moment? Ce sont deux Américaines qui se sont engagées à faire *trois mille quarts de mille en trois mille quarts d'heure!*

Le Barnum qui fait la spéculation leur donnera, si elles arrivent à faire cela, la somme de deux mille dollars à chacune. Elles marchent dans un grand jardin couvert qui est dans la Cinquième avenue, où l'on peut aller les voir à toute heure, moyennant un demi-dollar.

Chaque quart d'heure, jour et nuit, elles doivent partir pour marcher quatre cents mètres; il leur reste à peu près dix minutes pour se reposer, manger ou dormir. Elles marchent depuis le 10 du mois dernier, c'est-à-dire depuis vingt-trois jours, sans s'être jamais arrêtées plus de dix minutes!

Ce matin, je lis dans le *New-York Herald* la note suivante :

« M. Wood, 77, West 8th street, prévient le public qu'il se déclare champion « *starver* » du monde entier (champion moureur[1] de faim), et qu'il est prêt à lutter contre toute personne qui prétendrait rester plus longtemps que lui sans manger. »

Il ajoute qu'il a battu un de ses amis qui, voulant être le *champion starver of the world*, n'avait pu tenir que cinq jours sans prendre de nourriture!

Où la manie du *championship* s'arrêtera-t-elle donc?

. . . .
. . . .
. . . .

---

[1] Qu'on me pardonne d'inventer un mot pour donner la traduction exacte.

Paris, 26 mai 1879. — Après avoir remis deux fois mon départ et avoir manqué deux bateaux : *France* et *Canada*, je m'embarquai, le 14 mai, sur le *Labrador*, pour rentrer en France.

J'aime l'Amérique, j'aime les Américains. J'ai passé deux mois charmants à New-York, et j'en suis parti avec l'espoir de pouvoir y retourner bientôt.

..... Espoir bien vague, hélas! car je reviens en France plus indécis encore que je ne l'étais quand j'en suis parti.

En dix jours, le noble *Labrador* nous a passés d'un continent à l'autre.

Un vieillard est mort pendant la traversée ; on l'a cousu dans un sac et jeté à la mer.

Le lendemain, à bord, un enfant venait au monde ; né sur un bateau français, il sera citoyen de Paris.

Le Havre, — un train direct, — la gare Saint-Lazare, — et ce matin, au moment où je me préparais à aller prendre pied sur l'asphalte des boulevards, Arson tombe dans ma chambre..... et dans mes bras !

« Arrivé, me dit-il, il y a quatre jours, par la ligne américaine qui va directement de Philadelphie à Liverpool, j'ai vu votre nom parmi ceux des passagers du *Labrador*, et me voici.

« Vous avez soupé chez Bignon la veille de votre départ? Allons-y déjeuner le jour de votre arrivée, et vous aurez fait alors le tour complet!... »

FIN.

TABLE DES MATIÈRES

	Pages.
Au lecteur.	I

I

Comment et pourquoi je quitte Paris. — Marseille. — Compagnons de voyage. — A bord du *Yang-tsé*. — Départ d'un paquebot des Messageries maritimes pour la Chine............. 1

II

Premières émotions. — Naples. — Candie. — Silhouettes de passagers. — Messageries maritimes et *Peninsular C°*. — Damiette. — Le pavillon égyptien.................... 8

III

Port-Saïd. — Les Alcazars et Eldorados. — Mademoiselle Arisuéla-Roman de Cartes. — Port-Saïd le soir. — La ville noire. — Fabricant de vermicelles. — Quelques almées ! — Le canal de Suez. — Un mirage merveilleux. — Suez. — La mer Rouge. — Les thermomètres de M. Thiolin. — La rade de Steamer-Point-Aden. — Une nouvelle teinture pour les cheveux. — Les voitures d'Aden. — La ville arabe. — Les citernes... 15

IV

Le cap Guardafui. — Le naufrage du *Mei-kong*. — De Guardafui à Ceylan. — Arrivée à Pointe-de-Galle. — Coup d'œil féerique. — Les Cingalais en canot. — Le charmeur de serpents et son singe. — Dans les rues de Galle. — Ma perle fausse. — La vallée de Wakvallah. — Noix de coco et désillusion !... 32

V

Le saphir du paria.................................... 42

VI

Singapour. — Le jardin de M. Wampoole. — Le *persil* de Singapour. — Escapade nocturne. — Saïgon. — Aspect général. — Promenade à Sholem. — L'opium. — Cassandre Méje. — Hong-kong. — Lettre au commandant Rapatel............ 60

VII

Arrivée au Japon. — Premier coup d'œil. — Les jinrikishas. — La rade de Yokohama. — La ville. — Bataille de matelots français et allemands en 1877. — Le chemin de fer de Tokio. — Premières difficultés. — Fujiyama. — Les troisième classe sous clef.. 80

VIII

Yedo et Tokio. — Course fantastique en jinrikisha. — La légation de France. — Tremblement de terre. — Un logement, S. V. P. — *Mitasai-ka-dji.* — Premières lettres d'Europe.... 89

IX

Visite à S. Exc. M Ito, ministre de l'intérieur. — Tatzu. — *Arimasû* et *Arimasen*. — La légation d'Angleterre et les autres légations. — Le temple de M. Saint-Yrez. — Nous trouvons à nous loger.. 95

X

Les soirées de Yokohama. — M. Blondel « de Lyon ». — Un intérieur japonais. — Propositions de mariage. — Affreux cauchemar.. 105

XI

Le général Saïgo-Tsukumichi, ministre de la guerre et de l'instruction publique. — Le maréchal Saïgo-Kichi-no-suké. — Scènes dans les rues de Tokio. — Une maison de bains. — Bambous au beurre! — Une famille japonaise en chemin de fer. — Une journée avec le ministre de la guerre........ 116

XII

Une soirée à Tokio. — Les maisons de thé. — Les *geishas*. — La « danse de la pluie ». — Installation à Tokio. — Les Japonais et les Européens........................... 132

XIII

Départ pour Nikko. — Les aventures de M. Sakuma dans le nouveau monde. — Utzunomiya. — Brusque réveil et jolies baigneuses. — Arson ne parle plus que japonais. — Notre caravane. — Arrivée à Nikko. — Le pont sacré de Mihashi. — Les temples. — Tombeaux de Yéyazu et de Yémitsu. —

Course au lac de Chiussenjii. — Petit aperçu historique de la religion au Japon. — Le shintoïsme, le bouddhisme et le christianisme. — Une tempête sur le Tunegawa. — Rentrée à Tokio. 141

XIV

Un bal à Tokio. — La clarinette indépendante. — Bal et courses à Yokohama. — Les bidets yokohamois. — La crémaillère à Yoshira-yashiki. — L'histoire de Mômmo Târo. — Un poisson mangé vivant. — La jonkina........................ 168

XV

S. M. Mutsushito, empereur du Japon. — Revue des troupes de Tokio. — Nous essayons de nous casser le cou. — Soirée au ministère des affaires étrangères. — L'entrée de S. M. le Tennô dans sa bonne ville de Tokio. — Cortége fantaisiste. — Nous retrouvons un ami............................. 180

XVI

Visite à la fabrique de papier-monnaie. — Aperçu des finances et de la nouvelle organisation du gouvernement japonais. — Le sénateur Sano Tsunetami. — Charmant concert. — Le théâtre de Shimabara. — Un drame.................. 190

XVII

Lettre à mon ami E. de M.... — Chasse au faucon. — Un mot sur la fabrication des laques, bronzes et cloisonnés. — Visite à une fabrique de papier. — Différents usages du papier au Japon. — Déjeuner à Oji. — Le 31 décembre.......... 205

TABLE DES MATIÈRES.

XVIII

Promenade dans les rues de Yedo le premier jour de l'an. — Petit résumé social et historique. — Une fête chez un prince de la finance. — Tokio la nuit.................. ... 219

XIX

Nous portons des toasts en japonais. — Excursions à Odawara, Miyonoshita, Kiga. — Les kangos. — Histoire des amours de Gompachi et de Komurasaki. — Étude des mœurs et de la moralité des Japonais. — Le Yoshiwara. — Kakoné. — Atami. — En visite nu-pieds. — Yoshiyama. — Les enfants du Nippon aiment la chartreuse. — Marchand d'oranges et dessinateur. — L'ancien château d'Odawara. — Quelques paragraphes sévères dans nos passe-ports. — Retour à Tokio..... 234

XX

La section d'agriculture. — Les princes ne sont plus, mais « Paris » reste. — Notre ami Lanciarez n'est pas assez patient! 270

XXI

La mission militaire française. — L'armée japonaise......... 274

XXII

Le premier coup de cloche du départ. — L'amiral Enomoto. — Formalités de douane. — Départ pour Yokohama. — Dernière soirée à Tokio. — Toranomon, adieu!.................. 283

XXIII

Le *City of Tokio*. — Canard et *potatoes*. — Le commodore. —

Sir William Robertson. — Les passe-temps à bord. — Le 180° degré. — La soule aux Chinois. — Le joueur malheureux. — Le *Golden gate*................................... 290

XXIV

Arrivée sur le Nouveau Monde. — Formalités de douane. — Un hôtel américain. — A travers San Francisco. — Le grand chemin de fer d'*Overland*. — Une fête à toute vapeur. — Animaux désagréables dans le désert. — Une demande en mariage chez les Indiens. — Chicago. — Niagara. — Les cataractes en hiver. — Accidents et suicides. — Les *Burning springs*. — Nous arrivons à New-York................................. 301

XXV

New-York. — Les *stage coach*. — Les aventures d'un cadavre. — Les chemins de fer aériens. — Delmonico. — A l'Opéra.... 337

XXVI

Philadelphie. — Séparation. — Un charmant Philadelphien. — Promenade à Farmount park et au Palais de l'Exposition de 1876. — Le *Girard College*. — L'Université de Pennsylvanie. — Un dentiste japonais. — Washington City en style télégraphique. — Retour à New-York. — Les *Walking match*. — Neuf cents kilomètres à pied en six jours! — Les Américains en Amérique et les Américains en Europe (bout de conversation). — Le *fire department*. — Trois mille quarts de mille en trois mille quarts d'heure!... — Paris...................... 347

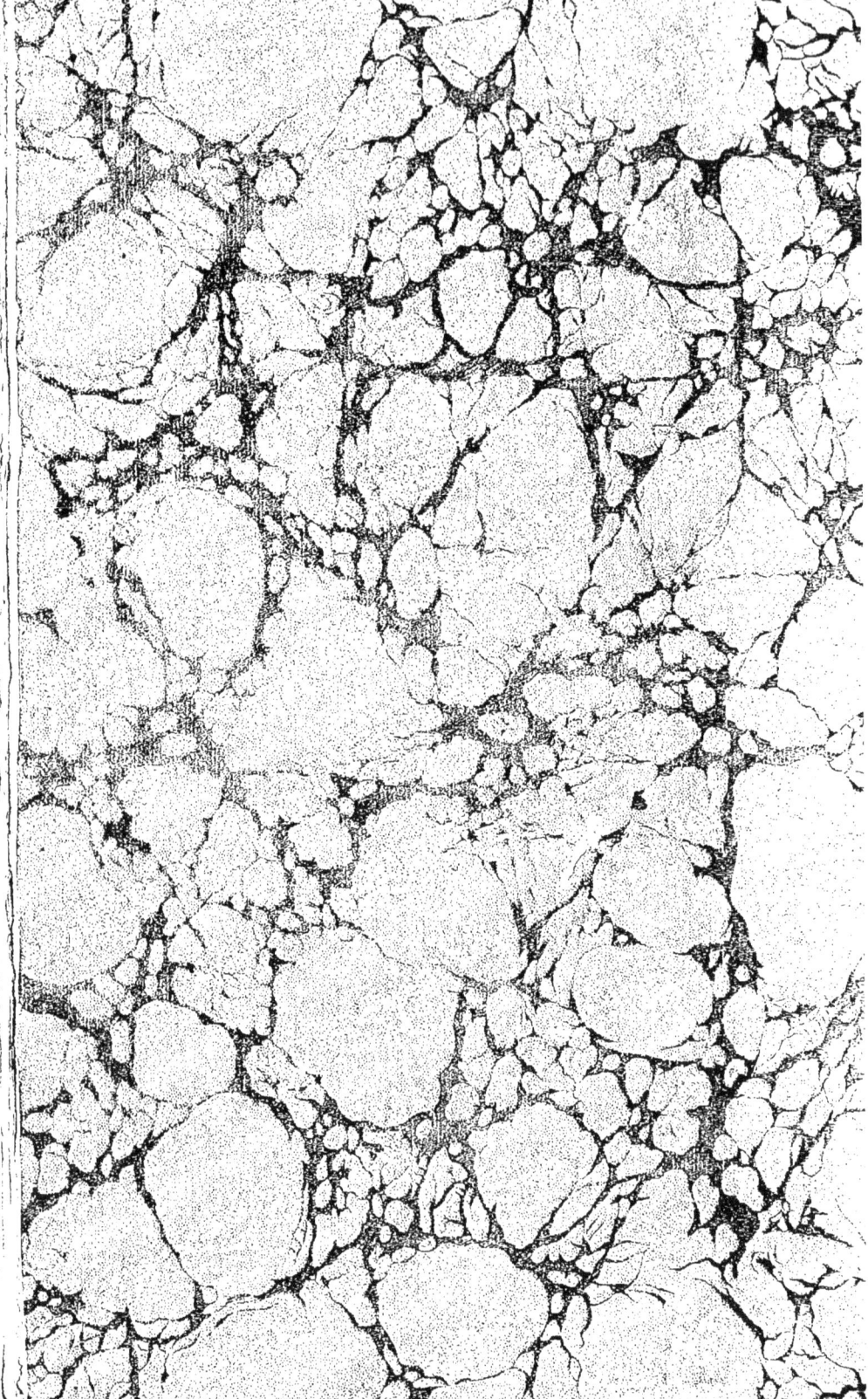

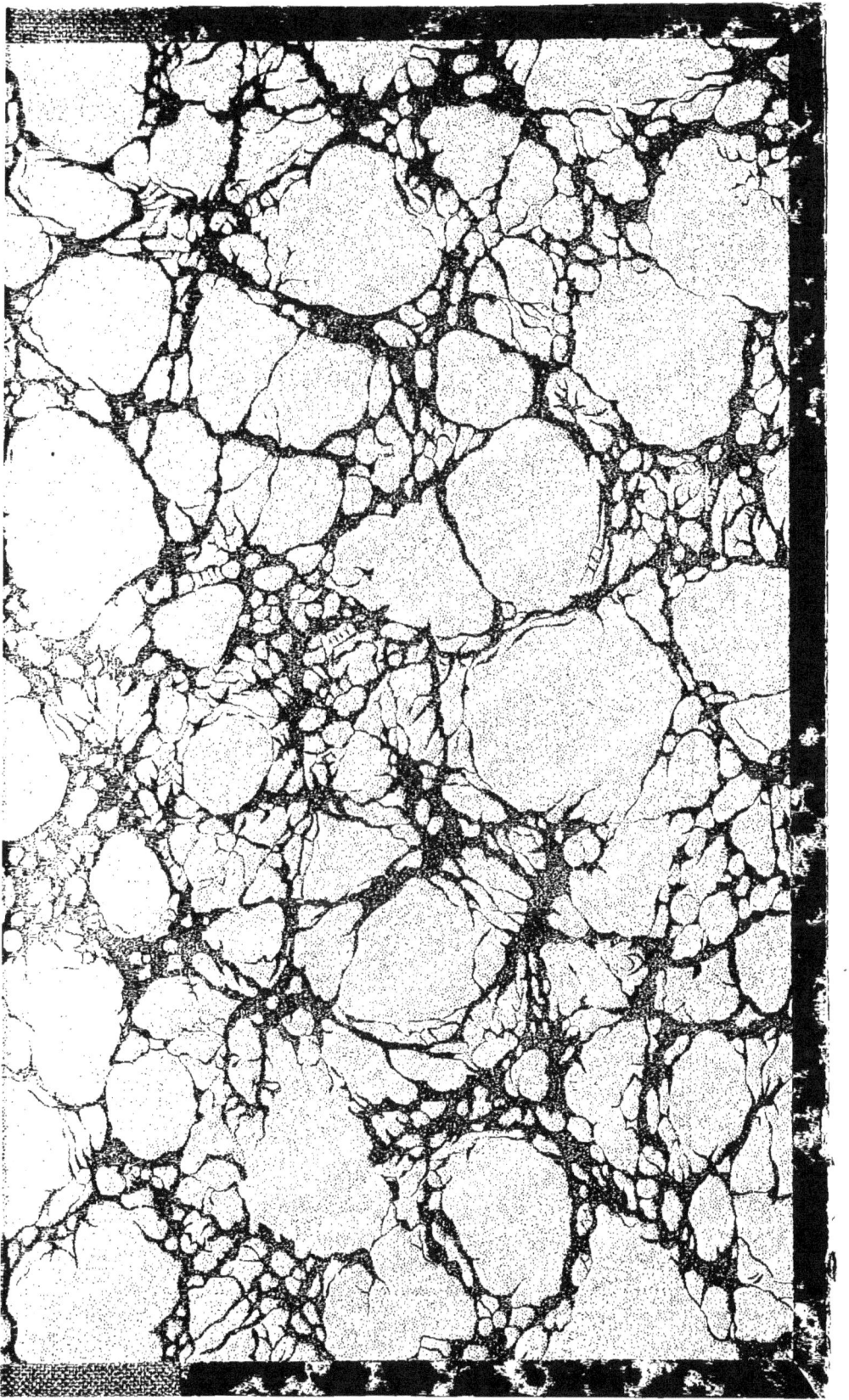

www.ingramcontent.com/pod-product-compliance
Lightning Source LLC
Chambersburg PA
CBHW071948220426
43662CB00009B/1053